Ansiedade do Bem

COM 40 ESTRATÉGIAS PARA FAZER A ANSIEDADE TRABALHAR A SEU FAVOR

Ansiedade do Bem

EXPLORANDO O PODER DA MAIS INCOMPREENDIDA DAS EMOÇÕES

Dra. Wendy Suzuki

Com Billie Fitzpatrick

ALTA BOOKS
GRUPO EDITORIAL
Rio de Janeiro, 2022

Ansiedade do Bem

Copyright © 2022 da Starlin Alta Editora e Consultoria Eireli.
ISBN: 978-65-5520-952-5

Translated from original Good Anxiety. Copyright © 2021 by Wendy Suzuki. ISBN 978-1-9821-7073-8. This translation is published and sold by permission of Simon & Schuster, Inc, the owner of all rights to publish and sell the same. PORTUGUESE language edition published by Starlin Alta Editora e Consultoria Eireli, Copyright © 2022 by Starlin Alta Editora e Consultoria Eireli.

Impresso no Brasil — 1ª Edição, 2022 — Edição revisada conforme o Acordo Ortográfico da Língua Portuguesa de 2009.

Todos os direitos estão reservados e protegidos por Lei. Nenhuma parte deste livro, sem autorização prévia por escrito da editora, poderá ser reproduzida ou transmitida. A violação dos Direitos Autorais é crime estabelecido na Lei nº 9.610/98 e com punição de acordo com o artigo 184 do Código Penal.

A editora não se responsabiliza pelo conteúdo da obra, formulada exclusivamente pelo(s) autor(es).

Marcas Registradas: Todos os termos mencionados e reconhecidos como Marca Registrada e/ou Comercial são de responsabilidade de seus proprietários. A editora informa não estar associada a nenhum produto e/ou fornecedor apresentado no livro.

Erratas e arquivos de apoio: No site da editora relatamos, com a devida correção, qualquer erro encontrado em nossos livros, bem como disponibilizamos arquivos de apoio se aplicáveis à obra em questão.

Acesse o site www.altabooks.com.br e procure pelo título do livro desejado para ter acesso às erratas, aos arquivos de apoio e/ou a outros conteúdos aplicáveis à obra.

Suporte Técnico: A obra é comercializada na forma em que está, sem direito a suporte técnico ou orientação pessoal/exclusiva ao leitor.

A editora não se responsabiliza pela manutenção, atualização e idioma dos sites referidos pelos autores nesta obra.

Dados Internacionais de Catalogação na Publicação (CIP) de acordo com ISBD

S968a Suzuki, Dra. Wendy
       Ansiedade do Bem: Explorando o Poder da Mais Incompreendida das Emoções / Dra. Wendy Suzuki, Billie Fitzpatrick ; traduzido por Wendy Campos. - Rio de Janeiro : Alta Books, 2022.
       272 p. ; 16cm x 23cm.

       Tradução de: Good Anxiety
       Inclui índice.
       ISBN: 978-65-5520-952-5

       1. Autoajuda. 2. Ansiedade. I. Fitzpatrick, Billie. II. Campos, Wendy. III. Título.

2022-1979   CDD 158.1
                                             CDU 159.947

Elaborado por Vagner Rodolfo da Silva - CRB-8/9410

Índice para catálogo sistemático:
1. Autoajuda 158.1
2. Autoajuda 159.947

Produção Editorial
Editora Alta Books

Diretor Editorial
Anderson Vieira
anderson.vieira@altabooks.com.br

Editor
José Ruggeri
j.ruggeri@altabooks.com.br

Gerência Comercial
Claudio Lima
claudio@altabooks.com.br

Gerência Marketing
Andréa Guatiello
andrea@altabooks.com.br

Coordenação Comercial
Thiago Biaggi

Coordenação de Eventos
Viviane Paiva
comercial@altabooks.com.br

Coordenação ADM/Finc.
Solange Souza

Direitos Autorais
Raquel Porto
rights@altabooks.com.br

Produtor Editorial
Thiê Alves

Produtores Editoriais
Illysabelle Trajano
Maria de Lourdes Borges
Paulo Gomes
Thales Silva

Equipe Comercial
Adriana Baricelli
Ana Carolina Marinho
Daiana Costa
Fillipe Amorim
Heber Garcia
Kaique Luiz
Maira Conceição

Equipe Editorial
Beatriz de Assis
Betânia Santos
Brenda Rodrigues
Caroline David
Gabriela Paiva
Henrique Waldez
Kelry Oliveira
Marcelli Ferreira
Mariana Portugal
Matheus Mello

Marketing Editorial
Jessica Nogueira
Livia Carvalho
Marcelo Santos
Pedro Guimarães
Thiago Brito

Atuaram na edição desta obra:

Tradução
Wendy Campos

Copidesque
Hellen Suzuki

Revisão Gramatical
Catia Soderi
Kamila Wozniak

Diagramação
Joyce Matos

Capa
Rita Motta

Editora afiliada à:

Rua Viúva Cláudio, 291 — Bairro Industrial do Jacaré
CEP: 20.970-031 — Rio de Janeiro (RJ)
Tels.: (21) 3278-8069 / 3278-8419
www.altabooks.com.br — altabooks@altabooks.com.br
Ouvidoria: ouvidoria@altabooks.com.br

Termo de Isenção de Responsabilidade Médica

Esta publicação contém opiniões e ideias de sua autora. O objetivo é fornecer material útil e informativo sobre os assuntos nela tratados. Este livro é comercializado com o entendimento de que a autora e a editora não pretendem prestar serviços médicos, de saúde ou qualquer outro tipo de serviço profissional individual. O leitor deve consultar um médico, um profissional de saúde ou outro profissional competente antes de adotar qualquer uma das sugestões deste livro ou fazer inferências a partir dele.

A autora e a editora se isentam especificamente de qualquer responsabilidade, dano ou risco, pessoal ou de outra forma, incorrido como consequência, direta ou indireta, do uso e da aplicação de qualquer conteúdo deste livro.

Alguns nomes e características que possam identificar alguém foram alterados.

À memória de meu amado pai, Mikio Suzuki, e de meu irmão, David Koshi Suzuki.

Obrigada. Saudades! Amo vocês.

SUMÁRIO

Agradecimentos xi

Sobre a autora xiii

Introdução 1

PARTE UM
A Ciência da Ansiedade 11

Capítulo 1
O que É Ansiedade? 13

Capítulo 2
Aproveitando o Poder da Plasticidade Cerebral 27

Capítulo 3
Lidando com a Ansiedade na Vida Real 41

PARTE DOIS
A Preocupação Boa:
Os Superpoderes Ocultos da Ansiedade 55

Capítulo 4
Incremente Sua Resiliência 57

Capítulo 5
Aprimore Seu Desempenho e Libere o Estado de Flow 79

Capítulo 6
Cultive um Mindset Ativista 97

Capítulo 7
Amplifique Seu Foco e Sua Produtividade 123

Capítulo 8
Aprimore Seu Cérebro Social, Domine a Ansiedade Social e
Aumente a Compaixão 147

Capítulo 9
Turbine Sua Criatividade 165

PARTE TRÊS
A Arte da Boa Preocupação: Ferramentas para
Acalmar, Reverter e Canalizar Sua Ansiedade 185

Ferramentas que Potencializam a
Ansiedade do Bem e Abrem a
Porta para Seus Superpoderes. 215

Um Recado Final de Amor 239
Notas 243
Índice 251

AGRADECIMENTOS

Sou muito grata à minha coautora e parceira de escrita, Billie Fitzpatrick, por sua sabedoria, paciência e inspiradas habilidades para escrever. Meus agradecimentos à minha extraordinária agente literária, Yfat Reiss Gendell, por sua criatividade e ousadia onipresente. Agradeço à nossa maravilhosa editora, Leah Miller, por sua energia positiva, visão e excelentes habilidades editoriais.

SOBRE A AUTORA

Dra. Wendy Suzuki é uma premiada professora de ciência neural e psicologia na Universidade de Nova York e cofundadora da BrainBody, uma empresa de tecnologia de saúde baseada em IA com foco em saúde mental e bem-estar. Como neurocientista, ela é mais conhecida por seus estudos das áreas cerebrais relevantes para a memória e por seus estudos que definem os efeitos da atividade física no cérebro humano e nas funções cognitivas. É autora do best-seller internacional *Healthy Brain Happy Life*, que foi transformado em um especial da PBS. Ela é uma apaixonada líder de pensamento e palestrante, com foco em como a atividade física pode mudar e melhorar o cérebro; agora, com este novo livro, oferece maneiras inovadoras de abordar a ansiedade cotidiana. Seu TED Talk sobre os efeitos transformadores dos exercícios no cérebro foi o segundo mais popular de 2018.

Billie Fitzpatrick é escritora, educadora e colaboradora de livros, coautora de vários livros de ficção e não ficção. Ela é especialista em títulos prescritivos relacionados a bem-estar, sexualidade e relacionamentos; neurociência e comportamentos baseados no cérebro; e negócios motivacionais.

Ansiedade do Bem

INTRODUÇÃO

Vivemos na era da ansiedade. Como um odor onipresente e nocivo com o qual nos acostumamos, a ansiedade se tornou uma condição constante, um fato da vida neste planeta. De pandemias globais e economias em colapso a intensos desafios familiares diários, todos nós temos muitos motivos justificáveis para nos sentirmos ansiosos. O implacável ciclo de notícias de 24 horas e o fluxo constante de mídia social só fazem aumentar esse mal-estar; estamos soterrados por informações para filtrar e cercados de estímulos demais para conseguir relaxar. O estresse da vida diária parece inevitável. Mas é inevitável sentir-se ansioso?

Sim... mas não da maneira como costumamos pensar.

Meus primeiros dias investigando e escrevendo sobre esse assunto começaram em meu laboratório, como neurocientista na Universidade de Nova York. Na época, eu nunca havia pensado em mim mesma como uma pessoa ansiosa. Isto é, até que comecei a notar as palavras usadas por meus alunos, amigos, membros do laboratório, colegas e até por mim mesma para descrever como todos nos sentíamos:

"preocupado"
"no limite"

"estressado"
"distraído"
"entediado"
"pessimista"
"desmotivado"
"nervoso"
"prestes a surtar"
"na defensiva"
"amedrontado"
"insone"

Soa familiar?

Uma simples pesquisa no Google mostra que 18% da população norte-americana — cerca de 40 milhões de pessoas — sofrem de um dos vários transtornos de ansiedade, incluindo transtorno do pânico, transtorno de estresse pós-traumático (TEPT) e transtorno de ansiedade generalizada (TAG). No entanto, os números que representam esses diagnósticos formais são apenas um grão de areia na imensidão do impacto real da ansiedade na população. Centenas de milhões de pessoas em todo o mundo sofrem de ansiedade de menor grau, subclínica, mas persistente e extenuante — o tipo comum que quase todos experimentamos uma vez ou outra. Sabe aquelas preocupações que o mantêm acordado à noite mesmo quando você está exausto? Ou a lista contínua de tarefas que o faz sentir que nunca será capaz de relaxar de verdade? Talvez você esteja tão distraído que não consiga se concentrar por tempo suficiente para ler um artigo inteiro de uma revista, quem dirá pensar em um problema. Você já experimentou uma sensação de distanciamento que o impede de se conectar com a família e os amigos da maneira como gostaria? Você pode estar familiarizado com um ou todos esses sinais do que chamo de "ansiedade cotidiana". Sim, a ansiedade tem muitas maneiras de se manifestar em nossa vida. E mesmo que não se *sinta* ansioso, você ainda pode concordar que a vida moderna é quase sempre estressante.

Estimativas recentes sugerem que a ansiedade surge em nossa vida e afeta 90% da população — um número surpreendente de pessoas, no qual me incluo, que muitas vezes se resignam à ideia de que não têm outra opção a não ser aceitar que a ansiedade, seja qual for a forma que assumir, será um elemento mais ou menos constante em nossa vida, drenando energia e causando infelicidade, imagem corporal negativa, diminuição do desejo sexual e dificuldade de se conectar verdadeiramente com nossos amigos e entes queridos. Talvez possamos passar por bons períodos, em que a ansiedade parece desaparecer por um tempo, mas, mais cedo ou mais tarde, acabamos nos sentindo novamente oprimidos por medos, preocupações e uma lista interminável de inquietações do tipo "e se".

E como esses sintomas não são considerados graves ou incapacitantes, a ansiedade cotidiana muitas vezes não é tratada — embora seus efeitos colaterais sejam enormemente prejudiciais para nossa vida diária e relacionamentos; para nossa capacidade de trabalhar, de sentir prazer e de nos divertir; para nossa disposição para assumir projetos, causas ou mudanças novas e interessantes. A ansiedade cotidiana pode roubar vidas.

Muitos de nós aceitam esses fatores de estresse como uma parte inevitável da vida. De fato, o nervosismo, a insônia, a distração e o pavor contínuos parecem ser a resposta adequada ao mundo em que vivemos. Na verdade, alguns podem não sentir ansiedade como algo interno, mas, sim, como parte do estresse geral ao seu redor, como se fosse uma nuvem de tempestade sob a qual podem ser apanhados se não correrem rápido o suficiente para se proteger.

Quando comecei a me interessar pela ansiedade, queria aplicar minha pesquisa inovadora sobre exercícios e o cérebro (assunto do meu primeiro livro) para ajudar as pessoas a administrarem a ansiedade de maneira mais eficaz. Meu objetivo era resolver a crise de ansiedade que via ao meu redor — no campus da NYU onde leciono, em nossas escolas de ensino médio onde também faço algumas das minhas pesquisas, entre meus amigos e colegas talentosos e trabalhadores — e que tenho observado ao longo de minhas viagens ao redor do mundo, que reflete as estatísticas sobre as quais eu vinha lendo. Eu acreditava, e minha própria pesquisa confirmou, que exercícios, nutrição adequada e meditação poderiam reduzir a ansiedade e nos proteger dela. Mas o que eu não percebi no início foi o quão complexa é a ansiedade; que se simplesmente a abordarmos como algo que devemos *evitar, nos livrar* ou *suprimir*, nós não só *não* resolveremos o problema, como também perderemos a oportunidade de aproveitar o *poder generativo* da ansiedade.

À medida que me aprofundava nessa crescente área de pesquisa, descobri um lado totalmente diferente da ansiedade: claro, a ansiedade é desagradável, mas é *necessária*. Os exemplos mais extremos de ansiedade (ainda não no nível clínico de gravidade, mas o tipo que surge em nossos momentos mais desafiadores e estressantes da vida) são totalmente destrutivos, sem dúvida. Mas o que a maioria das pessoas, incluindo cientistas, médicos e terapeutas, muitas vezes esquece é o fato de que a ansiedade que nós, humanos, sentimos é *essencial* para a nossa sobrevivência. Em outras palavras, a ansiedade é ruim *e* boa para nós.

Essa contradição chamou minha atenção de uma forma muito pessoal. Quando estava prestes a fazer quarenta anos, cheguei ao que considerava a proverbial barreira da meia-idade. Eu me sentia incrivelmente insatisfeita com minha vida. Estava onze quilos acima do meu peso normal. Trabalhava o dia todo, todos os dias. Estava frustrada, solitária e me sentindo incapaz de sair da rotina em que vivia. Sempre uma cientista, recorri ao que sabia melhor e decidi fazer um experimento em mim mesma, que mais tarde repliquei, usando o padrão ouro — um estudo controlado randomizado em meu laboratório de pesquisa. No final, descobri que exercícios, nutrição e meditação não apenas criam maneiras mensuráveis de perder peso, melhorar a produtividade, a memória e o foco, mas que essas intervenções (a palavra científica para estratégias) cérebro-corpo na verdade *mudam* o cérebro e, mais especificamente, mudam nossa relação com a ansiedade.

Ser capaz de medir as mudanças cerebrais foi um resultado verdadeiramente satisfatório da pesquisa. Mas houve um outro lado positivo que experimentei em primeira mão: depois de fazer mudanças em meu estilo de vida, me senti muito melhor. Estava mais feliz, mais otimista e muito menos ansiosa. Devo admitir que no início esperava apenas perder peso e ficar em melhor forma. Não previra o intenso incremento em minha saúde mental geral e em meu bem-estar. As mudanças que fiz estavam transformando a forma como eu me sentia, me levando a um novo nível de alegria, envolvimento e satisfação que nunca imaginei ser possível.

Portanto, com a ansiedade em mente, retornei à análise de meus dados anteriores para examinar mais de perto o que estava por trás da mudança de emoções negativas para positivas. E enquanto sincronizava os dados com a nova análise interdisciplinar que estava realizando, descobri que, sim, minha frustração e meu desconforto iniciais eram, na verdade, expressões neurobiológicas e psicológicas de ansiedade. Em sua essência, a ansiedade pode ser explicada como excitação e ativação do cérebro e do corpo quando encontram estímulos negativos ou estresse. O cérebro e o corpo estão essencialmente interligados. (Na verdade, é por essa interconexão que uso o termo "cérebro-corpo" para me referir ao sistema como um todo.) Quando comecei a rastrear as raízes neurobiológicas da relação entre ansiedade e uma perspectiva mais positiva, o aumento na confiança e o incremento tangível em minha felicidade, descobri que minha agitação (isto é, ansiedade) não desapareceu de repente; em vez disso, passou de um estado negativo para um que era conjuntamente mais positivo.

Sim, minha ansiedade parecia ser uma parte inevitável de uma carreira séria e competitiva. Mas comecei a vê-la como um tipo de excitação ou estimulação neuronal que tinha uma série de efeitos diferentes em minha vida. Como uma forma de energia, o despertar da ansiedade assume um aspecto positivo ou negativo, dependendo de como o indivíduo responde a um determinado estressor ou a uma força externa. Percebi que os sentimentos positivos que estava experimentando eram, na verdade, respostas neurobiológicas ao exercício, à dieta saudável e à meditação aos quais recorri quando surgiram meus pensamentos negativos, que, por sua vez, haviam sido motivados por respostas negativas a estressores prévios (prazos demais, muitos dias sem dar uma pausa ou descanso prolongado, muitos jantares cheios de açúcar e gordura acompanhados de pouco ou nenhum exercício). Minha ansiedade me levou a fazer mudanças em meu estilo de vida que agora eram grandes fontes de alegria.

Desse ponto de vista, a ansiedade não é inerentemente ruim. Como experimentamos essa excitação depende de como nós (ou nosso sistema cérebro-corpo) interpretamos e administramos um encontro com um estressor externo. Um estressor externo pode desencadear ansiedade na forma de preocupação, insônia, distração, falta de motivação, medo etc. Mas ele também pode provocar respostas positivas. Por exemplo, algumas pessoas ficam ansiosas antes de falar em público. Para outras, a ideia de ficar na frente de uma multidão pode ser estimulante e empolgante. Uma resposta não é necessariamente melhor do que a outra; é mais um reflexo da maneira de a pessoa administrar o estresse em um determinado momento, combinada com sua história. E se a resposta varia com base na percepção, então de fato é possível assumir o controle de nossas respostas.

....

Essa ideia de que a ansiedade é dinâmica e mutável me surpreendeu. Claro, a ansiedade é uma característica inevitável da vida, e nenhum de nós está imune. Mas entender a ansiedade sob essa perspectiva mais abrangente me permitiu parar de lutar contra ela. Em vez de tratar meus sentimentos como algo que preciso evitar, suprimir, negar ou imobilizar, aprendi como *usar a ansiedade para melhorar minha vida*. Que alívio! Como todos nós, sempre enfrentarei crises de ansiedade. Mas agora sei o que fazer quando esses pensamentos negativos se instalam em minha mente como uma visita indesejada. Posso reconhecer os sinais e fazer ajustes que aliviarão o estresse, acalmarão meu corpo ou apaziguarão minha mente para que eu possa mais uma vez pensar com clareza e me sentir centrada. Que bênção para minha vida — em termos pessoais, profissionais e, com certeza, emocionais. Sinto mais satisfação e senso de significado em meu trabalho. Finalmente consegui atingir um equilíbrio entre vida pessoal e profissional, algo que sempre pareceu fora de meu alcance. Também sou muito mais capaz de me divertir, de encontrar tempo para diferentes tipos de prazer e de me sentir relaxada o suficiente para refletir sobre o que é mais importante para mim. E é isso que desejo para você também.

Tendemos a pensar na ansiedade como algo negativo porque a associamos apenas a sentimentos negativos e desagradáveis, que nos deixam com a sensação de que perdemos o controle. Mas consigo perceber outra maneira de enxergá-la: basta nos abrirmos para uma compreensão mais objetiva, precisa e completa de seus processos neurobiológicos subjacentes. Sim, existem desafios inerentes à apropriação de padrões de resposta que ditam nossos pensamentos, sentimentos e comportamentos sem nem sequer percebermos. Se você tende a sentir ansiedade quando nem ao menos imagina falar em público, seu cérebro-corpo incitará essa resposta — a menos que você intervenha de forma consciente e a mude. Mas vi evidências do contrário: podemos intervir e criar mudanças positivas no próprio estado de ansiedade.

Essa interação dinâmica entre estresse e ansiedade fez todo o sentido para mim porque me trouxe de volta à área primária de minha pesquisa em neurociência: a neuroplasticidade. Plasticidade cerebral não quer dizer que o cérebro é feito de plástico. Significa que o cérebro pode se adaptar em resposta ao meio ambiente (de maneiras benéficas ou prejudiciais). A base de minha pesquisa sobre a melhoria da cognição e do humor é o fato de o cérebro ser um órgão com grande capacidade adaptativa, que depende do estresse para mantê-lo vivo. Em outras palavras, precisamos do estresse. Como um veleiro precisa de vento para se mover, o cérebro-corpo precisa de uma força externa para impeli-lo a crescer, se adaptar e *não* morrer. Quando há muito vento, o veleiro pode navegar rápido demais, perder o equilíbrio e adernar. Quando um cérebro-corpo experimenta muito estresse, começa a responder negativamente. Mas quando não tem estresse suficiente, ele fica paralisado e começa a afundar. Em termos emocionais, essa estagnação pode aparecer na forma de tédio ou desinteresse; em termos físicos, pode vir na forma de estagnação do crescimento. Quando o cérebro-corpo é estimulado com suficiente estresse, funciona de modo otimizado. Quando não tem estresse, ele fica à deriva, como um veleiro sem vento para impulsioná-lo.

Assim como todos os sistemas do corpo, essa relação com o estresse está interligada à tendência do organismo à homeostase. Quando experimentamos muito estresse, a ansiedade nos leva a fazer ajustes para recuperar a estabilidade ou o equilíbrio interno. Quando enfrentamos o tipo ou a quantidade certa de estresse em nossa vida, nos sentimos equilibrados — esse é o bem-estar que sempre buscamos. E é assim, também, que a ansiedade atua no cérebro-corpo: uma indicação dinâmica da presença ou ausência de estresse em nossa vida.

Quando comecei a fazer mudanças em meu estilo de vida e passei a meditar, me alimentar de forma saudável e me exercitar regularmente, meu cérebro-corpo se ajustou e se adaptou. As vias neurais associadas à ansiedade foram recalibradas e me senti incrível! Minha ansiedade desapareceu? Não. Mas surgiu de forma diferente, porque eu estava respondendo ao estresse de maneiras mais positivas.

E é exatamente assim que a ansiedade pode mudar de algo que tentamos evitar e eliminar para algo que é informativo e benéfico. O que eu estava aprendendo a fazer, embasada por meus experimentos e meu profundo conhecimento da neurociência, não era apenas me engajar em novas e variadas maneiras de fortalecer minha saúde mental por meio de exercícios, sono, alimentação e novas práticas cérebro-corpo, mas, sim, dar um passo atrás para analisar minha ansiedade e aprender a estruturar minha vida para conciliar e, até mesmo, aceitar esses aspectos, que são o cerne de meus estados de ansiedade. É exatamente assim que a ansiedade pode ser boa para nós. Em minhas experiências de pesquisa na NYU, comecei a identificar as intervenções (incluindo exercícios, meditação, cochilos, estímulos sociais) que têm o maior impacto não apenas na redução dos níveis de ansiedade em si, mas também no aprimoramento dos estados emocionais e cognitivos mais afetados pela ansiedade, incluindo foco, atenção, depressão e hostilidade.

E essa compreensão de como a ansiedade funciona, meus amigos, tornou-se o tema — e a promessa — deste livro: compreender como a ansiedade funciona no cérebro e no corpo e, em seguida, usar esse conhecimento para se sentir melhor, pensar com mais clareza, ser mais produtivo e ter um desempenho mais otimizado. Nas páginas a seguir, você aprenderá mais sobre como usar os processos neurobiológicos subjacentes à ansiedade, à preocupação e ao desconforto emocional geral para *estabelecer novas vias neurais* e novas maneiras de pensar, sentir e se comportar que podem mudar sua vida.

Nossa capacidade inerente de adaptação proporciona o poder de mudar e direcionar nossos pensamentos, sentimentos, comportamentos e interações conosco e com os outros. Quando você adota estratégias que aproveitam as redes neurais da ansiedade, abre a porta para ativar seu cérebro-corpo em um nível ainda mais profundo e significativo. Em vez de nos sentirmos à mercê da ansiedade, conseguimos assumir o controle dela de maneira concreta. A ansiedade se torna uma ferramenta para energizar cérebro e corpo de maneira que ressoará em todas as dimensões da vida — emocional, cognitiva e física. Esse é o domínio do que chamo de superpoderes da ansiedade. Você deixará de viver de uma maneira moderadamente funcional para operar em um nível mais elevado e satisfatório; trocará uma vida normal por uma vida extraordinária.

Este livro utiliza tudo o que sabemos sobre plasticidade para criar uma estratégia personalizada de adaptação de nossas respostas ao estresse e para usar a ansiedade como um sinal de alerta e como oportunidade de redirecionar essa energia para o bem. A plasticidade cerebral positiva de cada um será um pouco diferente porque todos manifestam a ansiedade de maneira única, mas quando você aprender a sua forma de responder, de administrar o desconforto e de lidar e atingir esse equilíbrio homeostático, descobrirá seus próprios superpoderes da ansiedade. A ansiedade pode ser boa ou ruim. Só depende de você.

PARTE UM

A Ciência da Ansiedade

1

O que É Ansiedade?

O estresse diário muitas vezes parece nos deixar sem fôlego, literal e figurativamente, como se cada dia nos exigisse escalar uma montanha. As noites com frequência são insones, e os dias, marcados por distração e uma dificuldade em desviar o foco das coisas ruins. Estamos soterrados por responsabilidades, preocupações, incertezas e dúvidas. Somos superestimulados por tudo, desde o terrorismo ao FOMO (sigla em inglês que significa "medo de ficar de fora"), independentemente de essa experiência decorrer do uso do Instagram, Twitter, Facebook ou da leitura de notícias online. Para muitos de nós, a ansiedade parece ser a única reação apropriada à situação do mundo.

As pessoas costumam dar nomes diferentes a ela, mas a ansiedade é a resposta psicológica e física ao estresse. O corpo não sabe a diferença entre o estresse causado por fatores reais e o gerado a partir de situações imaginárias ou hipotéticas. Mas, ao compreender a neurobiologia real do que desencadeia a ansiedade e o que acontece em nosso cérebro e corpo quando ela ocorre, é possível aprender a destrinchar nossos sentimentos em porções menores que podem ser realocadas e administradas. Isso também nos possibilita utilizar a energia da ansiedade para o bem. A ansiedade de fato funciona como uma espécie de energia. Pense nela como uma reação química a um evento ou situação: sem recursos confiáveis, treinamento e regulação de tempo, essa reação química pode sair do controle — mas ela também pode ser controlada e usada para um bem valioso.

· ANSIEDADE COMO DETECÇÃO DE AMEAÇA ·

Imagine que você é uma mulher no Pleistoceno, integrante de uma tribo de caçadores-coletores. Seu trabalho é forragear perto do leito de um rio, a cerca de quinhentos metros do acampamento nômade. Seu bebê de doze meses está amarrado às suas costas enquanto você procura arbustos comestíveis ao longo do rio. De repente, ouve um barulho próximo. Imediatamente, para de se mover e fica paralisada. Você se agacha em silêncio, para não perturbar o bebê e se esconder de um possível agressor. De seu esconderijo, escuta mais barulho na mata e tenta identificar a distância do ruído. Seu coração acelera, a adrenalina percorre seu corpo e sua respiração fica irregular e superficial, ao mesmo tempo em que suas pernas se enrijecem, prontas para correr... Ou se defender.

Você está exibindo uma resposta à ameaça: uma reação automática a um potencial perigo. Se você se levantar e avistar um grande felino à espreita, a resposta de ansiedade sem dúvida seria justificada e sua reação será paralisar, fugir ou lutar, como resultado de uma avaliação — exacerbada pela adrenalina — de qual é a melhor chance de sobrevivência. Se ao se levantar, perceber que o ruído veio de um pássaro voando baixo, sua frequência cardíaca diminuirá e voltará ao normal. A ação da adrenalina e a sensação de medo cessarão rapidamente. Seu cérebro-corpo voltará ao normal.

Este é o primeiro nível de ansiedade: um processamento automático da ameaça. Essa parte primitiva do cérebro funciona de forma tão rápida e automática que mal temos consciência de sua ação. Ela é projetada assim para garantir nossa sobrevivência. O cérebro envia sinais para o corpo, que então reage com aumento da frequência cardíaca, sudorese nas palmas das mãos, um pico de adrenalina e cortisol, e o desligamento dos sistemas digestivo e reprodutivo, para que você possa escapar rapidamente ou ter mais forças para proteger a si e a sua prole.

Agora imagine outro cenário, desta vez em 2020. Você é uma mulher que mora sozinha em uma casa de um dormitório que dá para um beco em um bairro afastado. É noite, e você está preparando uma xícara de chá enquanto assiste a um novo episódio de sua série favorita. Enquanto liga a chaleira elétrica e procura alguns biscoitos no armário, ouve um barulho alto vindo da porta dos fundos. Seu coração acelera e você paralisa por um momento, encarando a porta com medo: será um intruso? Você está prestes a ser atacada? No início, sente medo até de se mover, mas depois decide espiar pela janela da cozinha. Ao fazer isso, avista o guaxinim que perambula pela vizinhança. Parando para pensar, você lembra que na semana passada teve que recolher o lixo espalhado em sua garagem. Você volta para o chá e a série de TV, mas parece que não consegue se acalmar. Fica ansiosa e começa a se perguntar se seu bairro é seguro, se deveria arrumar alguém para morar com você, mudar para outra parte da cidade ou morar em um prédio alto para não se sentir tão perto da rua. Então você se lembra de uma história sobre um recente surto de invasões a residências e se pergunta se deveria comprar uma arma para se proteger. De repente, pode sentir medo e ficar confusa só de pensar em manusear uma arma. Você desliga a TV, incapaz de assistir ao programa, e decide tomar um remédio para dormir — comprado sem prescrição médica —, para apagar. Só quer desligar e esquecer todos esses sentimentos terríveis.

Esses cenários podem ser hipotéticos e separados por milhões de anos, mas ambos incorporam o gatilho e a experiência da ansiedade, embora com resultados diferentes.

Primeiro, vamos examinar o que eles têm em comum. Antes mesmo de você ter consciência disso, seu cérebro detecta a presença de uma possível ameaça ou perigo e envia um sinal para seu corpo se preparar para agir. Essa resposta é em parte fisiológica, observada no aumento da frequência cardíaca, no incremento dos níveis de adrenalina e na respiração superficial — tudo isso é projetado para prepará-lo para se mover rapidamente, para fugir ou se defender. A resposta também é emocional, desencadeada pela liberação de cortisol e percebida pela sensação imediata de medo vivida em ambas as situações. Essa resposta à ameaça costuma ser chamada de "luta, fuga ou paralisia", que acontece em microssegundos enquanto o cérebro tenta descobrir se um estímulo é realmente ameaçador e se você deve fugir o mais rápido possível, lutar contra a ameaça potencial ou ficar paralisado e fingir de morto. Essa resposta é controlada por uma parte específica de nosso sistema nervoso central, chamada sistema nervoso simpático. Com suas principais vias de comunicação localizadas principalmente ao longo da medula espinhal, essa parte do sistema nervoso funciona de forma automática e sem nosso controle consciente. Ele dispara uma cascata de reações, incluindo aceleração da frequência cardíaca, dilatação da pupila para focar melhor a fonte da ameaça, sensação de náusea em nosso estômago (uma indicação do sangue saindo do sistema digestivo para alimentar os músculos e permitir ação rápida) e ativação de nossos músculos para nos dar a força para correr ou lutar. Essa ativação de todos os sistemas é útil em situações de perigo. As respostas fisiológicas e a experiência emocional do medo precisam acontecer de forma automática, a fim de chamar nossa atenção para a ameaça de perigo imediato.

Desse modo, a ansiedade é uma resposta à ameaça programada que nosso cérebro-corpo usa para nos proteger, assim como o sentimento de medo que reforça as alterações fisiológicas.

No primeiro cenário, o cérebro-corpo da mulher voltou ao normal assim que ela concluiu que não estava em perigo imediato. No segundo caso, a resposta persistiu mesmo depois que ela avistou o guaxinim. Seu cérebro-corpo foi tomado pela sensação de medo e ela se sentiu fora de controle. O professor Joseph LeDoux, renomado neurocientista e um dos meus colegas da NYU, explica que "estados de medo ocorrem quando uma ameaça está presente e é iminente; estados de ansiedade ocorrem quando uma ameaça é possível, mas sua ocorrência é incerta".[1] LeDoux está diferenciando medo — sentido na presença de uma ameaça real — e perigo percebido ou imaginado — sentido emocionalmente como ansiedade. A mulher do Pleistoceno experimentou uma forma muito aguda de medo acompanhada de alterações fisiológicas; a mulher na casa afastada sentiu ansiedade, uma experiência emocional mais prolongada e persistente, da qual ela teve dificuldade de se recuperar.

························

As primeiras pesquisas sobre ansiedade se concentraram nessa resposta pré-consciente e intrínseca ao medo, como um mecanismo adaptativo evolutivo que é inerentemente natural e útil. É a maneira de nosso cérebro nos sinalizar para prestar atenção a possíveis perigos e é disparada por nossos instintos de sobrevivência. Mas, à medida que os humanos prosperaram ao longo do tempo — e o mundo se tornou mais complicado, estruturado e socialmente orientado —, nosso cérebro não se adaptou completamente às crescentes demandas sociais, intelectuais e emocionais de nosso ambiente, razão pela qual sentimos a ansiedade como algo fora de nosso controle. Esse sistema, enraizado em nosso cérebro mais primitivo, não é apto a avaliar as nuances das ameaças. Embora o córtex pré-frontal (ou seja, a chamada parte superior — executiva — do cérebro, crucial para a tomada de decisões) possa ajudar a cancelar essas respostas automáticas baseadas no medo usando da inteligência, nosso cérebro primitivo, especialmente as áreas relacionadas a essas respostas automáticas de ameaças, ainda funciona como há milhões de anos. Esse mecanismo explica por que a mulher do Pleistoceno vivendo na savana e a mulher contemporânea, que vive na cidade, têm, a princípio, reações muito semelhantes ao barulho. Mas apenas a mulher mais evoluída sente a ansiedade persistente e a lista de preocupações "e se" que a acompanha. A mulher do Pleistoceno segue com seu dia após avaliar que não há razão para ter medo do perigo iminente. A mulher urbana fica presa em uma grande ansiedade.

Cientistas — como o neurocientista e primatólogo Robert Sapolsky[2] — descobriram uma verdade desafiadora. Nosso cérebro não mudou o *suficiente* em resposta à paisagem social tão diferente e complexa em que vivemos. As respostas emocionais automáticas — de primeiro nível — às ameaças percebidas ainda são geradas e desencadeadas no cérebro mais primitivo — muitas vezes chamado de sistema límbico, que inclui em seu núcleo a amígdala, a ínsula e o estriado ventral —, mas nosso cérebro moderno não consegue distinguir automaticamente uma ameaça real de uma imaginária; como resultado, muitas vezes, ficamos presos no modo ansioso.

Sapolsky demonstrou que essa falta de discernimento é a razão pela qual nós, como indivíduos ou sociedade, muitas vezes, nos encontramos em estado de estresse crônico. Não somos capazes de filtrar possíveis ameaças em nosso ambiente nem de desligar a resposta emocional, mental e fisiológica a tais ameaças, mesmo que sejam imaginárias. Essas respostas desreguladas prejudicam nossa saúde e criam o que pode se tornar um ciclo de feedback negativo quase constante — a essência da ansiedade cotidiana.

Sapolsky e outros pesquisadores mostraram que nossos sistemas cérebro-corpo estão em uma ativação crônica de resposta à ameaça — mas não devido a perigos reais como os leões nas savanas. Em vez disso, nosso estresse é agravado por viver em cidades barulhentas; o estresse da doença ou da pobreza; de abuso emocional ou histórico de trauma. Grande ou pequeno, aparentemente inconsequente ou traumático, nosso cérebro-corpo não distingue automaticamente entre ameaças potenciais e estimulação excessiva — isso faz com que o corpo inicie o protocolo de avaliação de risco, mesmo quando percebemos que foi acionado por um caminhão de bombeiros na rua. Em uma pesquisa realmente desanimadora, Jack Shonkoff[3] e colaboradores do Centro de Desenvolvimento da Criança de Harvard demonstraram que a exposição precoce e contínua a estresse extremo cria mal-adaptações quase permanentes no cérebro, afetando o QI e o funcionamento executivo. Esses fatores de estresse incluem insegurança alimentar e exposição direta ou indireta a abusos físicos ou emocionais.

Na verdade, nossa resposta a ameaças imaginadas é muitas vezes a causa da ansiedade do mal — a preocupação crônica, a distração, os desconfortos físico e emocional, a sensação de tristeza e melancolia, o questionamento das intenções dos outros, o sentimento que você não tem controle sobre sua vida. São todos os "e se" que surgem em nossa mente tarde da noite, quando não conseguimos dormir, ou que são desencadeados por um problema de saúde ou algum evento traumático inesperado em nossa vida. Quando ficamos presos nesse círculo vicioso, somos aprisionados em uma resposta cérebro-corpo que se torna essencialmente mal-adaptativa.

· OS CIRCUITOS CEREBRAIS DE MEDO / ESTRESSE / ANSIEDADE SIMPLIFICADOS ·

Embora os cientistas ainda estejam trabalhando para revelar todas as áreas e circuitos cerebrais interconectados envolvidos nessa ameaça ou, mais precisamente, na resposta ao estresse, eles em geral concordam que as áreas do cérebro mostradas no diagrama a seguir estão intimamente envolvidas. Estímulos ameaçadores são rapidamente detectados pela amígdala cerebelosa, uma pequena estrutura em forma de amêndoa dentro do lobo temporal. Pense na amígdala como o diretor do cérebro primitivo e no córtex pré-frontal (CPF) como o diretor do cérebro superior. Quando responde automaticamente a estímulos ameaçadores (reais ou imaginários), a amígdala ativa uma ampla gama de áreas — incluindo o hipotálamo, que controla o sistema nervoso simpático — para responder aos estímulos ameaçadores ou que provocam ansiedade. O sistema nervoso simpático, trabalhando por meio do hipotálamo e da glândula pituitária do cérebro, ativa a liberação de cortisol — um hormônio produzido nas glândulas adrenais —; aumenta a frequência cardíaca e a respiração; libera glicose (energia) e prepara o corpo para a ação. (O sistema nervoso simpático se refere à parte do sistema nervoso autônomo que prepara o corpo para a ação em uma situação de luta ou fuga, controlada pelo hipotálamo.) Na resposta moderna ao estresse, esse ciclo acontece, mas o cortisol continua sendo produzido e liberado — esse é o estado de ansiedade do mal.

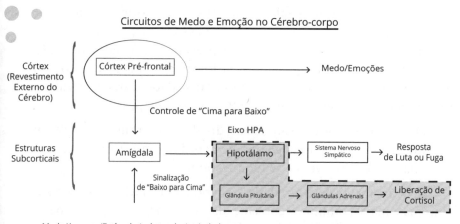

Outra maneira de pensar em como o cérebro processa tanto as emoções quanto os pensamentos é em termos de funcionamento "de cima para baixo" e do "cérebro inferior". O processamento cerebral "de baixo para cima" se refere aos sinais indutores de emoção automáticos provenientes da parte inferior do cérebro — ou seja, a amígdala e outras estruturas do sistema límbico — para o córtex, a fim de auxiliar no processamento de reações emocionais intensas. (O chamado cérebro inferior também se refere a qualquer área do cérebro abaixo do córtex — "subcortical" — ou o revestimento externo do cérebro.)

Mecanismos cerebrais "de cima para baixo" normalmente se iniciam no córtex pré-frontal e regulam as áreas cerebrais inferiores, como a amígdala, onde são geradas as respostas emocionais intensas. É o eixo hipotálamo-pituitária-adrenal (HPA) que gerencia a complexa interação entre o hipotálamo e a glândula pituitária, que, juntos, controlam a liberação do cortisol — o hormônio do estresse — das glândulas adrenais.

· ANSIEDADE COTIDIANA VERSUS DISTÚRBIOS CLÍNICOS ·

É útil pensar na ansiedade como algo existente em um continuum, com distúrbios clínicos de um lado e a ansiedade cotidiana representando a maior parte do espectro.

Neste livro, estamos falando da ansiedade cotidiana, mas vale a pena mencionar que o número de pessoas diagnosticadas com transtornos de ansiedade clínica é surpreendente. Atualmente, 28% da população dos Estados Unidos já foram diagnosticados com algum tipo de transtorno relacionado à ansiedade durante a vida — um número equivalente a mais de 90 milhões de pessoas.

Os psicólogos e os psiquiatras dividem os transtornos de ansiedade em seis categorias gerais, de acordo com a forma como os sintomas se desenvolvem e se manifestam.

O Transtorno de Ansiedade Generalizada (TAG) é o grupo de sintomas mais comum decorrente da sobrecarga de preocupação com vários aspectos da vida, incluindo família e relacionamentos, saúde, posição no trabalho ou na carreira e dinheiro. Pessoas com TAG têm dificuldade em se desligar das preocupações e, muitas vezes, perdem a perspectiva sobre a realidade da ameaça. De acordo com a Associação de Ansiedade e Depressão dos Estados Unidos (ADAA, na sigla em inglês)[4], os sintomas de TAG incluem:

- sentimento persistente de pavor ou perigo iminente;
- respiração acelerada;
- dificuldade para dormir;
- dificuldade em se concentrar ou manter a atenção;
- perturbação gastrointestinal persistente.

Outro transtorno de ansiedade comum é o Transtorno de Ansiedade Social (TAS), conhecido como fobia social. Pessoas com TAS experimentam medo de socializar, preocupações relacionadas ao modo como são percebidas por outras pessoas e quanto ao pertencimento ou à aceitação por um grupo social. Em casos extremos, o TAS pode desencadear um ataque de pânico (falaremos em mais detalhe sobre o transtorno do pânico a seguir). De acordo com a ADAA, muitas pessoas com transtorno de ansiedade social apresentam fortes sintomas físicos, incluindo:

- frequência cardíaca acelerada;
- náusea;
- sudorese.

Algumas pessoas com ansiedade extrema desenvolvem transtorno do pânico, que é marcado por experiências repentinas e intensas de inquietação ou medo. De acordo com a ADAA, os ataques de pânico costumam ser acompanhados de:

- sudorese;
- tremores ou espasmos;
- sensações de falta de ar ou sufocamento;
- sensação de asfixia;
- dor ou desconforto no peito;
- náusea ou desconforto abdominal;

- sensação de tontura, instabilidade, vertigem ou desmaio;
- calafrios ou sensações de calor;
- parestesia (dormência ou sensação de formigamento);
- desrealização (sensação de desconexão com a realidade) ou despersonalização (desconexão com o próprio corpo).

O Transtorno Obsessivo Compulsivo (TOC) é uma forma de ansiedade que se manifesta como comportamentos compulsivos ou padrões repetidos de pensamento. No início, certos comportamentos podem ser usados como estratégias de enfrentamento para afastar a ansiedade, mas então os próprios comportamentos tornam-se problemáticos e exacerbam a ansiedade, ao invés de mitigá-la. De acordo com a ADAA, as pessoas com TOC podem ser excessivamente preocupadas com contaminação e obcecadas por limpeza e a necessidade de simetria. As compulsões comuns incluem verificação, lavagem/limpeza e organização.

O Transtorno de Estresse Pós-traumático (TEPT) é uma condição de saúde mental bastante comum sofrida por muitas pessoas que "experimentaram ou testemunharam um desastre natural, acidente grave, terrorismo, morte súbita de um ente querido, guerra, agressão pessoal violenta, como estupro, ou outros eventos com risco de morte". De acordo com a ADAA, aproximadamente 8 milhões de pessoas (cerca de 7–8% da população) nos Estados Unidos convivem com o TEPT. O distúrbio é caracterizado por três tipos principais de sintomas:

- revivência do trauma por meio de lembranças perturbadoras e intrusivas do evento, flashbacks e pesadelos;
- entorpecimento emocional e evitação de lugares, pessoas e atividades que lembram o trauma;
- aumento da agitação, como dificuldade para dormir, problemas de concentração e foco, sensação de sobressalto, irritabilidade e acessos de raiva.

Além das listadas acima, algumas formas de transtornos de ansiedade aparecem como fobias específicas, em que a ansiedade está relacionada a um medo abjeto ou irracional de algo. As fobias comuns incluem medo de voar, de insetos, de locais fechados — como elevadores —, de pontes ou alturas. As fobias são tão intensas que as pessoas se esforçam para evitar a fonte do medo e, como resultado, restringem suas atividades diárias.

É importante ter em mente que todos esses tipos de distúrbios existem em um continuum e variam em intensidade e duração, em resposta à — você adivinhou — quantidade ou ao tipo de estresse. Muitos desses distúrbios clínicos graves são controlados por medicamentos psicofarmacológicos, que atuam para suprimir ou redirecionar o sistema nervoso e diminuir a ansiedade.

Veja a seguir o gráfico desenvolvido pela Associação de Ansiedade e Depressão dos Estados Unidos. (LeDoux também inclui este gráfico em seu livro *Anxious,* sem publicação no Brasil.)

QUAL É A SUA?

Ansiedade cotidiana	Transtorno de ansiedade
Preocupação em pagar contas; conseguir um emprego; em decorrência de um rompimento amoroso ou de outros eventos importantes da vida	Preocupação constante e infundada que causa angústia significativa e interfere na vida diária
Constrangimento em uma situação social desconfortável ou estranha	Evitar situações sociais por medo de ser julgado, envergonhado ou humilhado

Nervosismo ou sudorese antes de um teste importante, de uma apresentação de negócios, performance de palco ou de outro evento relevante	Ataques de pânico aparentemente inesperados e o medo de ter outro
Medo realista de um objeto, lugar ou situação perigosa	Medo irracional ou evitação de um objeto, lugar ou situação que representa pouca ou nenhuma ameaça de perigo
Ansiedade, tristeza ou dificuldade para dormir imediatamente após um evento traumático	Pesadelos recorrentes, flashbacks ou torpor emocional relacionados a um evento traumático que ocorreu vários meses ou anos antes

Crédito: Little House Studio

Olhando para a lista de características, muitos dos sinais de ansiedade cotidiana são familiares e podem não parecer tão sérios. Os distúrbios clínicos são mais intensos e perturbadores. O que é importante ter em mente é que a biologia subjacente da ansiedade em geral é a mesma; é a expressão dela que varia. A ansiedade é mutável e adaptável como qualquer outra característica do nosso cérebro. A boa notícia é que temos o poder de controlar a ansiedade, especialmente a ansiedade cotidiana. Na verdade, nossa neurobiologia ancestral pode ser atualizada. Podemos usar e aplicar de forma consciente os princípios da neuroplasticidade e aprender a lidar com os estressores de nosso ambiente de maneira mais eficaz para que a ansiedade não nos controle, mas nós passemos a controlá-la.

· EXAMINANDO AS ENGRENAGENS ·

Embora a ansiedade possa se manifestar de diversas maneiras diferentes, em muitas circunstâncias diferentes, existem alguns traços comuns importantes de destacar. Vamos examinar o que acontece nas engrenagens de nosso cérebro-corpo quando experimentamos a ansiedade como algo fora de nosso controle. Quando a ansiedade surge, desperta sensações desconfortáveis. Sentimo-nos tensos, superestimulados e talvez até hipervigilantes. Muito cortisol está fluindo pelo nosso cérebro-corpo e parece que não conseguimos controlar seus efeitos. Os níveis de dopamina e serotonina, os dois principais neurotransmissores responsáveis por nos sentirmos centrados e no controle, estão baixos ou não se comunicam adequadamente. Como resultado, temos dificuldade em nos concentrar, o que pode nos levar à procrastinação ou nos impedir de terminar nossos projetos. Começamos a nos sentir pessimistas e talvez um pouco desesperançados. Esse estado de desequilíbrio emocional perturba nosso ciclo de sono, nossos hábitos alimentares e nossa saúde geral. Podemos começar a aliviar esses pensamentos e sentimentos perturbadores consumindo mais álcool ou drogas, ou comendo muitos alimentos que nos fazem sentir bem no momento, mas acabam nos deixando letárgicos ou enjoados. Quanto mais a ansiedade dura, menos queremos sair com os amigos. Começamos a nos afastar e nos isolar, o que, por sua vez, nos faz sentir solitários. Estamos tão envolvidos em nossas preocupações que nos esquecemos de pedir ajuda.

Concordo, essa é uma descrição terrível de ansiedade, no entanto ela pode parecer familiar para a maioria das pessoas porque a ideia de aprender a controlar nossa ansiedade cotidiana é relativamente nova. Contudo, quando assumir o controle da ansiedade, com certeza você se sentirá diferente. A excitação de ansiedade, desencadeada pela resposta ao estresse, dispara um alerta sobre algo que o está incomodando — uma mudança repentina em casa ou no trabalho, por exemplo. Ao tomar consciência desse alerta, você pensa no que está em jogo: o que essa mudança significa para você? E para seus entes queridos? Você é capaz de controlar a situação? Ao organizar seus pensamentos em torno do que pode controlar, você aciona a serotonina, a dopamina e o cortisol para manter-se concentrado nas próximas etapas. Essa ação o mantém emocionalmente regulado e orientado a um objetivo. Você pede feedback às pessoas em quem confia. Monitora seu progresso. Aceita os eventuais erros que possa ter cometido ou as outras maneiras pelas quais possa ter contribuído para a mudança e aprende com essas informações. Fica aberto a novas ideias. Cuida de si mesmo, se alimenta bem e se exercita regularmente; assim, consegue dormir e dar tempo ao cérebro e ao corpo para recarregar as energias à noite. Decide evitar o álcool porque entende que ele age como um depressivo. Logo, ao vislumbrar o caminho à sua frente, você começa a se sentir mais relaxado e tranquilo.

A ansiedade inicial começou de forma semelhante nas duas situações, mas a ativação do sistema de defesa contra ameaças tomou dois caminhos muito diferentes.

Nas páginas seguintes, você descobrirá como podemos mudar nossa resposta ao estresse para que não provoque uma cascata de efeitos negativos. Aprenderá como aquietar e relaxar seu corpo e acalmar sua mente; como redirecionar pensamentos e reavaliar as situações para que possa tomar decisões que funcionem para você. E também aprenderá a monitorar como reage ao estresse e tolera sentimentos desagradáveis.

2

Aproveitando o Poder da Plasticidade Cerebral

Por mais de vinte anos, o cerne de minha pesquisa em neurociência é como o cérebro pode mudar em resposta aos estímulos (também conhecidos como estressores) em seu ambiente. Sabemos que o cérebro evoluiu para crescer, atrofiar e se adaptar; para encontrar maneiras de trabalhar com mais eficiência. Na verdade, o cérebro é impulsionado, em um nível celular, a aprender a navegar em uma estrada sinuosa em uma noite escura; a reconhecer uma espécie particular de falcão; a aprender a tocar uma nova música de cor; ou mesmo a esculpir uma forma inédita. Todos esses são exemplos da neuroplasticidade em ação.

Hoje, temos uma compreensão detalhada dos mecanismos físicos/anatômicos, celulares e moleculares que o cérebro adulto usa basicamente a cada minuto de cada dia para mudar, aprender e se adaptar ao ambiente. Mas não faz muito tempo — na década de 1960, para ser mais específica — que a sabedoria predominante da época era que o cérebro adulto *não* era capaz de mudar — que todo o crescimento e o desenvolvimento do sistema nervoso aconteciam durante a infância e até certo ponto durante a adolescência; e, uma vez que você atingia a idade adulta, não havia mais mudanças.

No início dos anos 1960, a professora Marian Diamond — pioneira neurocientista da Universidade da Califórnia em Berkeley — e seus colaboradores tinham uma ideia diferente. Eles acreditavam que o cérebro dos mamíferos adultos era capaz de mudanças profundas; só precisavam de uma maneira de demonstrar isso. Criaram um experimento simples, mas engenhoso, para testar sua ideia. Decidiram colocar um grupo de ratos adultos no que gosto de chamar de "Disney World" das gaiolas, com muitos brinquedos que eram trocados com regularidade, um espaço gigantesco e muitos outros ratos como companhia. Eles o chamaram de ambiente "enriquecido". Então compararam os ratos que viviam no ambiente enriquecido com um grupo equivalente de ratos criados em um espaço muito menor, sem brinquedos e com apenas um ou dois companheiros. Esse foi chamado de ambiente "empobrecido". Cada grupo de ratos viveu em seus respectivos ambientes por vários meses e, no final desse período, os pesquisadores examinaram a anatomia do cérebro dos ratos para ver se era possível identificar alguma diferença. Se os demais cientistas da época estivessem corretos, eles não deveriam conseguir perceber qualquer diferença, pois seriam cérebros imutáveis de mamíferos adultos. Em contrapartida, se eles estivessem corretos e o cérebro humano adulto fosse dotado da capacidade de mudar, seria possível visualizar diferenças na anatomia cerebral. O que eles descobriram mudou nossa compreensão do cérebro: os cérebros dos ratos que viviam nas gaiolas "Disney World" eram quantificavelmente maiores e mais desenvolvidos em várias áreas, incluindo córtex visual, córtex motor e outras áreas significativas. Essa foi a primeira demonstração de que um cérebro adulto tinha a capacidade de mudar, o que agora chamamos de plasticidade do cérebro adulto. Além disso, Diamond demonstrou que são os conteúdos e as qualidades do ambiente que determinam o tipo de mudança.

É importante ressaltar que essa plasticidade é uma via de mão dupla. As mudanças (uma demonstração da plasticidade inerente do cérebro) mostradas nos experimentos da Disney World para ratos foram positivas, refletidas pelo aumento do tamanho do cérebro (com estudos posteriores demonstrando incremento em neurotransmissores, níveis de fator de crescimento, bem como maior densidade dos vasos sanguíneos) dos ratos criados na "Disney World". No entanto, outros ambientes ou experiências podem causar mudanças negativas no cérebro adulto. Por exemplo, quando o cérebro-corpo é privado de um ambiente estimulante ou exposto a um ambiente violento, observamos um nítido encolhimento de certas áreas do cérebro (sobretudo o hipocampo e o córtex pré-frontal, sobre os quais falaremos mais na Parte Dois) e uma diminuição nos níveis de neurotransmissores (dopamina e serotonina), que ajudam a regular as emoções e a atenção. Se crianças forem criadas em ambientes de negligência, seu cérebro apresentará uma diminuição no número de sinapses (que são as conexões entre as células cerebrais, por meio das quais ocorre a comunicação), tornando o pensamento (isto é, a cognição) menos eficiente e menos flexível, duas qualidades associadas à inteligência.

Desde os clássicos estudos de Diamond e colaboradores, milhares de experimentos demonstraram que o cérebro tem uma tremenda capacidade de aprender, crescer e mudar. E entender como nosso cérebro é plástico, flexível e projetado para se adaptar é a base para acreditar que é possível aprender a controlar a ansiedade e até aceitá-la. Na verdade, no cerne dessa incrível capacidade de plasticidade cerebral positiva está nossa habilidade de aprender e mudar nossos comportamentos — incluindo aqueles que envolvem nossa relação com a ansiedade.

A plasticidade cerebral é o que nos permite aprender a nos acalmar, reavaliar situações, reformular nossos pensamentos e sentimentos e tomar decisões diferentes e mais positivas.

Considere o seguinte:

- A raiva pode prejudicar nossa atenção ou nosso desempenho
  - OU pode nos impulsionar e motivar; aguçar nossa atenção; servir como um lembrete do que é importante (isto é, das prioridades).

- O medo pode arruinar nosso humor e desencadear memórias de fracassos passados; roubar nossa atenção e foco; prejudicar nosso desempenho (ou seja, nos sufocar ante a pressão)
  - OU pode nos tornar mais cuidadosos com nossas decisões; aprofundar nossa reflexão; criar oportunidades para mudar de direção.
- A tristeza pode deprimir nosso humor, nos desmotivar ou inibir nossas conexões sociais
  - OU pode nos apontar o que é importante em nossa vida; nos ajudar a priorizar; nos motivar a mudar nosso ambiente, circunstâncias ou comportamento.
- A preocupação pode nos fazer procrastinar e nos atrapalhar no alcance de nossos objetivos
  - OU pode nos ajudar a ajustar nossos planos; readequar nossas expectativas de nós mesmos; nos tornar mais realistas e direcionados a um objetivo.
- A frustração pode impedir nosso progresso, prejudicar nosso desempenho ou roubar nossa motivação
  - OU pode nos energizar e nos desafiar a fazer mais ou melhor.

Essas comparações podem parecer simplistas, mas ainda assim apontam para opções poderosas que produzem resultados tangíveis. Em outras palavras, temos escolha.

....

A ansiedade, como normalmente experimentada, é marcada por emoções negativas. Lembra? "No limite", "pessimista", "na defensiva", "assustado" — todos esses são estados emocionais que costumam fazer nos sentir mal. Mas acontece que não somos impotentes em nossa resposta a essas emoções. Além disso, nem todas essas emoções são ruins; na verdade, elas nos fornecem informações importantes sobre nosso estado mental e físico. As fontes de nossa ansiedade são ótimas indicações sobre o que valorizamos na vida. É preciso esforço para mudar essas emoções negativas para suas versões positivas? Sim. Mas também são indicações do que é importante ou valioso para nós. Talvez essa preocupação com o dinheiro seja um lembrete de quanto valorizamos a estabilidade financeira; ou a preocupação com a privacidade seja um lembrete de que precisamos de tempo suficiente a sós.

Nossas emoções negativas, então, nos apresentam a oportunidade de interromper ciclos autodestrutivos de pensamentos, emoções e padrões de comportamento que minam nossa própria resposta ao estresse. O primeiro passo para obter esse controle sobre a ansiedade é entender como nossas emoções funcionam.

· O PODER DO VIÉS DA NEGATIVIDADE ·

A ansiedade é, em muitos aspectos, um termo genérico para sentimentos ruins. Como expliquei antes, a ansiedade é, em sua essência, um estado de ativação completa do cérebro-corpo — as células estão sinalizando umas para as outras, a energia aumenta, o cérebro-corpo está pronto para fazer algo. Está alerta, está pronto, ávido para agir. Quando ficamos presos em uma ansiedade ruim, essa ativação pode desencadear uma série de sentimentos: nervosismo, medo, desconforto, dor — emoções negativas que deprimem, nos deixam distraídos e fazem nos retrair e nos isolar.

Do lado oposto dessas emoções negativas estão suas expressões positivas maravilhosas e edificantes: alegria, amor, bom humor, entusiasmo, curiosidade, admiração, gratidão, serenidade, inspiração — a lista é infinita. Esses sentimentos positivos impulsionam nossa conexão conosco e com os outros; eles evitam doenças e nos mantêm saudáveis, fortalecendo nosso sistema imunológico; recompensam comportamentos prazerosos e agradáveis para que continuemos a praticá-los. Todos esses atributos das emoções positivas também podem emergir de maneira mais ou menos automática. Por exemplo, não dizemos a nós mesmos para sentir alegria e, de repente, nos sentimos alegres. Portanto, embora precisemos das emoções negativas para nos proteger do perigo e da ameaça, também precisamos das chamadas emoções afiliativas ou positivas. A alegria, o amor, o entusiasmo e a curiosidade são o que nos faz buscar apego e relacionamentos; a curiosidade nos motiva a aprender, crescer e compreender o mundo que nos rodeia; e o desejo nos impele a acasalar.

E, assim como a ansiedade, nossas emoções primárias podem ser definidas como sinais baseados no cérebro, que nos alertam sobre algo ruim (ou seja, negativo) ou bom para nós. Essas emoções básicas ou centrais estão programadas em nosso cérebro inferior (incluindo o sistema límbico) para nos proteger de ameaças e nos motivar a buscar o que precisamos — abrigo, comida, companhia. Mas as emoções evoluíram para ser muito mais complexas, e é por isso que lidar com nossa ansiedade pode ser tão complicado.

Uma das muitas razões pelas quais a ansiedade parece dominar nosso humor é porque tendemos a recorrer ao negativo, não ao positivo. Nosso cérebro enfatiza os sentimentos negativos e se lembra desses sentimentos de forma mais vívida e intensa. Como resultado, eles são codificados com mais força em nosso cérebro. Por que tendemos a nos lembrar das emoções negativas mais do que das positivas? Por que pensamos que os sentimentos positivos são mais a exceção do que a regra? Basicamente, podemos responder a essas perguntas analisando como nosso cérebro está programado para se defender, o que o torna propenso a procurar problemas, detectar perigos e evitar a dor. Esses instintos de sobrevivência estão profundamente arraigados em como nossos sistemas nervosos estão estruturados.

Todavia, do ponto de vista narrativo, a maioria dos cientistas, médicos, psicólogos e jornalistas que escreve sobre emoções automaticamente as classifica em categorias positivas ou negativas — como se as emoções negativas devessem ser evitadas sempre que possível, como se fossem necessariamente ruins para nós. Dessa forma, há um preconceito inconsciente contra emoções negativas de qualquer tipo — raiva, medo, preocupação, tristeza, frustração etc. A ciência — que muitas vezes é motivada pela busca de como explicar ou prevenir doenças — tende a dedicar menos tempo pesquisando a promoção de estados emocionais positivos.

Um exemplo de obstáculo para permitir que nossas emoções positivas venham à tona é um fenômeno bem estudado chamado viés de negatividade. Ele se refere ao viés natural que nosso cérebro atribui a sentimentos negativos em relação aos positivos. Um número crescente de estudos demonstra que as informações negativas não apenas atraem nossa atenção com mais rapidez do que as positivas igualmente poderosas, mas as negativas também influenciam as avaliações das pessoas mais do que uma quantidade equivalente de informações positivas. Todos nós já vimos isso e provavelmente conhecemos pessoas que se fixam apenas no que deu errado, ignorando todos os aspectos que deram certo. Talvez você também reconheça esse comportamento em si mesmo — esse é o viés da negatividade mostrando sua cara feia.

Em termos biológicos e racionais, não é culpa sua que você tenda a inclinar-se mais para o negativo do que para o positivo. Mas se aprendêssemos a aplacar a pungência desses sentimentos, poderíamos nos permitir ser mais flexíveis em relação ao modo como processamos essas emoções. E se adotássemos um novo ponto de vista? E se mudássemos nossa orientação-padrão para nos afastar dessas emoções negativas e, em vez disso, nos concentrássemos nas metas que desejamos alcançar? E se abordássemos as emoções negativas como um desafio em vez de um empecilho? E se ressignificássemos esses sentimentos como informações sobre as quais ter curiosidade, em vez de como perigos a serem evitados?

Em um âmbito neurobiológico, todas essas emoções diferentes — incluindo aquelas tipicamente associadas à ansiedade — têm um propósito: chamar nossa atenção para algo importante. (Na Parte Dois, você mergulhará em pesquisas significativas que mostram como canalizar a energia emocional que, de outra forma, poderia levar à ansiedade negativa; ela está relacionada à neurobiologia do mindset — isto é, configuração mental — positivo, da produtividade, do desempenho otimizado, da criatividade e muito mais.)

Um dos avanços mais importantes na neurociência afetiva (a área da neurociência que analisa nossas experiências emocionais) é que temos muito mais do que cinco ou seis emoções básicas. Em 1980, Robert Plutchik criou esta roda de emoções para mostrar como certas emoções têm diferentes graus de intensidade ou sabores.

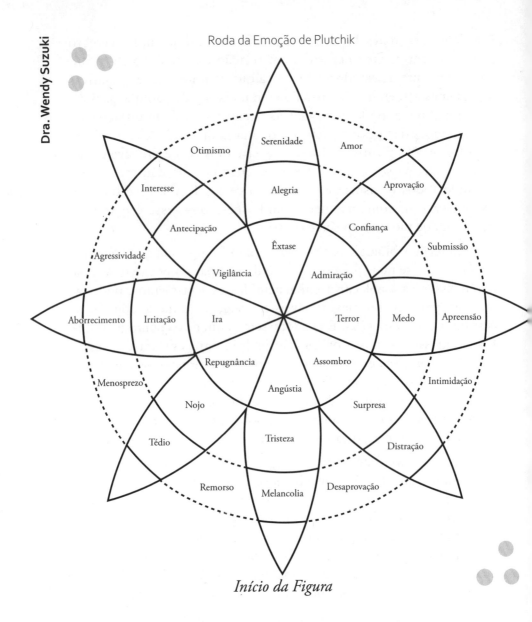

Início da Figura

Enxergar as emoções sob esse ponto de vista ilustra por que é tão importante mudar a maneira como pensamos a ansiedade. Na verdade, a ansiedade — como uma combinação de emoções negativas e positivas — representa a roda inteira! Conforme avança neste livro, espero que você se familiarize com a forma como as emoções negativas e positivas da ansiedade aparecem em sua vida — a ansiedade não precisa ser negativa! As emoções sempre podem mudar!

· PODEMOS REGULAR NOSSAS EMOÇÕES ·

O estresse que causa ansiedade não desaparecerá, mas temos a capacidade de "otimizar" nossa resposta a ele. Pesquisadores — como Alia Crum, professora de psicologia de Stanford — demonstraram como é possível usar técnicas de mindset e reavaliação, ambas funções do CPF, para abordar o estresse como um desafio e uma oportunidade de "desempenho e crescimento".

No âmbito neurobiológico, o que Alia Crum e outros sugerem é parte de uma área mais ampla de pesquisa e significação do cérebro conhecida como regulação da emoção — os processos (de baixo para cima e de cima para baixo) que nos ajudam a gerenciar todas as respostas emocionais, especialmente a ansiedade.

O que eu quero dizer com *regular*? James J. Gross[1], especialista em regulação da emoção e professor de psicologia da Universidade Stanford, define a regulação da emoção como "os processos pelos quais os indivíduos influenciam quais emoções vivenciam, quando as vivenciam e como as experienciam e expressam". Historicamente, os cientistas pensavam que a regulação da emoção era simplesmente um processo que ocorria de cima para baixo, controlando as emoções que aconteciam de baixo para cima, mas, agora, entende-se que há muito mais interação bidirecional entre as áreas cerebrais que atuam de baixo para cima (ou seja, o sistema límbico) e de cima para baixo (CPF e outras vias neurais com as quais interage). Por quê? Porque, nas palavras de Gross, a regulação da emoção é um sistema complexo de "subsistemas neurais interconectados [que] monitoram uns aos outros em vários graus e estão em contínua interação bidirecional excitatória ou inibitória". Ele também aponta que a regulação é um conjunto de processos que existem em um "*continuum* que vai da regulação consciente, com esforço e controlada, à regulação inconsciente, sem esforço e automática".

O que isso significa na prática? O resultado final é o seguinte: embora a ansiedade possa se originar como um sinal de alerta para evitar o perigo, ela não precisa necessariamente causar desconforto, distração ou interferir de outra forma em nosso impulso natural em direção ao bem-estar e ao equilíbrio. Podemos aprender a usar a consciência para reformular uma situação, anular a percepção de perigo e reavaliá-la como uma oportunidade de superar um desafio e estabelecer um novo aprendizado (isto é, respostas). Temos várias opções para gerenciar tanto nossa atenção a esse sinal quanto a ansiedade (os sentimentos) e, se chegarmos a esse ponto, a própria resposta. Nosso cérebro é maravilhoso!

Nossos sistemas cérebro-corpo estão em um impulso constante em direção à homeostase, aquele estado de equilíbrio entre a excitação e o relaxamento. Cada sistema — do sistema nervoso ao digestivo, respiratório, cardíaco, imunológico e outros — está interagindo e trocando sinais para responder a um estressor e, então, recuperar a homeostase. Isso também se aplica ao nosso sistema emocional. Nossas emoções negativas surgem para chamar nossa atenção para algo que pode ser perigoso ou apresentar um risco, e então fazemos algum tipo de mudança ou adaptação para nos sentirmos melhor. Em outras palavras, elas têm um propósito positivo e não se destinam a se expressar sempre na mesma intensidade. Acontece o mesmo com a ansiedade: como forma geral de emoção negativa ou desconforto, é a maneira do cérebro-corpo nos dizer para prestar atenção. Nosso sistema intrínseco para gerenciar nossas emoções negativas, para processar, responder e lidar com as emoções negativas em particular, de modo que possamos manter ou retornar à homeostase, é chamado de regulação da emoção.

A ansiedade é um feixe de emoções que perturbam nossa capacidade de regulação emocional. E elas foram feitas para esse fim, pois têm o propósito de chamar nossa atenção para algo que não está como deveria ser. Uma vez que a ansiedade tenha desencadeado a excitação, devemos aplicar nossas ferramentas regulatórias para começar a processar essas emoções; assim que o fizermos, a ansiedade deve diminuir, e a homeostase, ser restaurada. No entanto, nossa capacidade de regular as emoções nem sempre é previsível. Na verdade, o grau de nossa capacidade de regulação emocional varia, dependendo de uma série de fatores — como fomos criados, nosso estilo de vida e até mesmo nosso perfil genético. A boa notícia é que podemos aprender a regular nossas emoções de maneira mais eficaz. De acordo com o modelo de regulação emocional de James J. Gross, temos cinco tipos de estratégias de controle que podem ajudar a controlar a ansiedade e outras emoções negativas. As cinco estratégias identificadas por Gross incluem: seleção de situação, modificação da situação, expansão da atenção, mudança cognitiva e modulação da resposta emocional. As quatro primeiras são estratégias que podem interromper a ansiedade *antes* de ela se desenvolver a um estado extremo ou crônico. A quinta é uma técnica regulatória para *depois* do surgimento da ansiedade (ou de outra emoção negativa).

Esse modelo para compreender a regulação da emoção (referido na literatura como o modelo modal de Gross) foi amplamente aceito e continuou a ser desenvolvido. Nils Kohn, outro neurocientista da área, acrescentou elementos ao modelo, sugerindo que precisamos ter em mente que a regulação da emoção é automática (e, portanto, implícita e pré-consciente) e consciente (e, portanto, explícita e exercida por meio da percepção consciente). E que a regulação da emoção pode ser de natureza funcional e adaptativa (e, portanto, útil para nós) ou mal-adaptativa e disfuncional.

Vejamos como a regulação da emoção funciona na vida real. Digamos que você está aflito esperando por uma importante entrevista de emprego após ter sido dispensado de seu cargo anterior, seis meses antes. Está se sentindo pressionado, inseguro e com medo — medo da rejeição, medo do fracasso, medo de não estar à altura. Faltam quatro dias para a entrevista, mas você já está nervoso. Quando se imagina entrando pela porta do prédio, suas mãos começam a suar, seu coração dispara e sua respiração fica mais superficial. Em seguida, você começa a imaginar tudo que pode dar errado: pode se esquecer de levar seu currículo, usar meias que não combinam ou esquecer tudo que pretendia argumentar para conseguir o emprego.

Uma opção é evitar a situação que você acha que vai perturbá-lo ou exacerbar sua ansiedade. Evitar a situação (não ir à entrevista de emprego) pode aliviar o medo e o estresse em curto prazo; no entanto, é óbvio que não o ajudará se, em longo prazo, quiser ou precisar do emprego em questão. Gross chama essa estratégia de seleção de situação.

Outra opção é modificar a situação atual para que a aflição ou ansiedade se torne mais tolerável ou suportável. Por exemplo, se estiver ansioso com a entrevista iminente, você pode modificar a situação pedindo para fazer a entrevista por telefone ou videoconferência. Essa mudança na situação permite que você exerça algum controle sobre sua ansiedade e sobre a sensação de que ela é maior do que você. Gross chama isso de modificação da situação. Eu chamo isso de uma mudança de ansiedade do mal para ansiedade do bem. Seu nervosismo não desapareceu; apenas está sob seu controle e sendo bem canalizado.

Uma terceira opção é chamada de expansão da atenção, que inclui várias maneiras de desviar sua atenção de uma situação que provoca ansiedade para algo que a distraia. Os pais costumam usar essa técnica com seus bebês e crianças pequenas. Se a criança tem medo de cachorros, por exemplo, os pais podem direcionar o foco da criança para uma careta engraçada enquanto o cachorro assustador vai embora. Esse é um tipo de distração intencional.

A quarta e provavelmente a mais sofisticada das estratégias de regulação da emoção é conhecida como mudança cognitiva. Nesse caso, você reavalia ou reformula, de forma ativa e consciente, seu mindset ou sua atitude: em vez de pensar na entrevista de emprego como uma maneira horrível de passar a manhã de sexta-feira, você a reformula como uma oportunidade de mostrar a si mesmo e ao seu potencial empregador o quanto sabe a respeito da função e da empresa ou organização; isso também aumenta a sua confiança. Você se mostra curioso e animado para saber o que ele ou ela tem a dizer. A ressignificação atua como uma sugestão mental que remodela a ansiedade de um sentimento de pavor e opressão em um de empolgação e desafio.

Depois que conseguir passar pela porta da frente e se sentar diante do entrevistador, é possível que a ansiedade apareça, apesar das estratégias que usou para mitigá-la até então. Nesse caso, tente suprimir ou atenuar ativamente os sentimentos ansiosos. Faça algum exercício de respiração (ou seja, respiração profunda, que é uma das maneiras mais rápidas e eficazes de acalmar todo o sistema nervoso) ou beba um pouco de água. Se não fosse uma entrevista de emprego que o deixasse nervoso, mas um encontro, você poderia tomar uma cerveja ou uma taça de vinho para relaxar. Essas são algumas das muitas estratégias de enfrentamento que você pode usar *depois* que a ansiedade é experimentada.

A pesquisa atual sobre a interação entre a ansiedade e a regulação da emoção aponta para fortes evidências de que estratégias de intervenção, como a reavaliação, podem desenvolver a capacidade de regulação da emoção e afetar positivamente a ansiedade; esses estudos foram feitos no contexto de transtornos de ansiedade. Especificamente, estudos de neuroimagem demonstraram que as emoções negativas de ansiedade ou medo diminuem em resposta às estratégias de regulação da emoção. Além disso, esses mesmos estudos mostraram que as emoções negativas de ansiedade ou medo ocorrem em regiões neurais diferentes daquela onde ocorre a regulação da emoção no cérebro. Esse campo de pesquisa ainda está dando os primeiros passos, com muitas perguntas científicas impulsionando sua expansão. Mas a boa notícia é que podemos atualizar nossas respostas emocionais. Somos capazes de aprender a nos regular emocionalmente. Podemos nos tornar melhores no gerenciamento e na canalização de nossa ansiedade.

Gosto de pensar nessa abordagem da ansiedade como uma forma de desenvolver resiliência ao estresse. No Capítulo 4, nos aprofundaremos em como as vias cérebro-corpo da ansiedade podem aumentar nossa resiliência geral — física e emocional. Mas, por enquanto, considere o seguinte: precisamos experienciar os sentimentos e atualizar nossas respostas a eles. Isso começa com a consciência. Depois de perceber que fica desconfortável a qualquer sinal de ansiedade, você precisa parar e pensar o que fazer com os sentimentos. Todos nós precisamos de prática constante para aceitar o que sentimos, aceitar o desconforto e não tentar imediatamente mascarar, negar, escapar ou nos distrair. Ao apenas tentar aceitar o desconforto, você faz duas coisas: se acostuma com o sentimento e percebe que pode realmente "sobreviver" a ele, bem como proporciona tempo ao seu cérebro para tomar uma decisão mais consciente sobre como agir ou responder. É exatamente assim que uma nova via neural mais positiva é estabelecida.

3

Lidando com a Ansiedade na Vida Real

Diante dos estressores e da ansiedade que eles costumam desencadear, todos nós desenvolvemos estratégias de enfrentamento para nos controlar e nos colocar de volta nos trilhos — aquele estado de equilíbrio em que nos sentimos confortáveis e com os pés no chão. Isso significa que naturalmente tentamos regular nossas emoções e nos recuperar quando somos desviados do curso. Esses comportamentos de aceitação ou processos de pensamento tornam-se respostas condicionadas alojadas em nossas memórias; em outras palavras, muitas vezes funcionam de forma automática, abaixo de nossa percepção consciente.

No entanto, muitas dessas estratégias foram desenvolvidas quando éramos mais jovens e menos conscientes. Por exemplo, aos sete anos de idade, uma menina que sentia medo do escuro pode ter recorrido à estratégia de se balançar ou se esconder sob as cobertas. Aos dezessete, ela ainda pode se sentir tentada a usar a mesma estratégia quando fica com medo, mas agora se envergonha desse hábito, então, em vez disso, bebe uma cerveja ou fuma um pouco de maconha para entorpecer o desconforto de seus sentimentos. Em vez de atualizar a maneira como lida com o medo do escuro, essa jovem criou uma estratégia de enfrentamento mal-adaptativa que pode levar a consequências mais negativas no futuro.

Algumas pessoas tomam remédios para dormir a fim de apagar. Outras se acalmam usando objetos de conforto — para a grande maioria dos adultos, os celulares tomaram o lugar de bichinhos de pelúcias e chupetas. Quando me sinto pressionada por um prazo, costumo comer mais. Embora nenhum desses comportamentos seja prejudicial em pequenas doses, você pode imaginar que, se uma pessoa recorrer a eles repetidamente, podem surgir problemas — como aconteceu comigo há cerca de uma década, quando ganhei onze quilos.

Mecanismos de enfrentamento são, em essência, comportamentos ou ações que desenvolvemos para nos acalmar ou evitar uma sensação de desconforto. Quando param de funcionar para controlar o estresse, eles tendem a piorar a situação, exacerbando nossa ansiedade e minando nossa crença de que estamos no controle de nossa vida. Em geral, os mecanismos de enfrentamento são considerados adaptativos (ou seja, bons em nos ajudar a controlar o estresse) ou mal-adaptativos (ruins para nós porque causam outros danos — fazendo com que evitemos lidar com um problema que só fica maior ou provocando outro problema, como é o caso da dependência ou do abuso de álcool).

O menino que, aos oito anos, brigou no pátio da escola quando se sentiu ameaçado ainda pode atacar furiosamente quando adulto ao sentir a necessidade de se defender; talvez isso aconteça no metrô, quando alguém o empurra para entrar ou sair de um vagão. A jovem que passou a se cortar como forma de mitigar a solidão interior ainda pode, aos trinta anos, ser incapaz de encontrar maneiras positivas de aplacar os medos e as inseguranças e, assim, recorrer à bulimia. Por um tempo, esses comportamentos ajudam a amenizar a dor no cerne das emoções negativas — a raiva reprimida, a terrível sensação de isolamento ou o medo do escuro. Mas quando não lidamos ou processamos os sentimentos por trás desses comportamentos, esses componentes da ansiedade tendem a crescer e se instalar; os comportamentos negativos de enfrentamento apenas reforçam a incapacidade de administrar ou regular os sentimentos.

Eis outro exemplo.

Ralph faz um trajeto de trinta minutos para o trabalho todos os dias. Ele está tendo dificuldades no emprego; há muitas políticas internas que exaurem suas forças e esgotam seus nervos. Quando entrou no carro em uma sexta-feira às 17h15, estava especialmente ansioso para chegar em casa, tomar uma cerveja e relaxar em frente à TV. Ele espera que haja um bom jogo que o ajude a se distrair e relaxar.

No entanto, ao entrar na rodovia, ele se deparou com um tráfego intenso. Parece que todos estão com pressa, mas há pouco espaço para se mover. Ralph começa a mudar de faixa. Seu mau humor está piorando e quando um jovem em uma caminhonete o fecha, Ralph simplesmente enlouquece. Ele está enfurecido, acelera e costura perigosamente em meio aos carros para se aproximar do veículo, a fim de que o motorista possa ter uma visão plena de seus gestos ofensivos e ouça em alto e bom som o buzinaço que ele está fazendo. Ele tem um temperamento explosivo que simplesmente não consegue controlar.

Do nosso ponto de vista, pode parecer que Ralph tinha algumas opções antes de tocar a buzina e costurar entre os carros para expressar seus sentimentos, mas depois de anos extravasando toda a raiva no trânsito sem restrições, há pouco tempo ou espaço em seu cérebro para uma reação diferente: sem nem mesmo pensar, Ralph explode de raiva. Sua raiva não foi processada; a via neural de estímulos à resposta está fortemente arraigada. No entanto, ele ainda tem o potencial de "desaprender" esse comportamento.

Nesse momento, a resposta de Ralph mostra que ele está emocionalmente desregulado e tem pouco ou nenhum controle sobre suas reações. A intensidade de sua emoção negativa foi reforçada reiteradas vezes, provocando tipos de reações semelhantes à agressividade ao volante. No entanto, com a exposição frequente a ferramentas positivas para controlar as emoções, Ralph pode aprender não apenas a gerenciar com mais eficácia suas reações no trânsito, mas também maneiras de lidar de forma mais construtiva com a situação no trabalho. Ele também pode se beneficiar de alguns exercícios de preparação para o trajeto, como praticar relaxamento consciente antes de entrar no carro. Mas, sem nunca parar e se permitir considerar o que gostaria de mudar, Ralph continuará a reforçar os padrões de estresse e ansiedade.

A mal-adaptação crônica ao estresse afeta nosso cérebro e corpo de várias maneiras, em diversos níveis, incluindo o sistema neuroendócrino, o sistema nervoso autônomo e os sistemas cardiovascular e imunológico.

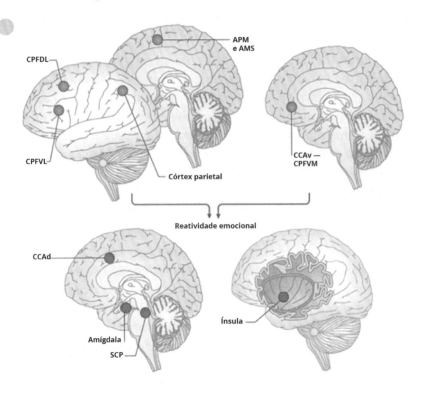

Áreas cerebrais envolvidas na regulação emocional. A agitação emocional (ou seja, um ataque de pânico) é processada na amígdala e nos núcleos da base e é transmitida para o córtex pré-frontal ventrolateral (CPFVL), a ínsula anterior, a área motora suplementar (AMS), o giro angular e o giro temporal superior (GTS). A avaliação emocional é iniciada no CPFVL, que sinaliza ao córtex pré-frontal dorsolateral (CPFDL) a necessidade de regular as emoções. O CPFDL processa a regulação emocional e envia esses sinais para o giro angular, a AMS e o GTS, a amígdala e os núcleos da base que ajudam a regular o estado emocional indesejado. Fonte da figura: Etkin *et al.*, 2015; Kohn *et al.*, 2016.

· AÇÕES DE ENFRENTAMENTO POSITIVAS E NEGATIVAS ·

Desenvolvemos estratégias de enfrentamento para controlar nossas emoções negativas. São comportamentos e ações que nos ajudam a mitigar ou redirecionar nosso desconforto, medo, dor e assim por diante. E, por esse motivo, nossas estratégias de enfrentamento costumam refletir nossa relação com a ansiedade. Se suas formas de enfrentamento são produtivas para você, provavelmente sua ansiedade está sob controle. Se você lida com o estresse de maneiras que prejudicam sua saúde, trabalho, segurança e relacionamento com seus entes queridos, pode ser hora de considerar suas opções.

É importante ter mais consciência de como reagimos ao estresse e aos sentimentos de ansiedade. O uso de mais de duas ou três estratégias de enfrentamento negativas pode ser uma indicação de estar preso à ansiedade do mal; por outro lado, o uso de estratégias positivas de enfrentamento mostra tolerância ao estresse e flexibilidade em relação às emoções.

Considere a lista abaixo. Pergunte a si mesmo se alguma destas ações lhe é familiar. Não se julgue; simplesmente anote.

Ações de Enfrentamento Negativas

- Usar ou abusar de álcool ou drogas.
- Agir de forma violenta com os outros (verbal, física, sexual ou emocionalmente).
- Agir ou se comportar mal de propósito.
- Evitar conflitos.
- Racionalizar ou culpar os outros por seus problemas.
- Negar que haja um problema.
- Reprimir ou esquecer o que aconteceu.
- Comportar-se como alguém que você não é.
- Desassociar-se da situação.
- Exibir comportamento controlador.
- Tornar-se workaholic (manter-se ocupado para evitar seus sentimentos).

- Automutilar-se; ter pensamentos suicidas ou tentar suicídio.
- Isolar-se e se retrair das atividades e dos outros.
- Sentir que precisa controlar ou manipular os outros.
- Recusar-se a se comunicar.
- Fantasiar regularmente.
- Catastrofizar.
- Ser excessivamente útil (ajudar os outros em detrimento de si mesmo).

Em seguida, analise a lista de mecanismos de enfrentamento positivos; estes são considerados adaptativos, porque são formas benéficas de controlar a ansiedade.

Habilidades de Enfrentamento Positivas

- Identificar seus sentimentos, sejam eles positivos ou negativos.
- Controlar a raiva — sem sufocá-la nem permitir que ela assuma o controle.
- Praticar a autorreflexão.
- Buscar apoio de amigos e familiares.
- Comunicar ou falar sobre sentimentos.
- Exercício (foi demonstrado que o exercício diminui a ansiedade).
  - Permanecer sexualmente ativo (o sexo é conhecido por reduzir ansiedade e acalmar o sistema nervoso).
- Praticar hobbies (como artesanato) e/ou esportes.
- Passar um tempo ao ar livre.
- Considerar a situação de outro ponto de vista.
- Permanecer flexível e aberto a novas maneiras de pensar.
- Manter um diário ou outra forma de autorreflexão consciente.
- Passar bons momentos com a família, parceiro, amigos.
- Usar uma conversa interna positiva e afirmações.

- Meditar ou rezar.
- Limpar ou organizar sua área de trabalho ou casa.
- Procurar a ajuda de um profissional de saúde quando estiver doente.
- Brincar com um animal de estimação ou crianças.

· QUANDO OS MÉTODOS DE ENFRENTAMENTO DA ANSIEDADE PARAM DE FUNCIONAR ·

Nossa relação com a ansiedade provavelmente muda com o tempo, assim como nossa capacidade de processá-la. As estratégias de enfrentamento precisam ser atualizadas, e as que são mal-adaptativas, reajustadas. E às vezes esse processo requer algum esforço.

Liza é uma profissional obstinada. Formada pela Harvard Business School, ela mergulhou em uma carreira em serviços financeiros, mostrou grande sagacidade, inteligência social e é querida e respeitada pelos colegas. Ela está a todo vapor há mais de dez anos; de repente, está com 41 anos e não tem uma vida além do trabalho. Ela é uma workaholic, e até agora toda essa dedicação e motivação para o sucesso renderam frutos — não apenas para sua conta bancária, mas também para seu senso de autoestima. Mas, ultimamente, ela vai para seu apartamento lindamente decorado em Back Bay sentindo-se totalmente exausta. Ela bebe de três a quatro taças de vinho para relaxar e ajudar a adormecer. Seu despertador toca às cinco da manhã para que ela possa correr ao longo do rio Charles e chegar ao escritório às sete horas. Essa é a sua rotina e tem funcionado para ela há anos — mas não mais. Liza agora acorda de manhã já se sentindo esgotada. Ela está solitária, atormentada por dúvidas e começando a questionar o que está deixando tudo tão difícil.

Liza está acostumada a se preocupar; isso sempre ajudou a motivá-la a trabalhar mais e por mais tempo do que qualquer um de seus colegas. Ela recebeu muitas avaliações positivas por sua diligência e levou isso a sério. Em outras palavras, ela costumava ser capaz de direcionar a alta ativação de seus circuitos de ansiedade para o bem.

No entanto, nos últimos dois anos, especialmente depois de seu quadragésimo aniversário, ela percebeu que não tem mais prazer no trabalho nem obtém satisfação de ser bem-vista por seu chefe e colegas. Quando está trabalhando, sente-se esgotada, mas fora do trabalho ela fica quase paralisada. Com o que ela está preocupada? Com o fato de estar sozinha, envelhecendo, que não será mais considerada uma jovem estrela brilhante no trabalho.

Ela sente que exala nervosismo por todos os poros, não é mais capaz de controlá-lo. A única maneira, a seu ver, de entorpecer o desconforto emocional é beber vinho no final do dia — até ansiar pela taça de vinho a ajuda a superar os momentos em que se sente tão estressada no trabalho que parece que sua cabeça vai explodir. Ela ainda corre todas as manhãs, mas não é mais algo agradável; tornou-se um hábito que lhe causa angústia. Ela sente que está correndo para salvar sua vida e para fugir de seus medos: medo de engordar, medo de estagnar, medo do que acontecerá quando ou se ela parar de correr.

Se Liza conseguisse parar e observar mais de perto seus padrões, ela notaria alguns sinais de alerta: sua energia diminuiu, ela se sente cansada e não mais estimulada pelo trabalho, e cada vez mais agitada. Essas mudanças no cérebro-corpo são indícios de agravamento da ansiedade. Liza pode ainda não ter ansiedade clínica, mas sua ansiedade negativa está se tornando cada vez mais intensa e mais frequente, cobrando o preço, o que mostra que seus mecanismos de enfrentamento não estão mais conseguindo manter a ansiedade sob controle.

Um exame neurológico do cérebro de Liza provavelmente revelaria uma alta ativação na amígdala e em parte do lobo frontal, chamada córtex cingulado anterior dorsal, que costumam ser altamente ativadas por estados de ansiedade. Os comportamentos adaptativos de Liza, que antes mantinham essas ativações cerebrais em equilíbrio, parecem não surtir mais efeito. Pior ainda, esses mesmos comportamentos agora se tornaram inadequados: o exercício em estado de alerta, a busca por feedback positivo e elogios do chefe e dos colegas, e o "momento de relax" na forma de algumas taças de vinho usadas para aliviar a ansiedade o suficiente para relaxar, recarregar as energias e explorar sua ambição pelo sucesso. É difícil dizer quando as coisas começaram a mudar. Como sabemos, o estresse crônico esgota neurotransmissores importantes, impede o sono e debilita as adrenais — tudo de que precisamos para nos manter emocionalmente regulados (ou seja, em equilíbrio físico e emocional, também chamado de homeostase). E nunca há um motivo para que a ansiedade, que antes era administrável e útil, se torne problemática.

Entretanto, Liza tem algumas escolhas a fazer: ela pode manter os mesmos comportamentos, reforçando o enfrentamento mal-adaptativo, OU pode tomar medidas para fazer as coisas de outra forma. Antes de qualquer coisa, no entanto, ela precisa acreditar que é capaz de mudar. Liza deve se apropriar de sua capacidade de decidir, de agir e de acreditar que tem mais controle sobre sua situação do que sente atualmente, e provavelmente até imagina.

É mais do que provável que o cérebro de Liza esteja passando por um tipo negativo de adaptação. Quanto mais tempo ela permanecer inconsciente de como seus mecanismos de enfrentamento não a estão mais beneficiando ou lhe proporcionando a pausa mental de que ela precisa, mais intensa será sua ansiedade negativa, e mais arraigadas suas estratégias negativas de enfrentamento se tornarão. Mas, uma vez que ela seja capaz de ver sua situação como realmente é — um caso de atualização tardia de suas estratégias de enfrentamento —, Liza será capaz de começar a mudar aspectos de sua situação, o que lhe permitirá se orientar para uma vida mais satisfatória.

Eis outro exemplo de mecanismos de enfrentamento que não funcionam mais.

Quando conheci Jared, ele tinha 26 anos e havia se formado na universidade cinco anos antes. Ele estava morando com os pais, incapaz de descobrir o que queria fazer. Seus pais se preocupavam: nenhum trabalho parecia bom ou interessante o suficiente para ele. Ele procurou um headhunter e trabalhou com um coach de carreiras. A ansiedade sobre o fazer da vida estava dominando-o e ele não conseguia aceitar tentar um cargo de nível básico em uma empresa pequena ou de médio porte — ou em qualquer outra empresa. Jared pensava em fazer pós-graduação, mas não tinha paixão por nenhum assunto em particular e certamente não queria se endividar. Seus pais já lhe haviam dito que não arcariam com os custos.

Os pais estavam frustrados com ele, irritados por terem gastado tanto com sua educação apenas para ele parecer incapaz de planejar um futuro. Eles também estavam irritados consigo mesmos, sentindo como se estivessem sendo permissivos com a incapacidade de Jared de tomar uma decisão ou seguir em frente. Eles se perguntaram se deveriam simplesmente expulsá-lo de casa, para que ele se sentisse mais compelido a conseguir um emprego, qualquer emprego.

Jared estava realmente apavorado.

A cada semana e mês que passava, ele parecia cada vez mais preso em uma espécie de paralisia, desmotivado, inseguro e sem energia. Comia demais (e ganhou cerca de dez quilos) e parou de procurar os amigos (eles estavam ocupados com seus novos empregos ou começando novos relacionamentos). A ansiedade de Jared havia se tornado tão intensa que ele estava completamente paralisado, incapaz de tomar uma decisão que pudesse mudar as circunstâncias.

Agora, permita-me abordar um ponto: Jared não está apenas sofrendo de ansiedade aguda, mas também de depressão de longa duração. Ansiedade e depressão são condições que se sobrepõem, muitas vezes ocorrem juntas e compartilham muitas características neurobiológicas, como desregulação ou desequilíbrio entre a serotonina e a dopamina e uma resposta disfuncional ao estresse. Jared nem sempre esteve deprimido, mas sempre esteve ansioso; agora, sua ansiedade havia durado tanto que desencadeara a depressão. Em um âmbito neuroquímico, ele sofria do que os médicos chamam de distimia ou transtorno depressivo persistente (TDP), uma depressão crônica ou de longa duração. Mas essa situação poderia ter sido evitada se Jared soubesse que é possível controlar a ansiedade — que seu constante e crescente nervosismo poderia ter sido direcionado para a solução, e não para a fuga, do problema. Se Jared tivesse agido com mais rapidez para lidar com seus sentimentos de ansiedade depois de se formar, e se tivesse permanecido social e fisicamente ativo, sua ansiedade poderia não ter piorado e desencadeado a depressão. A relação entre ansiedade e depressão é complexa, e não há uma maneira de prever como um indivíduo expressará um desequilíbrio neuroquímico. No entanto, sabemos que essas duas condições — embora pareçam opostas — muitas vezes coexistem.

As situações de Liza e Jared não apenas mostram a conexão vívida entre como nossos comportamentos afetam nossos estados emocionais e vice-versa, mas também como a ansiedade negativa cotidiana pode invadir nossa vida, roubar nossa energia e foco e minar nossa motivação e bem-estar. Liza e Jared podem não ter distúrbios clínicos, mas a vida deles estava sendo abalada pela ansiedade do mal. Como todos nós, eles desenvolveram naturalmente estratégias para controlar suas emoções e ansiedade. Para Jared, o afastamento social e a evitação de desafios proporcionou algum alívio a seus temores sobre o futuro; o problema dessa estratégia de enfrentamento era que, com o tempo, esse distanciamento e evitação exacerbaram a ansiedade e o fizeram se sentir ainda mais sozinho e desamparado. O mecanismo de enfrentamento que poderia ter sido útil em curto prazo acabou empurrando sua ansiedade ainda mais para a zona negativa e desencadeando a depressão. Jared vivia um momento assustador; tinha saído de uma vida universitária divertida e bem-sucedida e agora enfrentava escolhas no mundo real pela primeira vez. Ele se sentia completamente inadequado. E, infelizmente, os mecanismos de enfrentamento aos quais ele recorria só serviam para piorar esses sentimentos.

Liza também estava entrando em uma fase diferente da vida. Ela não era mais a "garota nova do pedaço", então estava sendo forçada a adaptar seus objetivos de trabalho a esse novo momento mais "maduro" da carreira. À medida que sua ansiedade aumentava, Liza recorria cada vez mais ao álcool para lidar com o desconforto de seus sentimentos. A princípio, seus robustos mecanismos de enfrentamento (exercícios e vinho) reduziam sua ansiedade para que ela pudesse descansar, relaxar e se recompor durante a noite e estar pronta para o dia seguinte. Mas o consumo crescente de álcool começou a criar problemas secundários — perturbações do sono, bem como ressacas, que turvaram seu pensamento e capacidade de tomada de decisão e deterioraram sua energia física e entusiasmo. As estratégias de enfrentamento de Liza não estavam mais ajudando com a ansiedade; o álcool, em particular, estava piorando as coisas, exacerbando-as.

Nosso cérebro trabalha automaticamente para criar estratégias para evitar sentimentos desagradáveis (como ansiedade) e mascarar a gravidade deles. Essa evitação está embutida em nossas vias e programações neurais e nos ajuda a controlar o estresse e seguir em frente. Mas, à medida que nossa vida/ambientes internos e externos mudam, muitas vezes abandonamos esses mecanismos de enfrentamento ou eles simplesmente param de funcionar. Podemos ou não perceber essa mudança na eficácia. Porém, normalmente há algumas evidências de que o hábito está atrapalhando ao invés de nos ajudar: Liza começou a beber muitas taças de vinho; a depressão e a ansiedade de Jared o levavam a evitar qualquer coisa remotamente desafiadora, deixando-o paralisado diante de uma decisão. Esses são sinais de que a ansiedade passou de positiva para negativa, de controlável para incontrolável.

Para entender melhor como isso ocorre, pode ser útil entender o que de fato acontece no seu corpo quando a ansiedade negativa assume o controle. Em resumo:

- A subativação/depleção física se manifesta de maneiras diferentes. A pressão crônica da ansiedade sobre o cérebro-corpo pode provocar uma regulação negativa sua capacidade de controlar as emoções (ou seja, torná-la menos eficaz em responder a estímulos internos ou externos). Você se torna altamente sensível a qualquer tipo de estresse e pode começar a se sentir inseguro e perder a confiança.

- Então, quando seu corpo estiver esgotado e não tiver tempo de restauração e descanso suficiente, ele não será capaz de impulsionar sua motivação, a emoção predominante de um mindset positivo. Essa incapacidade de restauração debilita ainda mais a capacidade de manter a regulação emocional.

- Se você se isolar, elimina a oportunidade de encorajamento e apoio dos relacionamentos sociais e, assim, tira um amortecedor vital da ansiedade negativa.

- Além disso, se recorrer a drogas ou ao álcool para obter alívio pode exacerbar involuntariamente sua ansiedade depois que o "barato" passar. Na verdade, as drogas e o álcool atuam como depressores do sistema nervoso. Eles também interferem no processamento da dopamina e da serotonina pelo sistema cérebro-corpo, dando-lhe uma falsa sensação de alívio da ansiedade.

Essas respostas representam uma regulação negativa no funcionamento de várias vias neurais do cérebro-corpo. No entanto, apesar de todas essas estratégias de enfrentamento negativas e suas desvantagens, uma fresta de esperança pode surgir: é totalmente possível mudar não apenas as formas atuais de lidar com emoções negativas e ansiedade, mas também os efeitos subjacentes no cérebro-corpo. Restaurar a regulação emocional requer energia, curiosidade e o reconhecimento de que você tem uma escolha. Mas é absolutamente possível para qualquer um de nós aprender a reconhecer os sinais de nosso próprio esgotamento físico e/ou desregulação emocional e começar a fazer mudanças. Essa é a essência de como funciona a ansiedade do bem, e tudo se resume à plasticidade cerebral.

Quando entendemos como essas vias subjacentes desencadeiam, reforçam ou redirecionam a excitação da ansiedade, podemos combater a ansiedade negativa e tomar decisões conscientes que nos permitem traçar nosso próprio caminho. Quando aprendemos a entender nossos sentimentos, pensamentos e comportamentos, não apenas conseguimos passar da ansiedade negativa para a positiva, mas também mudar nossa energia, atitude, mindset e intenções. Seremos capazes de impulsionar, remodelar ou aumentar nossa motivação em todos os setores da vida — corpo, mente e relacionamentos. Todos nós podemos criar a vida que de fato queremos alocando todos os nossos recursos de maneiras positivas e fortalecedoras, que nos ajudam a atingir objetivos e a manifestar sonhos.

Assim como a própria ansiedade, todas as nossas experiências, comportamentos, sentimentos, pensamentos, decisões e construtos mentais (ou seja, percepções e interpretações) são baseados, em parte, em como nosso cérebro-corpo está funcionando em termos fisiológicos (como nossos corpos respondem a qualquer tipo de estímulos), mentais (cognição e processos de pensamento), emocionais (sentimentos e estados emocionais centrais, que são inconscientes e conscientes) e sociais (como nossos relacionamentos e situações sociais impactam nossa biologia).

Ao ressignificar a maneira como você pensa sobre a ansiedade, poderá transformar o que antes era um grande obstáculo em algo útil e até benéfico em sua vida. E, ao fazer essa inversão, você naturalmente abrirá a porta para os benefícios extraordinários que a ansiedade foi projetada para proporcionar à sua vida. Quando funciona de forma adequada, a ansiedade pode conceder seis superpoderes que permitem avaliar uma situação de forma mais crítica: melhorar o foco e a produtividade aprimora seu desempenho; criar e aprimorar um mindset positivo, e aumentar sua resiliência de forma consciente, estabelece as bases para conexões mais fortes; acelerar seu foco e produtividade aprimora seus processos de pensamento criativo. Controlar sua ansiedade e transformá-la em algo do bem lhe abre a porta para descobrir como a ansiedade pode se tornar um superpoder.

Ao longo da Parte Dois, você descobrirá seis vias de ansiedade que podem ser usadas para abrir as portas para uma reconfiguração de sua relação com a ansiedade. As seis vias, ou "redes neurais" (grupos de áreas cerebrais funcionalmente relacionadas), incluem a rede de emoções ou atitudes; a rede de atenção (incluindo aquela rede reguladora de cima para baixo, citada anteriormente); a rede de conexão (relacionada às vias de nosso cérebro social); a rede de recompensa ou motivação; a rede de criatividade; e a rede de resiliência, relacionada ao nosso impulso inato para a sobrevivência. Todas essas redes cerebrais se sobrepõem e interagem umas com as outras, compartilhando caminhos neurais e trocando sinais entre si de maneira constante e dinâmica.

PARTE DOIS

A Preocupação Boa: Os Superpoderes Ocultos da Ansiedade

4

Incremente Sua Resiliência

Administrar a ansiedade e, por fim, transformá-la em algo a ser utilizado com um propósito diferente e melhor se resume à resiliência. Todas as redes cerebrais que discutimos oferecem caminhos para acalmar pensamentos e sentimentos ansiosos ou utilizar a energia, a excitação e o desconforto para ser, fazer e se sentir melhor. Essa é a essência da resiliência.

Resiliência é a capacidade de nos adaptarmos e nos recuperarmos das adversidades da vida. Precisamos de resiliência todos os dias para nos ajudar nos desafios diários, decepções, ofensas reais ou percebidas, ou em qualquer situação que possa ser dolorosa. É também uma das ferramentas mais importantes à qual podemos recorrer diante da perda, da tristeza ou do trauma. Eventos traumáticos apelam para nosso senso de sobrevivência; eles sugam até a última gota de nossas forças e recursos emocionais e físicos.

Em outras palavras, nos valemos da resiliência o tempo todo. E assim como estamos programados para a sobrevivência, também estamos programados para a resiliência. Na verdade, a adaptabilidade decorrente de nossa plasticidade cerebral nos possibilita ser resilientes, flexíveis e nos recuperar após os contratempos. Como cientista, penso na resiliência como uma adaptação bem-sucedida e como a capacidade de responder de modo eficiente aos fatores de estresse em nossa vida. E a boa notícia é que, apesar da inevitabilidade desses estressores — grandes e pequenos —, podemos aprender a incrementar nossa resiliência. Desenvolvemos resiliência aprendendo a pensar com flexibilidade e aceitando que não somos definidos por nossos fracassos. Desenvolvemos resiliência ao reconhecer do que precisamos e ao saber quando pedir ajuda. Também desenvolvemos resiliência quando buscamos prazer e fontes de diversão, de comida e esportes ao sexo. Sim, divertir-se ajuda a incrementar nossas reservas de resiliência!

Quando nos desafiamos e ficamos mais confiantes, incrementamos nossa resiliência. Quando descobrimos como diminuir a resposta do nosso corpo ao estresse por meio de técnicas de relaxamento, incrementamos nossa resiliência. Quando nos alimentamos bem, dormimos o suficiente e fazemos exercícios, incrementamos nossa resiliência física e, por sua vez, estimulamos nossa resiliência psicológica. Em essência, como nosso cérebro-corpo é programado para se adaptar, podemos desenvolver a resiliência do cérebro, do corpo e da mente. Quando confrontados com contratempos, fracassos ou tristezas, podemos escolher ativamente encontrar oportunidades para otimizar nossa resposta ao estresse. Às vezes, isso envolve rever as estratégias de enfrentamento mal-adaptativas (ou seja, que agravam a ansiedade e causam outros problemas). Resiliência não é algo que temos ou não temos. Não é apenas um sistema dinâmico de sinais interativos do cérebro-corpo que nos protege como um mecanismo de sobrevivência, vindo em nosso socorro nos momentos mais difíceis, mas também uma consciência, uma energia e uma engenhosidade diária que cultivamos e fortalecemos ativamente.

Não deveria ser surpresa que a ansiedade possa enfraquecer nossa resiliência; a hipervigilância crônica, a raiva, o medo e a preocupação implacável nos desgastam física, emocional e espiritualmente. A ansiedade mina nossa energia, coragem e imunidade, esgotando nossas reservas emocionais e físicas. No entanto, como vimos, quando prestamos atenção e agimos de acordo com nosso sistema interno de alerta da ansiedade, somos motivados a cuidar melhor de nós mesmos, a buscar segurança, a nos cercar de pessoas confiáveis e a ser corajosos o suficiente para nos afastar de pessoas que nos prejudicam. A resiliência pode ser uma escolha consciente e deliberada.

O verdadeiro poder da resiliência é que ela emana de nossa própria miscelânea tanto de sucessos quanto de *fracassos* acumulados ao longo de toda a nossa vida. A resiliência também se desenvolve com base em nossas estratégias de enfrentamento adaptativas, aquelas que conhecemos e às quais recorremos para superar dias difíceis e situações estressantes em que a ansiedade pode atacar. Na verdade, caro leitor, a resiliência é o cerne de uma das habilidades mais poderosas que a ansiedade cotidiana nos proporciona: o poder de criar nossa própria fonte pessoal e renovável de resiliência em nossa vida. A ansiedade ajuda a aumentar nossos estoques de resiliência; ela também nos alerta para a necessidade de recuperação e autocuidado. Em neurociência, chamamos isso de inoculação de estresse.

· O PARADOXO DE ESTRESSE E RESILIÊNCIA ·

Estresse e resiliência se complementam como yin e yang. A Associação Norte-americana de Psicologia define a *resiliência* como "o processo de adaptação diante de adversidades, traumas, tragédias, ameaças ou fontes significativas de estresse". Por essa definição, a resiliência não existiria se não houvesse desafio, estresse ou sofrimento em nossa vida. Em termos neurobiológicos, ela é o resultado de como administramos o estresse todos os dias, durante toda a nossa vida. Em 1915, Walter Bradford Cannon[1] identificou pela primeira vez a resiliência como uma "resposta adaptativa visceral a diferentes estímulos". Em seu laboratório em Harvard, ele observou as alterações no corpo em resposta a fatores estressantes como fome, frio, exercícios e emoções fortes. Esse trabalho inicial levou Cannon a ser o pioneiro na identificação da resposta de luta ou fuga ao estresse. Alguns anos depois, ele cunhou o termo "homeostase" para descrever o impulso do corpo para se manter em "equilíbrio dinâmico".

Essa pesquisa cresceu e evoluiu desde o início dos anos 1900, e agora sabemos muito mais sobre o sistema de resposta ao estresse.

De uma forma simplificada, podemos pensar nela como tendo duas vias principais que correspondem a duas fases.

A primeira fase de nossa resposta ao estresse você já conheceu no Capítulo 1 (Figura 1). Ela envolve a ativação do sistema nervoso simpático de "luta ou fuga" (autônomo). Você deve lembrar que essa é a situação em que seu cérebro-corpo torna-se alerta, vigilante e avalia se há uma ameaça real ou potencial e também dispara uma cascata automática de alterações fisiológicas, incluindo mobilização de energia, mudanças metabólicas, ativação do sistema imunológico e supressão dos sistemas digestivo e reprodutivo.

A segunda fase é mais lenta e duradoura, e o elemento mais familiar é a liberação do cortisol — o "hormônio do estresse" — pelo eixo hipotálamo-pituitária-adrenal (HPA). Paralelamente à liberação de cortisol, ocorre a liberação de uma ampla gama de outros hormônios poderosos, que, agora sabemos, coincidem com a liberação de uma grande rede de potentes neurotransmissores que também ajudam a regular nossa resposta ao estresse. Por exemplo, o neurotransmissor neuropeptídeo Y (NPY). Esse neurotransmissor essencial, do qual você provavelmente nunca ouviu falar, é famoso por neutralizar os efeitos indutores de ansiedade do cortisol. A galanina, outro neurotransmissor nessa mistura, demonstrou reduzir a ansiedade. Na presença do estresse e da ansiedade, a liberação de dopamina diminui em áreas relacionadas aos sentimentos associados à recompensa; e a serotonina tem uma relação complexa com o estresse e a ansiedade, aumentando essas respostas quando é liberada em determinadas áreas do cérebro e diminuindo quando liberada em outras.

Alguns cientistas se concentraram na carga ou sobrecarga alostática como forma de entender o quão bem o sistema de estresse está funcionando para lidar com os estressores externos. Independentemente da terminologia usada, os cientistas concordam que o estresse físico e psicológico é processado por um conjunto complexo e interativo de circuitos no cérebro. Às vezes, a carga/sobrecarga é bem administrada e a homeostase é alcançada, mas às vezes a sobrecarga vence.

A maior parte da nossa compreensão de como a resiliência é incrementada ou enfraquecida vem da pesquisa em condições extremas, como TEPT e traumas. Por exemplo, estudos de traumas na primeira infância costumam demonstrar a presença de um eixo simpático adrenomedular (SAM) altamente sensível, que também foi associado a um aumento da amígdala e à diminuição do hipocampo. A amígdala é a parte do cérebro responsável pela detecção de ameaças; o hipocampo — área do cérebro crítica para nossa capacidade de formar e reter novas memórias de longo prazo — é o responsável por nos ajudar a *avaliar* a ameaça. Um hipocampo menor sugere que a capacidade de avaliar com precisão uma ameaça está diminuída. Essas diferenças anatômicas não foram relatadas apenas em pessoas que sofreram traumas na infância, mas também naquelas com TEPT. Essas descobertas também foram apoiadas por uma extensa pesquisa com macacos, incluindo estudos de macacos na natureza, demonstrando que os machos que estão nos níveis mais baixos de hierarquia e, portanto, têm a última escolha para comida e parceiros de acasalamento mostram sinais de estresse crônico, incluindo hipocampos menores.

Embora ainda não tenhamos todas as respostas, progredimos na compreensão de alguns dos principais fatores biológicos, psicológicos e ambientais que podem levar algumas pessoas mais vulneráveis a desenvolver depressão/ansiedade/TEPT clínicos ou possibilitar que outras enfrentem grande sofrimento, lidem com a experiência e recuperem a sensação de bem-estar. A pesquisa contínua também aponta para diferenças psicobiológicas que parecem prever maior resiliência em alguns indivíduos com base na composição genética (neuroquímica). Por exemplo, pessoas que apresentam interrupções na produção ou na regulação da dopamina, um dos neurotransmissores centrais que modulam o sistema de recompensa do cérebro, podem se tornar mais propensas à ansiedade, à depressão e a transtornos aditivos. Fatores epigenéticos, por exemplo o modo como o estilo de vida de alguém afeta o funcionamento do cérebro, também podem tornar a pessoa mais suscetível à ansiedade e diminuir a resiliência física e psicológica geral. Um sistema imunológico exaurido ou comprometido é outro exemplo de resiliência física enfraquecida que também pode ter efeitos psicológicos. Por exemplo, pessoas com doenças autoimunes, como fibromialgia, têm maior incidência de depressão; a capacidade delas de combater a melancolia é enfraquecida pelo estado geral depressivo do sistema imunológico.

Muitas das maneiras pelas quais pensamos e estudamos a resiliência têm sido na forma de resposta a traumas ou abusos. Mas quando nos perguntamos: "Por que alguns de nós, depois de contratempos, parecem ter mais facilidade para se recuperar do que outros?"; "Como é possível que algumas pessoas que vivenciaram tragédias e traumas, especialmente no início da vida, sofram mais danos em longo prazo, incluindo transtornos de ansiedade, transtorno depressivo maior (TDM) e transtorno de estresse pós-traumático (TEPT)?", podemos identificar — e os cientistas começaram a investigar isso — as características da resiliência, para que possamos aprender não apenas a responder melhor após eventos trágicos, perdas ou outras formas de trauma, mas também como cultivar as sementes da resiliência antes de precisarmos dela. Assim como a medicina preventiva atua como forma de evitar doenças e neutralizar o envelhecimento, desenvolver resiliência antes de precisarmos dela não é apenas uma medida de segurança, mas um caminho para uma vida mais saudável e equilibrada.

Os cientistas também tentaram isolar fatores biológicos indicativos de resiliência. Por exemplo, pesquisas demonstraram que níveis mais altos de NPY estão frequentemente associados à resiliência; e que o NPY produz efeitos calmantes e neutraliza os efeitos indutores de ansiedade do cortisol. Estudos revelaram que soldados que resistiram a eventos traumáticos sem desenvolver TEPT persistente tendiam a ter níveis mais elevados de NPY. Mas precisamos de um equilíbrio de NPY e cortisol para uma resposta saudável ao estresse. Muito ou pouco de qualquer um deles compromete a homeostase. Outro elemento associado à resiliência é o fator neurotrófico derivado do cérebro (BDNF), ou abrineurina — um fator de crescimento essencial para o crescimento e funcionamento do hipocampo, crucial para a memória de longo prazo e que também é estimulado por exercícios físicos aeróbicos.

· ESTRESSE TÓXICO, TRAUMA E RESILIÊNCIA ·

Já está bem estabelecido que as primeiras experiências de adversidade, incluindo maus-tratos, podem precipitar uma série de problemas psicológicos e sociais que se estendem por toda a vida.

Indivíduos que sofreram abuso na infância correm maior risco de transtorno de estresse pós-traumático, ansiedade, depressão, abuso de substâncias e comportamento antissocial. Especificamente, estudos neuroendócrinos demonstraram que experiências de adversidades precoces podem alterar o funcionamento do eixo hipotálamo-pituitária-adrenal (HPA), que está associado a maior sensibilidade a estressores ambientais, como poluição do ar e insegurança alimentar. A pesquisa demonstrou diferenças estruturais do cérebro associadas a abusos na infância.

O Dr. Jack Shonkoff, professor de Harvard, há muitos anos desenvolve pesquisas nessa área no Center on the Developing Child da Chan School of Public Health, de Harvard. Ele definiu três maneiras possíveis de responder ao estresse: positiva, tolerável e tóxica. Conforme descrito a seguir, esses termos se referem aos efeitos do sistema de resposta ao estresse no corpo, não ao evento estressante ou à experiência em si:

- A **resposta positiva ao estresse** são nossas habilidades biopsicossociais intrínsecas que nos permitem lidar com os estressores diários. Na verdade, essa resposta positiva ao estresse é semelhante à ansiedade do bem — um breve aumento na frequência cardíaca e leves elevações nos níveis hormonais.

- A **resposta tolerável ao estresse** é marcada por uma ativação do sistema de alarme interno do corpo provocada por um encontro verdadeiramente assustador ou perigoso, pela morte de um ente querido, por um rompimento romântico ou um divórcio. Durante esse estresse intenso, o cérebro-corpo pode compensar o impacto por meio do autocuidado consciente, recorrendo a um sistema de apoio (veja outras intervenções mais adiante). A chave aqui é que o fator de resiliência do indivíduo já é estável o suficiente para permitir a recuperação. Se, por exemplo, alguém se depara com uma grave crise e não tem um fator de resiliência forte, então será menos capaz de se recuperar.

- A **resposta tóxica ao estresse** ocorre quando uma criança ou adulto passa por adversidades contínuas ou prolongadas — como pobreza, negligência abjeta, abuso físico ou emocional, negligência crônica, exposição à violência — sem apoio suficiente. Esse tipo de ativação prolongada dos sistemas de resposta ao estresse não apenas pode interromper o desenvolvimento da estrutura cerebral de outros sistemas orgânicos da criança, mas também perdura até a idade adulta, privando as pessoas da capacidade de controlar qualquer tipo de estresse.

Quando uma resposta exacerbada ao estresse ocorre de modo contínuo ou é desencadeada por várias fontes, pode ter um impacto cumulativo na saúde física e mental de um indivíduo — para o resto da vida. Quanto mais experiências adversas na infância, maior a probabilidade de atrasos no desenvolvimento e problemas de saúde posteriores, incluindo doenças cardíacas, diabetes, abuso de substâncias e depressão. O estresse tóxico está associado a transtornos de ansiedade, comportamento agressivo, falta de flexibilidade cognitiva e baixo QI. Outros pesquisadores descobriram que o prolongado estresse percebido está associado a um volume reduzido do hipocampo, tornando essa estrutura ainda mais vulnerável à ansiedade, ao declínio cognitivo relacionado à idade, bem como a problemas de saúde como diabetes, transtorno depressivo maior, doença de Cushing e TEPT. Como mencionado anteriormente, o hipocampo é a estrutura do cérebro crucial para nossa capacidade de formar e reter novas memórias de fatos e eventos, e é uma das estruturas mais vulneráveis ao envelhecimento e à demência, inclusive à doença de Alzheimer. O estresse prolongado não apenas afeta nossa capacidade de formar e reter novas memórias de longo prazo, mas pode literalmente danificar as células do hipocampo, fazendo-as encolher e, portanto, tornando-as mais vulneráveis ao declínio cognitivo relacionado à idade. Nesses casos, não há quantidade benéfica de estresse crônico.

· INOCULAÇÃO DE ESTRESSE E DESENVOLVIMENTO DE ESTRATÉGIAS DE ENFRENTAMENTO ATIVO ·

Você deve se lembrar do Capítulo 3 que nossa primeira linha de defesa para lidar com qualquer tipo de estresse são as estratégias de enfrentamento. Essas estratégias nos oferecem maneiras de medir nossa capacidade de administrar o estresse, e o fato de serem adaptativas (ou seja, úteis) ou mal-adaptativas (prejudiciais) diz muito sobre nossa capacidade de resiliência. Alguns neurobiólogos se referem a essas estratégias de enfrentamento de outras maneiras, classificando-as em respostas ativas e passivas de enfrentamento. As respostas ativas são "esforços intencionais do sujeito, com o objetivo de minimizar os danos físicos, psicológicos ou sociais de um estressor" e implicam uma tentativa de obter "controle" sobre o estressor. As respostas passivas, que se referem à evitação ou ao "desamparo aprendido", ocorrem quando uma pessoa evita uma situação estressante, mas, com isso, acaba impedindo o desenvolvimento de resiliência ao estressor. Nesses casos, o indivíduo torna-se mais vulnerável ou suscetível ao impacto do estresse e, portanto, é considerado menos resiliente.

Estudos sobre o estresse na primeira infância demonstraram que a exposição precoce a situações estressantes incontroláveis (tais como situações de guerra ou abuso na infância) pode levar ao que os cientistas chamam de desamparo aprendido. Ele ocorre quando as crianças aprendem que nada do que fizerem mudará sua situação estressante, e o resultado costuma ser uma patologia de longo prazo, incluindo TEPT e depressão. As consequências negativas de longo prazo do desamparo aprendido foram bastante estudadas em roedores. Curiosamente, os cientistas descobriram que ao expor ratos ao mesmo número de situações estressantes e lhes oferecer a oportunidade de eliminar, evitar, escapar ou controlar um estressor (ou seja, usar uma estratégia ativa de enfrentamento), esses ratos não apenas *não* exibem sintomas semelhantes aos do TEPT, como também desenvolvem uma resiliência superior à média a situações estressantes subsequentes. Os cientistas chamaram essa resposta de inoculação de estresse, e ela foi estudada e confirmada não apenas em roedores e macacos, mas também em humanos.

O que a ciência da inoculação de estresse nos mostra é que todos nascemos com ferramentas para nos desvencilharmos de situações que provocam estresse/ansiedade. Só para ficar claro, todas as situações que geram ansiedade ativam sua resposta ao estresse, e o ato de exercitar essas respostas ajuda a prepará-lo para futuras respostas ao estresse/ansiedade. É como se você estivesse ensinando a si mesmo que CONSEGUE sobreviver a essas situações, e quanto melhor se tornar em experienciar essa ansiedade e agir para mitigar a resposta ao estresse, melhor será em controlá-la no futuro. Em certo sentido, ela é uma oportunidade de retreinar sua resposta ao estresse a cada situação indutora de ansiedade que encontrar, desde que esteja ciente das opções e ferramentas para transformar a resposta de ansiedade negativa em positiva.

Quando percebi o poder de usar a ansiedade presente para ajudar a nos inocular contra a ansiedade futura, tive vontade de criar um dispositivo de monitoramento, como um Fitbit, para emoções. Não seria ótimo ter um dispositivo que, em vez de contar os passos, fornecesse uma pontuação de inoculação de estresse com base em sua capacidade de evitar ou mitigar uma situação estressante? Acho que essa pontuação seria uma ferramenta de motivação fantástica para todos que lutam contra a ansiedade negativa e que estão mais perto do estado de desamparo aprendido do que de inoculação de estresse. Embora ainda não tenhamos esse "Stressbit", experimente registrar suas intervenções bem-sucedidas na ansiedade — seja seu próprio treinador e congratule-se conforme esses números E sua inoculação de estresse/ansiedade aumentará!

· INCREMENTANDO A RESILIÊNCIA ·

Diversos estudos demonstraram que podemos desenvolver ativamente nossa resiliência e, às vezes, até reverter os efeitos deletérios do trauma em nosso sistema de estresse. Os cientistas continuam a explorar os impactos negativos do estresse prolongado; eles também estão observando o que acontece quando as pessoas são capazes de evitar ou resistir aos efeitos deletérios — basicamente, o que é necessário para as pessoas se tornarem mais resilientes de maneiras que protejam o cérebro e a saúde em geral.

Na verdade, em uma revisão de estudos da neurociência da resiliência, Gang Wu e colaboradores identificaram várias características que foram associadas a pessoas que demonstram forte resiliência. A parte especialmente empolgante é que a maioria destas características se alinha aos superpoderes da ansiedade:

1) Descobrimos que uma perspectiva otimista (geralmente chamada de afeto positivo) reduz o humor negativo e a ansiedade, e acelera a recuperação depois de eventos traumáticos. Embora eu não esteja sugerindo que você possa gerar uma perspectiva otimista de uma hora para outra, sabemos que ela pode ser desenvolvida com o tempo. Estudos mostram como uma atitude otimista está intimamente associada ao bem-estar geral, à boa saúde física e a uma rede de relações sólida. Essa forma otimista e flexível de pensar é a base do superpoder do mindset ativista (veja o Capítulo 6).

2) Flexibilidade cognitiva e reavaliação, dois aspectos fundamentais da regulação da emoção, também podem ser aprendidas, praticadas e, em última análise, usadas como forma de resiliência psicológica. Como veremos em nossa discussão a respeito de que maneira a rede de atenção pode ser sequestrada pela ansiedade (veja o Capítulo 7), a flexibilidade cognitiva nos permite ativar nossa atenção, recuperar o foco e resistir à internalização de fracassos como indicadores de quem somos. Essa agilidade cognitiva ajuda a transformar a ansiedade e se torna uma forma de resiliência psicológica.

3) O apoio social, que envolve a busca de relacionamentos amorosos ou afetuosos para ajudar a amortecer o impacto do estresse, é de fato um superpoder da ansiedade. A importância de nossos relacionamentos, a capacidade de empatia e, por fim, a demonstração de compaixão agem como um amortecedor contra ansiedade; e esse amortecedor é uma forma de resiliência.

4) O humor tem se mostrado uma forma ativa de diminuir a ansiedade e a tensão provocadas pelo estresse e ajuda as pessoas a desenvolverem resiliência física e psicológica.

5) O exercício físico não apenas melhora a nossa saúde geral e o funcionamento do cérebro-corpo, mas também atua como fonte de resiliência fisiológica, ajudando-nos a controlar o estresse tanto física quanto psicologicamente.

6) O altruísmo, ou o que os cientistas chamam de "comportamento pró-social", demonstrou promover a recuperação do trauma. Vejo esse impulsionador da resiliência como uma extensão do superpoder da compaixão, que ajuda a fomentar uma conexão mais forte com nossos semelhantes e contribui muito para equilibrar a ansiedade e nos tornar mais resilientes do ponto de vista emocional.

7) A atenção plena, ou mindfulness, como uma prática consciente, incluindo meditação, ioga e outras atividades conscientes, demonstrou reduzir o enfrentamento passivo ou evitativo — como a dependência do álcool — em resposta ao estresse. Desse modo, a prática da atenção plena é como um profilático contra a ansiedade e a depressão e, por sua vez, desenvolve resiliência psicológica.

O estresse não é apenas um fato inevitável da nossa vida, mas também algo com o qual fomos projetados para lidar; na verdade, o estresse é o que nos força a nos adaptar, aprender e evoluir, tanto como indivíduos quanto como espécie. O clichê é verdadeiro: todas as lições de vida mais importantes vêm dos desafios que enfrentamos e de como lidamos com eles. O ponto-chave aqui é que a resiliência não vem apenas da confiança e autoconfiança que adquirimos com os sucessos em nossa vida, mas talvez, de modo ainda mais importante, venha de sobreviver, ajustar e seguir em frente após os inevitáveis fracassos e desafios. São necessários os dois lados dessa equação para desenvolver o superpoder da resiliência. Precisamos enfrentar situações difíceis para saber que somos capazes de sobreviver a elas.

Não importa o quão resilientes sejamos, sempre haverá experiências para nos desafiar. Enfrentei um momento em minha vida que testou a mim e à minha resiliência.

· A MINHA HISTÓRIA ·

A lembrança é clara como o dia: era uma manhã fria e nublada de uma segunda-feira de maio, e eu estava feliz em acordar no meu apartamento em Nova York depois de uma viagem de uma semana a Minnesota, onde ministrei três palestras e passei um alegre fim de semana fazendo compras em um dos maiores festivais de cerâmica da região. Eu estava no meio de minha meditação do chá matinal, que sempre faço para me concentrar. Meu plano era, mais tarde naquele dia, mergulhar no rascunho inicial do primeiro capítulo deste livro.

Eram os últimos dias do ano letivo e eu estava superocupada. Estava concluindo uma aula de laboratório de neurociência para alunos em destaque dos anos mais avançados; preparando-me para presidir a última reunião de promoção e estabilidade do ano; escrevendo artigos; supervisionando pesquisas e, o mais premente, fazendo os ajustes finais de um discurso que faria, a convite do reitor, na cerimônia de graduação daquele ano da Faculdade de Artes e Ciências da Universidade de Nova York, a ser realizada no Radio City Music Hall dentro de alguns dias. A tarefa de cumprir meus muitos prazos é familiar para mim, sou boa nisso — em perseverar, trabalhar duro e com diligência para cumprir prazos e usar o estresse de tudo isso para me motivar a seguir em frente. Faltavam os últimos retoques no meu discurso e, em seguida, logo depois dele, o ano letivo terminaria oficialmente, e minha agenda de repente ficaria mais livre e me permitiria me envolver com mais profundidade no processo criativo e na pesquisa fundamental de neurociência para este meu segundo livro.

Então, do nada, o inimaginável aconteceu.

Às 6h30, meu celular tocou. Era um colega de trabalho de meu irmão, de Shangai, me dizendo que David, meu único irmão, mais jovem do que eu, havia sofrido um ataque cardíaco fulminante e falecera. Pouco antes de completar 51 anos, meu irmão havia partido, de repente e irremediavelmente.

David era um homem de negócios, investidor e empreendedor. Estava morando e construindo a própria empresa em Shangai ao longo dos últimos anos, viajando com regularidade para a Califórnia para passar um tempo de qualidade com a família. A última vez que vira meu irmão foi quando ambos viajamos para a Costa Oeste para passar um tempo com nossa mãe, após a morte de nosso pai, apenas três meses antes. Nos últimos anos de sua vida, meu pai sofreu de demência, e sua morte (também de um ataque cardíaco repentino), por mais dolorosa que tenha sido, não foi totalmente inesperada. Eu havia imaginado e me preparado para o momento em que perderíamos papai. Mas David? Sua morte foi inimaginável.

Aquelas primeiras horas após receber a notícia foram surreais. Eu me sentia desconectada da realidade. Meu mundo havia desmoronado de repente, e, embora tudo parecesse exatamente igual, eu sabia que tudo havia mudado para sempre. Como você pode perder alguém que presumiu que estaria ao seu lado pelo resto da vida? Nos últimos anos, meu irmão e eu nos tornamos uma equipe incrível, organizada e unida para cuidar de nossos pais. Ele cuidava das finanças, eu cuidava da saúde, e nós dois tínhamos muita satisfação em poder trabalhar tão bem juntos nesta missão tão importante — cuidar das pessoas que mais amamos.

Em algum nível, eu sabia que estava em choque. Até mesmo escrever isso agora me traz de volta aquela sensação de coração acelerado, mãos suadas e sentimento de torpor. A única coisa capaz de me tirar daquela inércia era pensar em minha mãe, minha cunhada e minha sobrinha. Naquele momento, minha mãe era a única que não sabia. Como dizer à minha mãe que seu filho caçula havia morrido?

Por instinto, eu sabia que não poderia lhe contar essa notícia pelo telefone — ambas estávamos nos recuperando da perda de meu pai, uma ferida ainda aberta e dolorida. Então, comprei uma passagem de avião para a Califórnia para poder dar a notícia pessoalmente. Foi a pior viagem de avião da minha vida.

Por fim, fiquei profundamente grata por ter podido lhe contar pessoalmente, pois naquele momento não havia ninguém de quem eu precisasse mais no mundo do que minha mãe, e eu sabia que não havia ninguém de quem ela precisasse mais do que eu. Depois que conversamos, me acomodei à mesa da sala de jantar para conversar com minha cunhada na Costa Oeste. Ela queria que minha mãe e eu fôssemos ficar com elas? Ela agradeceu, mas disse que estavam bem. Elas precisavam de alguma coisa? Dentro do possível, tudo estava sob controle. Mantivemos contato constante, nos confortando e assegurando umas às outras que tudo ficaria bem.

Durante a primeira semana após o ocorrido, ajudei minha mãe com as condolências que chegavam de todos os amigos e familiares maravilhosos, que telefonavam, nos visitavam e levavam tanta comida que não sabíamos o que fazer com ela. Nunca sabíamos ao certo que tipo de telefone ou visita seria. Algumas pessoas acabavam soluçando ao telefone, sem conseguir controlar a própria dor enquanto tentavam nos consolar. Outras enviavam mensagens de e-mail adoráveis. Algumas vinham recordar como David, quando menino, estava sempre se metendo em confusão. E outras vinham apenas para nos distrair. Provavelmente, minha visita favorita naquela semana foi um primo que chegou e imediatamente começou a nos mostrar álbuns gigantescos de fotos de suas duas últimas férias. E quer saber? Foi a diversão mais agradável que minha mãe e eu tivemos durante toda a semana. Ele não mencionou meu irmão nem uma vez sequer — não era preciso. Todos nós sabíamos o que estávamos sentindo, e era incrivelmente revigorante nos distrair com fotos de enormes canecas de cerveja em cervejarias alemãs e pratos deliciosos em restaurantes de Tóquio!

Quando voltei para casa em Nova York depois de sete dias com minha mãe, minha vida parou bruscamente. Passei de um estado de grande ansiedade para uma depressão severa. Contei para o mínimo de pessoas possível e certamente não postei nada nas redes sociais — uma declaração pública assim significaria que tinha realmente acontecido. Parecia que um tsunami de profunda tristeza me atingiu quando eu estava saindo do chuveiro, nua, desprevenida e totalmente vulnerável.

Claro, eu sabia que não era a primeira pessoa a enfrentar uma morte inesperada, mas fiquei chocada com o quão devastadora ela realmente poderia ser. Eu me vi passando por ciclos de calma e tristeza, intercalados por longos períodos de tristeza desencadeados por algo que me lembrava do meu irmão.

Aquele verão, definitivamente, não foi caloroso.

Ocorreu-me que teria que enfrentar a coisa mais difícil que já fiz na minha vida: escrever e fazer o discurso fúnebre para meu irmão. Isso foi ainda mais comovente para mim porque apenas três meses antes, quando meu pai faleceu, enquanto meu irmão e eu planejávamos a cerimônia fúnebre, lembro-me claramente de perceber que não suportaria falar em seu funeral — eu estava abalada demais. Naquele dia, meu irmão assumiu a liderança e fez um discurso perfeito para nosso pai. Foi sincero e incluiu uma história que eu nunca tinha ouvido sobre o eterno espírito otimista de meu pai, que captou com perfeição sua presença solidária, gentil e amorosa em nossa vida.

No entanto, dessa vez era diferente. Eu estava sozinha, sem apoio algum. E esse evento seria muito grande. Meu irmão tinha uma enorme rede de amigos que cultivava desde o ensino fundamental, e fomos obrigados a restringir a lista de convidados a duzentos amigos e familiares, embora muitos quisessem participar do que chamávamos de "Celebração da Vida" de David. Eu queria dizer algo que realmente fizesse jus a ele — seu lado engraçado, seu lado familiar, sua surpreendente rede de amigos — e o absoluto choque que atingira a todos. Eu não sabia se seria capaz de escrever tal discurso — nunca tinha escrito algo assim. E mesmo que conseguisse escrevê-lo, não sabia se poderia realmente falar sem chorar incoerentemente na frente de todos. Isso sim é uma situação que provoca medo e ansiedade!

O que acabou ajudando mais durante esse período foram as minhas meditações na hora do chá matinal. No mês que antecedeu a cerimônia, quando me sentava para meditar todas as manhãs, não estava tentando escrever o discurso. Na verdade, tentei ativamente NÃO pensar em escrever aquele discurso. Mas, ao clarear minha mente durante essas meditações, senti como se algo se abrisse para revelar exatamente o que eu queria dizer. Eu, é claro, sempre soube o que dizer. Era preciso desanuviar o medo, a ansiedade e a tristeza que nublavam esses pensamentos. Também pensei — quase como uma premonição — que precisava descobrir não apenas como superar a dor, mas também como torná-la algo significativo. Naquele momento, acho que eu tentava transformar todas essas emoções — que antes eram obstáculos — em ferramentas. O que veio à tona foram as lembranças da semana que passei visitando meu irmão em Shangai no ano anterior e como eu gostaria de tê-lo visitado antes e com mais frequência. Apesar de não conseguirmos passar muito tempo juntos, percebi o quanto o amava, embora nunca tenha lhe dito. Todos esses pensamentos pareceram ganhar forma após as meditações, de modo que, quando me sentei diante do meu notebook à mesa da sala de jantar para finalmente escrever o discurso, tudo fluiu de mim com mais facilidade do que eu jamais poderia imaginar.

No que teria sido o aniversário de 51 anos do meu irmão, me despedi dele da forma mais amorosa, atenciosa e sincera que poderia desejar. Senti sua presença naquele dia. Já fiz centenas, talvez até milhares, de palestras em minha carreira. Mas essas palavras foram de longe as mais significativas e as que jamais esquecerei. Eu não estava nem perto de ter me "recuperado" dessa terrível perda dupla, de meu pai e de meu irmão, mas fazer aquele discurso foi um primeiro passo importante em direção à minha recuperação, que continua até hoje. Também percebi que aquela terrível tristeza e ansiedade me impeliram a pensar em palavras que refletissem não apenas o meu amor, mas o de toda a minha família, por meu irmão. Em parte por causa da profundidade dessa dor, fui capaz de articular tudo o que era tão divertido, maravilhoso e verdadeiramente único sobre meu irmão.

Às vezes, não consigo acreditar que fui capaz de fazer aquele discurso, em razão do estado em que eu estava. Foi provavelmente o exemplo mais profundo de resiliência da minha vida até agora. Se houve um momento em que precisei literalmente juntar meus cacos, superar minhas emoções e ter um bom desempenho, foi esse.

Em retrospecto, percebo agora que esse foi realmente o meu momento pessoal de superpoder. Foi o momento em que minha profunda dor, ansiedade e tristeza foram superadas e dominadas por minha própria resiliência. De onde ela surgiu? Parte dessa resiliência veio da prática de meditação. Minha prática diária tinha o propósito de aprender a viver o momento e me oferecer algum alívio da dor durante as sessões matinais. Essa pausa matinal foi muito útil. Outro fator que me ajudou foi o início de um estado de reverência. Poucos dias depois de perder meu irmão, vivenciei um estado de deslumbramento por ainda estar aqui. Tomei consciência, com enorme intensidade, do quanto eu era abençoada por estar viva e ser capaz de apreciar o mundo, as pessoas nele e tudo que me faziam feliz quando meu irmão não podia mais. O mais difícil naquela época foi a terrível culpa por não ter feito o suficiente com ele ou por ele. Eu não era uma irmã boa o bastante; não mantinha contato suficiente; e não apreciei todas as suas incríveis qualidades até que fosse tarde demais (nisso eu ainda penso o tempo todo). Mas talvez eu pudesse expressar todos esses pensamentos e sentimentos em seu discurso fúnebre — dizer para todo o mundo ouvir e, dessa forma, declarar minha decisão de aprender com a perda de meu único irmão. Também senti um novo ímpeto para buscar ativamente maneiras de valorizar mais a vida que eu tinha e, especialmente, as pessoas ao meu redor.

Sei que não sou a única a experienciar perda, tristeza e sofrimento. Todos nós temos que cavar fundo e encontrar forças para superar situações devastadoras como essa todos os dias. Somos uma espécie resiliente e muitos de nós nem mesmo sabem disso. Mas eu sabia na época e sei agora: eu não precisava apenas superar aquele discurso; precisava lidar com o resto da minha vida.

....

Nas semanas e meses após a morte de meu irmão, fiquei realmente surpresa ao descobrir que estava conseguindo seguir com minha vida. Comecei a pesquisar sobre o luto e descobri que ele não é apenas marcado por depressão, mas também por ansiedade — do tipo negativo do qual estamos tratando desde o início deste livro. Também comecei a entender que minha rede de resiliência estava começando a se formar. Apesar de ainda estar de luto por essas perdas, à medida que o verão avançava, fui capaz de começar a me agarrar a fiapos de esperança e otimismo, para sair da cama pela manhã, pronta para resolver minha lista de tarefas. De repente, eu queria (e precisava) ver meus amigos mais próximos. Queria retomar minha pesquisa e também os muitos outros projetos que havia deixado para trás. Eu queria voltar a escrever este livro. Na verdade, minha ansiedade ao ver meu trabalho atrasado, minha preocupação em fazer progressos neste livro e até mesmo o incômodo causado pela letargia que sentia em meu corpo — todo esse desconforto começou a me motivar. Foi uma batalha? Claro. Não foi fácil. Mas eu também sabia que minha ansiedade estava me levando a me engajar nas partes da minha vida que proporcionavam significado. Segui em frente, e isso é parte da complexidade e do mistério da resiliência humana.

Lembro-me bem de um treino matinal durante esse período. Phoenix, minha treinadora naquele dia, estava descrevendo o profundo benefício mente-corpo decorrente do esforço físico de um treino exigente e indutor de suor. Ela compartilhou a seguinte citação: "Com grande dor vem grande sabedoria."

Foi quando me dei conta... Como uma imagem em preto e branco explodindo de repente em cores vibrantes, percebi a profundidade da sabedoria que pode advir de uma terrível dor. Percebi que a angústia física e emocional que tenho sentido desde que essas tragédias me atingiram era igual a muitas formas de ansiedade que experimentei durante toda a minha vida: agia como um empurrão para o "siga em frente", "não desista", "você consegue". Na verdade, eu estava vivenciando o que a pesquisa neurocientífica da ansiedade descreve: que ela é capaz de nos motivar a mudar e se adaptar. Também estava me mostrando a magnitude do evento que eu era capaz de superar.

Esse acontecimento foi um curso intensivo sobre as profundezas da minha resiliência, e ser capaz de fazer esse discurso e me engajar totalmente no processo de recuperação foi a prova disso. Mas talvez o resultado mais evidente tenha sido o novo nível de profundo amor e apreço que passei a ter por minha família, meus amigos, meus apoiadores e todas as oportunidades incríveis das quais desfruto em minha vida. Foi como se tudo que antes era preto e branco assumisse cores vívidas — essa mudança em minha consciência, apreço e gratidão por tudo que prezo em minha vida foi profunda, como se tudo de bom em minha vida de repente fosse realçado em cores fluorescentes.

Minha resiliência não vem apenas de sobreviver às perdas de meu pai e de meu irmão, mas também de me adaptar e aprender com qualquer episódio de ansiedade em minha vida. Esse é o poder de compreender a natureza da ansiedade e da resiliência. É a ideia de que não temos que lutar contra a dor, a tristeza e a ansiedade em nossa vida. Podemos usar esses sentimentos poderosos e negativos e transformá-los para nos tornar mais inteiros, mais sábios e para adquirir força e fazer algo novo e criativo com essa sabedoria recém-descoberta. Sim, não apenas transformei meu relacionamento com a ansiedade; descobri uma reserva interior, uma força que alimentou todos os aspectos da minha vida. Eu faço mais, sinto mais, crio mais e amo mais. Meu desempenho é melhor e me sinto melhor. Minha vida está melhor do que antes.

Então, o que é resiliência?

É a tenacidade em resposta ao não atingimento de um objetivo.

É a coragem em continuar apesar da decepção.

É a crença de que você pode e fará melhor, basta esforço ou prática.

É a confiança para acreditar que você é importante.

É uma abertura para aprender e reaprender.

É a resistência para perseverar.

....

Sempre soube que a resiliência seria uma grande parte do alicerce sobre o qual *Ansiedade do Bem* seria construído, mas experimentar essas perdas terríveis assim que comecei a escrever mudou radicalmente o livro e o papel da resiliência nele. Antes desses eventos, eu estava animada para compartilhar a ideia de que alguém poderia usar os "sinais de alerta" de ansiedade para o bem. Depois deles, a ideia de transformar a ansiedade cotidiana de negativa em positiva passou de uma ideia nova e empolgante a uma missão. Percebi que estava usando essa abordagem para superar os momentos mais difíceis; essas não eram apenas ideias úteis, mas profundas lições de vida que todos poderiam empregar para melhorar sua vida diária — desde a preocupação com quanto tempo você levou para responder a um e-mail de seu chefe até uma tragédia pessoal.

Portanto, para todos aqueles que estão ansiosos hoje, o meu maior desejo é que utilizem as ferramentas apresentadas neste livro para desenvolver seu próprio superpoder de resiliência para resistir a qualquer forma de estresse e ansiedade, grande ou pequena, para que possa se reerguer, pegar todas as lições aprendidas e toda a sabedoria que vem com elas e seguir em frente mais forte, mais sábio e com mais poder. Assim como eu fiz.

5

Aprimore Seu Desempenho e Libere o Estado de Flow

Você provavelmente já ouviu a afirmação de que leva cerca de 10 mil horas de prática para se tornar um especialista em algo — aprender a tocar um instrumento musical, praticar um esporte, jogar xadrez, cozinhar ou aprender uma língua estrangeira. A pesquisa de K. Anders Ericsson sobre esse assunto já foi citada inúmeras vezes e ficou ainda mais famosa quando Malcolm Gladwell a descreveu em seu best-seller *Fora de Série — Outliers*. No entanto, recentemente, um grupo de pesquisadores reexaminou os estudos e as pesquisas por trás do número mágico e concluiu, de forma bastante drástica, que a regra das 10 mil horas era um absurdo. Especificamente, não há nada de especial nas 10 mil horas e, embora a prática seja claramente importante para aprimorar o desempenho, outros fatores podem desempenhar um papel ainda mais importante.

Quais são os outros fatores que nos levam a atingir um nível de desempenho de especialista? Talento inato puro? Inteligência? Acaso? Perseverança? Trabalho árduo? Sim, é tudo isso... e muito mais. A idade, a experiência e o ambiente desempenham um papel. Em outras palavras, não há um determinado fator capaz de prever ou garantir o domínio ou o alto desempenho em qualquer atividade.

O psicólogo húngaro-americano Mihaly Csikszentmihalyi liderou os esforços nesta área de pesquisa da neurociência afetiva — primeiro em estudos de atletas de elite e, depois, em como o alto desempenho pode ser visto em muitas áreas, incluindo ciência, arte e música. O estado de flow, também chamado de fluxo, é um espectro. Decididamente, não é uma experiência de tudo ou nada. Envolve a combinação certa de preparação, diálogo interno positivo e fluidez, e grande parte de como isso é ativado está relacionada a como estamos aprendendo a desvendar a ansiedade, bem como a excitação e os desafios relacionados a ela. Mas essa pesquisa também é relevante para a ansiedade — em especial, como os elementos ou as características que possibilitam o estado de flow se alinham com a forma de canalizar a excitação da ansiedade. Ser capaz de acalmar nosso corpo, nutrir um mindset ativista e usar nossa atenção, tudo isso entra em jogo. Um novo recurso exigido pelo estado de flow está relacionado à motivação. O flow requer que estejamos profundamente engajados e gostemos de uma atividade, e isso tudo é ativado, em parte, pela rede de recompensas do cérebro. Como veremos, a ansiedade pode estimular ou amortecer esse circuito de recompensa e, portanto, melhorar ou atrapalhar nosso desempenho. Compreender a neurociência de como a ansiedade (positiva e negativa) interage com as redes de recompensa e motivação nos ajuda a entender como usar a ansiedade do bem para aprimorar nosso desempenho e, assim, aumentar as chances de experimentar o estado de flow.

Podemos aplicar a neurociência do alto desempenho a qualquer coisa que queiramos aprender ou reaprender, a qualquer nova habilidade ou tarefa pela qual tenhamos curiosidade. A palavra-chave aqui, no entanto, é *querer*. Usar a ansiedade para otimizar o desempenho exige que abordemos a tarefa com entusiasmo e interesse — não com medo ou reservas. Para usar nossa ansiedade, devemos primeiro fazer as pazes com ela. Vamos ver como isso é possível.

· ANSIEDADE DE DESEMPENHO ·

Acho que todos concordariam que a ansiedade faz nosso nível de desempenho ir pelo ralo, por assim dizer. Portanto, independentemente das horas, meses ou anos de prática de uma habilidade — seja falar em público, seja tocar piano, seja jogar tênis ou basquete —, a ansiedade não apenas prejudica nosso desempenho, mas aniquila qualquer chance de atingirmos um desempenho otimizado ou o estado de flow. Mas o que descobri em meu mergulho profundo nessa pesquisa é que assim como podemos aprender a nutrir um mindset ativista, usar erros ou falhas como feedback e a excitação da ansiedade para aumentar nossa atenção, também podemos aprender como melhorar nosso desempenho e talvez avançar um pouco mais em direção a uma experiência de flow.

Em minha vida, tive experiências em que a ansiedade atrapalhou minha capacidade de ter um bom desempenho sob pressão. Já passei por outras situações em que aprendi a aproveitar a energia de minha ansiedade do bem para realmente melhorar meu desempenho. É importante entender como essas duas experiências acontecem. Um exemplo da primeira situação é um dia que eu preferiria esquecer. Foi logo depois de assumir meu cargo de professora na Universidade de Nova York; eu estava encarregada de receber uma neurocientista altamente respeitada e guiá-la em sua visita para palestrar em nosso departamento. Ela era uma mulher brilhante, mundialmente conhecida, e eu ouvira dizer que ela não tinha muita paciência com estupidez. Eu não apenas seria sua "anfitriã" oficial na universidade, o que significava que seria responsável por organizar suas reuniões com professores e alunos durante sua visita de um dia. Uma das minhas funções mais importantes naquele dia era apresentá-la na palestra. Fiz a devida diligência pesquisando sua carreira, incluindo uma lista de todos os seus prêmios de destaque. Estava muito motivada para fazer um discurso de alto nível naquele dia. E quando subi ao púlpito para fazer a apresentação de dois minutos, estava nervosa. Talvez fosse porque essa cientista em particular sempre me intimidou um pouco (ok, talvez muito). Ou talvez fosse porque era uma das primeiras vezes, como jovem membro do corpo docente, que apresentava uma oradora tão proeminente ao meu departamento. Talvez fosse porque me sentia pessoalmente responsável por todos os aspectos de sua visita e coloquei muita pressão sobre mim mesma para fazer uma apresentação clara, informativa, perspicaz e até memorável. Lembre-se de que seria um discurso de dois a três minutos. Mas como eu tinha expectativas tão altas em relação a mim mesma, o nervosismo que senti ao subir no palco rapidamente se transformou em um caso clássico de ansiedade negativa.

Lembro-me claramente de ouvir minha voz trêmula e hesitante quando comecei a falar, e de pensar, com horror, que parecia um aluno de graduação fazendo sua primeira apresentação em sala de aula, não uma professora apresentando uma colega. A pior parte é que não era apenas minha voz que tremia; eu não conseguia ler a folha que trouxera comigo. Acabei pulando a longa lista de elogios e me apressei para chegar ao fim.

Até hoje, ainda estremeço ao me lembrar dessa trágica apresentação. Minha ansiedade interferiu de forma tão aguda que não devastou só o meu corpo, como também meu cérebro — minha memória congelou, minha boca parecia não funcionar normalmente, e eu parecia ter perdido a capacidade de simplesmente ler as notas que tinha preparado e que estavam bem na minha frente.

Como vimos reiteradamente, a ativação que gera essa ansiedade pode seguir ambos os caminhos — nos levar para a zona ruim ou nos lançar na zona boa, onde coisas maravilhosas podem acontecer. Essa via dupla da ansiedade desempenha um papel importante no aprendizado de como usá-la para otimizar o desempenho. Claro, todos nós somos vulneráveis à ansiedade de desempenho: os sentimentos de nervosismo, as palmas das mãos suadas e o coração acelerado que surgem em momentos importantes, como antes de fazer uma prova, de uma entrevista de emprego, ao subir no palco para fazer um discurso, antes de um evento esportivo ou competição. Até certo ponto, é uma excitação boa: serve para chamar sua atenção e o motivar.

O nervosismo é realmente útil: serve para lembrá-lo de que está fazendo algo importante para você — que você TEM a oportunidade de fazer algo que significa muito para você. Mas quando o nervosismo se torna excessivo, quando os pensamentos de dúvida começam a crescer e o medo se instala, podemos experimentar uma espécie de colapso físico; não somos mais capazes de usar a excitação da ansiedade.

· A NEUROCIÊNCIA POR TRÁS DO ALTO DESEMPENHO (FLOW, BABY, FLOW) ·

Então, o que é estado de flow?

Csikszentmihalyi e colaboradores, dentre eles Jeanne Nakamura, identificaram um estado de envolvimento ou imersão intensificado quando realizamos uma atividade em um alto nível de desempenho que chamaram de "flow", ou fluxo. O *flow* é definido como um estado profundamente engajado, no qual alta habilidade/desempenho acompanha um estado mental aparentemente relaxado, quase sem esforço, de intenso prazer e imersão. Eles também observaram que estados de flow não acontecem todos os dias. Em vez disso, são ocorrências relativamente raras, resultado de uma combinação exata de características cognitivas, físicas e emocionais que se alinham quase que por mágica.

Os estudos focados na relação entre a excitação e o desempenho vêm acontecendo há um bom tempo. Em 1908, algo conhecido como Lei Yerkes-Dodson foi estabelecido por pesquisadores de Harvard que tentavam entender o que motiva o comportamento orientado para objetivos, como estudar para se sair bem em uma prova. Eles queriam entender se o estresse desempenhava ou não um papel positivo na motivação; e descobriram que existe um nível ideal de excitação e da ansiedade decorrente dela que é capaz de maximizar o desempenho (ponto alto da curva na Figura 5). Mas, quando a excitação ultrapassa determinado nível, aquilo que chamamos de ansiedade negativa faz com que o desempenho despenque.

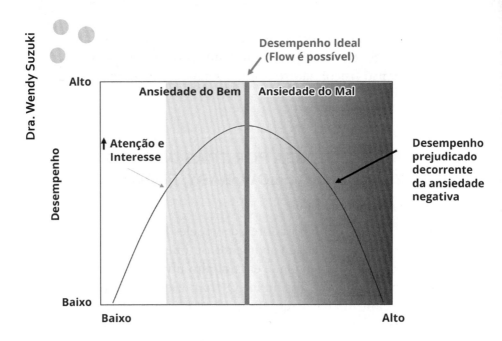

Figura 5. Relação entre a excitação e o desempenho. Este diagrama mostra o mecanismo do flow e também reflete nossa relação com a ansiedade — quando aprendemos a canalizar a excitação, ela é útil, mas há uma tensão entre ansiedade e excitação que deve considerada.

Vamos analisar o lado esquerdo desse gráfico. O interesse e a motivação indicam alegria e prazer. A excitação está relacionada à necessidade de haver alguma quantidade de estresse para provocar um estado de alerta; esse é o lado positivo da ansiedade. É a interação de todas essas dimensões que nos prepara ou abre o caminho para o estado de flow, no qual o desempenho pode atingir seu auge. Observe que a ansiedade do bem entra em ação à medida que o nível de excitação começa a aumentar, junto com um aumento no foco/atenção. A excitação é medida, em parte, por indicativos periféricos da atividade autônoma, como frequência cardíaca e resposta galvânica da pele. Também é medida pela atividade cortical que pode ser detectada por um eletroencefalograma. Junto com esse engajamento da excitação (energia positiva) e da atenção vem nosso interesse ou grau de envolvimento. Juntos, esses fatores ajudam o desempenho a seguir uma trajetória ascendente acentuada. É no topo da "montanha" de desempenho, por assim dizer, quando o desempenho é otimizado, que pode surgir o flow. Esse gráfico ilustra muito bem por que o estado de flow clássico não é experimentado com muita frequência. Há muitos elementos que precisam se alinhar para atingirmos o auge do autêntico "flow de Csikszentmihalyi".

Outro elemento que pode prever uma experiência de flow é o aprimoramento. É claro que o "desempenho máximo" é relativo a cada pessoa. Meu desempenho máximo tocando violoncelo sempre será totalmente diferente do de Yo-Yo Ma, mas a possibilidade de atingir meu próprio estado de flow, independentemente do meu nível de habilidade, aumenta minha motivação — quero fazer melhor, quero ser melhor. Esse desejo é o que aciona a rede de recompensas. Nós nos lembramos da experiência de prazer porque o cérebro libera dopamina, que, por sua vez, causa uma sensação agradável. É desse sentimento bom que nos lembramos e o qual queremos repetir. Quanto mais habilidoso você for em alguma coisa, mais eficiente será o desempenho de seu cérebro-corpo. Quanto mais habilidoso, mais competente se sentirá. E quanto mais competente você se sentir, mais se sentirá relaxado ao desempenhar uma tarefa.

Ao analisarmos mais uma vez o gráfico, é importante notar que todos nós caminhamos sobre uma linha muito tênue, um fio de navalha, entre atingir o ponto de alto desempenho, no qual o flow é possível, e sucumbir à ansiedade ruim e à queda de desempenho que a acompanha. Outra maneira de descrever o lado direito desse gráfico, onde o desempenho despenca e a excitação vai às alturas, é a "asfixia". Vamos dar uma olhada rápida na ciência desse fenômeno tão familiar para descobrir como a ansiedade pode interferir... ou não.

· A CIÊNCIA DA ASFIXIA ·

Sian Beilock[1], ex-reitora da Universidade de Chicago e atualmente da Barnard College, estudou a asfixia em atletas de elite. Ela descobriu que, quando há muito em jogo, tendemos a deixar a ansiedade nos dominar. A ansiedade pode ter um efeito nocivo, sem que muitos de nós percebamos o que está acontecendo. Às vezes, não importa o quanto estejamos nos sentindo preparados, a ansiedade mostra sua cara feia e assume o controle de nosso sistema nervoso *porque começamos a pensar*. Tenho certeza de que, ao ler isso, você se lembrará de uma situação parecida: antes de fazer a prova para tirar a habilitação depois de ter sido reprovado duas vezes; ao conhecer os pais de seu novo parceiro; quando estava prestes a fazer uma importante entrevista de emprego. As apostas são altas e você paralisa. Todos podemos imaginar a palma das mãos suadas, o coração disparado e a mente mergulhada em um turbilhão de hipóteses "e se", que literalmente bloqueiam nossas vias neurais. Faz sentido que um jogador de beisebol ao rebater o último ponto em um jogo da Série Mundial, Tiger Woods prestes a lançar a bola para o último buraco do Aberto dos Estados Unidos ou Michael Phelps em seu retorno às Olimpíadas, possa ficar tenso e não ter um desempenho de acordo com a habilidade esperada quando há tanto em jogo. E embora suas horas, meses e anos de treinamento de alto nível tenham como objetivo protegê-los contra a asfixia, a ansiedade é um adversário ardiloso.

Beilock explica que a resposta do cérebro-corpo a muita pressão ocupa um valioso "espaço cerebral" e causa respostas mal-adaptativas. O rebatedor que fica pensando na inclinação de seu pulso; o aluno que está tentando lembrar em que página estava a fórmula; o programador de computador que tenta recordar um pedaço de código — esse tipo de pensamento excessivo interfere no desempenho e nos impede de acessar as habilidades que sabemos que temos. O jogador de beisebol precisa pensar sobre a inclinação do pulso na hora da última rebatida? O aluno realmente precisa tentar lembrar em que página está a fórmula? O programador precisa memorizar todo o código? Não. Se uma pessoa estudou um material ou praticou uma habilidade repetidas vezes, sabe as informações "de cor", então, quando a pressão está alta, ela utiliza seu estado de excitação (fisiológico, cognitivo e emocional) para relembrar automaticamente as informações para executar a tarefa: acertar a bola, finalizar o problema e digitar o código. Isso vem de todas as horas de prática. Quanto mais praticamos uma determinada habilidade ou conjunto de habilidades, mais nosso cérebro-corpo cria padrões para trabalhar com mais eficiência. E o inimigo desse estado de relaxamento e da confiança em si mesmo é pensar.

Quando algum tipo de pressão interna ou externa se torna excessiva, o caminho para esse funcionamento automático é interrompido. Essa é a base da asfixia. Quando eu estava fazendo minha apresentação no início de minha carreira, meu medo da oradora, aliado à pressão que estava colocando sobre mim mesma, atrapalhou toda a minha preparação e me levou à asfixia. Fiquei paralisada pelo alto risco: não tinha ferramentas para acalmar meu corpo nem a segurança para confiar em mim mesmo. Minha consciência da situação interferiu em minha preparação e me abandonou à própria sorte.

A pesquisa de Beilock revelou outra faceta interessante da asfixia: é a *percepção* do estresse que desencadeia o fenômeno. Beilock descobriu como estereótipos sutis — as mulheres são piores do que os homens em matemática; homens brancos não sabem enterrar — afetam negativamente o desempenho. Por exemplo, as mulheres, quando solicitadas a declarar o gênero antes de fazer um teste, têm um desempenho pior. O lembrete cognitivo provoca uma resposta emocional que, por sua vez, afeta o desempenho. A boa notícia é que, se solicitadas a se lembrarem de suas credenciais acadêmicas, elas se sairão pelo menos 10% melhor no teste. O ponto principal é que cognição e emoção andam de mãos dadas. Emoções negativas podem prejudicar nosso raciocínio, e emoções positivas podem aprimorá-lo. Em termos de flow, é por isso que o prazer da atividade é tão essencial; esse prazer aumenta os níveis de dopamina (o neurotransmissor da alegria), que estimula o relaxamento e melhora o desempenho.

· HORA DE ARRASAR ·

Trabalhando com alunos brilhantes que muitas vezes colocam uma tonelada de pressão sobre si mesmos, vejo versões clássicas de asfixia com bastante frequência. O que torna a história a seguir tão memorável é como pude testemunhar esse aluno finalmente conseguir explorar o poder da ansiedade para otimizar seu desempenho.

Tom era muito inteligente, articulado e escrevia melhor do que qualquer aluno que conheci no mesmo nível acadêmico. Ele gostava de escrever, e isso era visível em sua atitude e entusiasmo pelos artigos que escrevíamos juntos. Quando apresentava artigos científicos ou seus próprios dados em reuniões de laboratório, parecia totalmente à vontade — era engraçado, inteligente e tranquilo. Mas ao colocá-lo diante de uma plateia cheia de cientistas (mesmo que ele conhecesse todos), de repente, surgia a asfixia. Ele ficava visivelmente nervoso, o que era ainda mais óbvio, porque nunca o víamos nesse estado no laboratório.

Depois de uma experiência desastrosa em público, na qual ficou tão sobrecarregado que não conseguiu falar, ele me procurou bastante chateado e à beira das lágrimas. "Eu simplesmente não sei como controlar isso — não importa o quanto eu pratique ou ensaie antes de fazer uma apresentação, não consigo lidar com isso."

Fiquei um pouco surpresa com a intensa emoção que ele estava expressando. E, então, falei: "Como posso ajudar, Tom?"

"Como você aprendeu a ficar tão calma durante suas aulas, palestras e apresentações públicas e acadêmicas?"

"Bem", comecei, "acho que é porque gosto de dar palestras e interagir com o público. Acho que meu prazer me ajuda a relaxar e me estimula a fazer cada vez melhor".

Em outras palavras, querer melhorar em algo de que gosto me motiva a fazer o meu melhor. Posso ficar calma ao falar em público porque acredito que é algo que me traz prazer — em vez de acreditar que é algo que me causa dor.

Dizer isso em voz alta me deu uma ideia: eu precisava ajudar Tom a ansiar pela apresentação, mas primeiro ele precisava desenvolver algumas estratégias que o tirassem da zona de medo, para que pudesse se sentir mais confiante. Também precisava ajudá-lo a se conectar com seu amor por escrever sobre ciências; isso foi fundamental para ajudá-lo a relaxar e se manter engajado.

Tom dedicava tempo para ensaiar suas apresentações e adorava ciência, mas percebi que precisava ajudá-lo a descobrir o que poderia motivá-lo a usar sua ansiedade. Tom tinha outras vantagens para superar a ansiedade de falar em público — tais como seu grande senso de humor e o raciocínio rápido que demonstrava em nossa reunião semanal de laboratório. Então, com sua permissão, decidi fazer uma pequena experiência com ele.

Perguntei se havia outros medos ou ansiedades além de falar em público que ele não se importava em compartilhar. Ele disse que sempre sentiu ansiedade em relação a dinheiro e que a modesta bolsa de estudante de pós-graduação não ajudava nesse quesito.

"Como isso afeta você?"

"Acho que acabei aprendendo a conviver com isso. Mas às vezes perco o sono pensando. Meus empréstimos estudantis ainda estão longe de serem quitados e me preocupo se conseguirei encontrar um emprego bem remunerado na área acadêmica depois da pós-graduação."

"Você consegue se imaginar capaz de viver com esse desconforto?", perguntei.

"Acho sim", respondeu. "Quer dizer, eu realmente quero esse diploma, apesar do salário baixo que estou recebendo agora. Adoro aprender ciência."

Argumentei que, então, ele havia se acostumado a lidar com uma espécie de desconforto de pequeno grau em sua vida. Ele concordou.

Então perguntei se ele percebeu que poderia aplicar suas estratégias para controlar a ansiedade em relação ao dinheiro ao seu medo de falar em público.

Ele achava que não, mas estava disposto a tentar.

Expliquei que achava que ele poderia usar sua tolerância com a "ansiedade financeira" para aplacar o medo de falar em público. As ansiedades — mesmo quando têm gatilhos diferentes — são um tipo muito semelhante de ativação, com respostas fisiológicas similares (ambas ativaram o mesmo sistema de resposta ao estresse e essencialmente da mesma maneira). A questão era: como Tom poderia aumentar sua tolerância à ansiedade de falar em público até alcançar seu nível de tolerância à ansiedade financeira? O primeiro passo foi tomar consciência de que ele já controlava a ansiedade em relação ao dinheiro; essa consciência da tolerância ao estresse foi crucial para ele ser capaz de aplicá-la a outros aspectos da vida. Isso também lhe permitiu mudar para um mindset ativista, em que podia acreditar que era capaz de reduzir sua ansiedade de falar em público a níveis toleráveis.

Esse foi apenas o primeiro passo.

Então eu o ajudei a criar um plano estratégico antes de seu iminente seminário de acompanhamento, uma apresentação, feita no final do terceiro ano, obrigatória para todos os alunos de pós-graduação e que já estava começando a tirar o sono de Tom.

Eis o que nós fizemos:

1) Juntos nós *ensaiamos* sua palestra para que ele soubesse tudo o que queria dizer e tivesse respostas para (quase) todas as perguntas possíveis. O objetivo não era memorizá-la. Na verdade, era importante que ele se sentisse à vontade para compartilhar as ideias de maneira um pouco diferente a cada vez, para que pudesse ativar seu modo de conversação. Eu queria que ele entendesse suas ideias e as conexões entre elas. Esse ensaio deslocou seu entendimento da memória de trabalho para a memória mais declarativa. Fiz as perguntas mais difíceis que consegui pensar e o vi melhorar cada vez mais. Conforme trabalhávamos, ele se tornava mais confiante, e sua fala, mais fluida; passou até a gostar de responder às perguntas em nossas sessões de ensaio. Uma parte crucial foi eu ter feito as perguntas mais difíceis e mais amplas em que consegui pensar, já que grande parte de sua ansiedade parecia girar em torno do medo que o paralisava diante do inesperado. Ambos sabíamos que, mesmo que fizesse uma boa palestra, se não respondesse com segurança às perguntas, as pessoas sairiam com uma impressão negativa de sua apresentação. Eu sabia por experiência própria que um orador experiente sabe quais são as perguntas mais comuns feitas e como respondê-las. Sim, haverá perguntas inesperadas ocasionais, mas a maioria tem um tema específico, para as quais é possível praticar respostas e se familiarizar com elas. Além disso, com o tempo começamos a perceber que as melhores perguntas são aquelas que nos proporcionam novos e maravilhosos insights para possíveis interpretações sobre as quais refletir e discutir com o

público, o que é uma das partes mais fascinantes de uma palestra. Enquanto fazia minha lista de perguntas, percebi Tom cada vez melhor em respondê-las de maneira sucinta. Vi sua confiança começar a se manifestar, e a ansiedade em seu rosto, se dissipar.

2) Trabalhei com Tom na reformulação de como ele pensava a respeito de falar em público. Eu o lembrei de que parte do que ele estava fazendo na palestra era *compartilhar* seu trabalho e seu amor pela ciência com o resto da comunidade. Ele precisava perceber que a apresentação deveria refletir a alegria e a curiosidade que eu via nele todos os dias no laboratório. Precisava aproveitar esse prazer para internalizar seu amor pelo que estava tentando transmitir.

3) Ofereci um feedback positivo de quanto ele estava trabalhando arduamente para se preparar e quanto o trabalho que ele estava apresentando era bom. Reiterei o quão orgulhosa estava por sua dedicação a essa apresentação e lhe assegurei que não tinha dúvidas (e não tinha mesmo) de que ele faria um excelente trabalho.

E adivinhe: ele arrasou no seminário! Ele estava nervoso no início, mas reconheceu os sinais. Em vez de deixar o nervosismo se transformar em ansiedade, ele foi capaz de se amparar em todos os ensaios que fizemos juntos e canalizar sua ansiedade boa. Rapidamente, encontrou o próprio ritmo e fez um trabalho fantástico. As perguntas foram complexas e ele teve dificuldade em responder a algumas delas, mas superou. Pude ver como ficou aliviado, mas também muito orgulhoso, quando seus colegas de pós-graduação o elogiaram pelo excelente trabalho.

Tom otimizou seu desempenho significativamente, mas não conseguiu entrar no flow. Adorou a experiência e ficou animado e motivado em obter mais prática para atingir o flow. Estava no bom caminho!

Meu ponto principal ao compartilhar essa história é que, como muitas pessoas ambiciosas, Tom estava motivado a aprender a controlar sua ansiedade. Ele também entendeu que a ansiedade pode ser útil e produtiva, e melhorar seu desempenho alimentou seu desejo de se aprimorar ainda mais. Presenciei esse padrão muitas vezes ao longo dos anos com alunos de graduação e pós-graduação. Eles sabem muito bem o conteúdo — claramente a ponto de obter uma excelente nota —, mas ficam tão estressados e nervosos nas provas (sejam escritas ou orais) que não são capazes de expressar esse conhecimento com clareza. Eles interpretam mal as perguntas, cometem erros desnecessários na hora de seguir instruções e acabam recebendo uma nota que não reflete o verdadeiro nível de seu conhecimento. O que é crucial, do meu ponto de vista como professora, é que os alunos aprendam a controlar a ansiedade. Como sabemos, o estresse na vida é inevitável; um aluno que busca menos estresse está apenas prejudicando suas chances de aprender a operar bem sob pressão.

Descobri que quando tenho a oportunidade de oferecer feedback a um aluno e reafirmar sua compreensão de um tópico, ele se sente encorajado, menos ansioso e, geralmente, se sai melhor nas provas (ou seja, tem melhor desempenho). Esse tipo de feedback positivo é a essência da boa e velha conversa de incentivo, mas se concentra na capacidade de expandir a tolerância ao estresse e encontrar uma maneira de lidar com a pressão de um modo confortável.

Eu também incentivo os alunos a serem seus próprios "coaches executivos" para as provas, especialmente aquelas que valem uma grande porcentagem da nota. Sugiro que tratem a prova como um treinamento para um evento esportivo — pratiquem, ensaiem e tenham uma conversa de incentivo consigo mesmos. Como? Depois de revisar o material e responder a quaisquer questões práticas fornecidas ou, melhor ainda, fazer as próprias perguntas para avaliar se entendeu a matéria na íntegra, diga a si mesmo em voz alta que É CAPAZ! Repasse em sua mente todo o tempo que dedicou revisando o material e visualize-se respondendo, de forma metódica e calma, a todas as perguntas que o professor fizer, sem problemas. Se ficar empacado em alguma parte, simplesmente repasse toda a matéria que sabe e volte à questão problemática mais tarde. Então, no dia da prova, diga em voz alta para si mesmo: "Eu vou ARRASAR nesta prova! Estudei muito e domino a matéria como um MESTRE!"

A conversa interna positiva anda de mãos dadas com a visualização. Por que a visualização ajuda? Porque permite que você acredite em um cenário livre de ansiedade. A visualização possibilita a criação de um novo modelo mental de como lidar com uma situação potencialmente indutora de ansiedade e lhe mostra outro caminho. Se você sempre sentiu muita ansiedade em relação a provas específicas, experimente começar a se visualizar fazendo a prova e escrevendo, com clareza e calma, todas suas respostas muito bem pensadas. Visualize-se na situação como gostaria de estar. Experimente visualizar uma imagem simples de si mesmo na prova e adicione detalhes sobre a sensação da caneta em sua mão ou a calma que sentirá durante a prova. As visualizações podem ser muito poderosas, mas requerem prática e um pouco de imaginação. Mantenha o foco nos resultados positivos daquela situação indutora de ansiedade. Como qualquer novo hábito que desejar criar, comece devagar e vá se aprimorando.

· VOCÊ PODE APRENDER A ENTRAR NO FLOW? ·

O flow é fruto da capacidade de acalmar a ansiedade, revertê-la e, em seguida, explorá-la. E embora o estado de flow de elite — experimentado por mestres como Yo-Yo Ma e Michael Phelps — possa parecer fora de alcance, todos nós podemos sentir seu gostinho e aspirar atingi-lo. Sempre que nos aproximamos dessa zona, experimentamos uma sensação incrível — é quase como uma droga. Você perde a noção do tempo, fica completamente focado no momento, se diverte, e tudo está operando a pleno vapor. O flow não apenas requer alegria, mas também a gera, e melhora o desempenho para um nível ainda mais alto, o que tenderá a induzir ainda mais estados de fluxo. Quem não gostaria de ter mais flow na vida?

Então, e se redefinirmos a noção de *flow*? Por exemplo, em vez das 10 mil horas de trabalho para chegar ao nível de desempenho ultra-alto exigido para o clássico flow de Csikszentmihalyi, que tal se considerarmos por um momento algo que chamarei de "microflow". Eu explico. Microflow é um estado de flow que pode ter duração mais curta do que o clássico, de Csikszentmihalyi, mas é muito mais frequente e pode ser usado para enriquecer nossa vida e também aumentar nosso desempenho de maneira significativa. Em certo sentido, o microflow é simplesmente dar a si mesmo a oportunidade de se divertir. Ele é baseado na essência da neurociência: qualquer experiência pode se tornar semelhante ao flow se incorporar intenção, envolvimento e diversão. Quando vivenciamos esse tipo de prazer mente-corpo, nosso cérebro libera dopamina, gravamos essa memória e a usamos para nos motivar no futuro.

Pense em alguns exemplos de momentos de microflow:

- A postura de relaxamento no final de uma intensa aula de ioga.
- Uma noite de sono profundo e revigorante depois de uma semana muito difícil.
- Uma conversa edificante e/ou hilária com seu melhor amigo.
- O profundo estado de relaxamento que você atinge após uma maravilhosa massagem.
- Um dia supereficiente em que você resolveu cinco problemas ao mesmo tempo (e levou apenas quinze minutos).
- Um esforço fantástico da vizinhança para resgatar um gato de uma árvore, uma experiência na qual todos tinham um objetivo comum e se sentiam verdadeiramente em sintonia uns com os outros.

Nenhum desses exemplos pode ser considerado um profundo flow de Csikszentmihalyi — isso é claro. No entanto, todos eles incluem relaxamento e prazer após um árduo esforço ou envolvimento profundo, portanto, geram uma recompensa. Assim como o clássico flow de Csikszentmihalyi, o microflow tem um forte componente motivacional. E para que serve? Esses momentos mais frequentes de flow servem não apenas para diminuir a ansiedade negativa e aumentar a positiva, mas também para ajudá-lo a aproveitar ao máximo os momentos alegres de sua vida cotidiana, e isso constitui uma das estratégias mais eficazes de descanso, recuperação e motivação ao seu dispor.

· SIGA EM FRENTE! ·

Não faz muito tempo, fui convidada por um grupo empresarial russo para fazer uma apresentação em uma grande conferência anual em Moscou. Eu estava nos bastidores do Estádio Olímpico prestes a discursar para milhares de pessoas sobre o tema do meu primeiro livro: os efeitos transformadores do exercício no cérebro. A estrutura era grandiosa, e quando olhei dos bastidores para o palco e para o enorme estádio, pude sentir o despontar do nervosismo ao, de repente, perceber que aquele era provavelmente o maior público para o qual já discursara. Lembro-me de minhas mãos suadas e do meu coração batendo tão forte que me perguntei se os técnicos ao meu redor podiam ouvi-lo. Um dia antes, assisti a dois dos outros palestrantes, Malcom Gladwell (famoso pelas 10 mil horas!) e Richard Gere (famoso por *Uma Linda Mulher*), subirem no palco e fazerem apresentações espetaculares. Será que eu era capaz de fazer o mesmo?

Para aumentar ainda mais minha ansiedade, quando me sentei na plateia no dia anterior para ouvir Gere e Gladwell, percebi que todos os palestrantes eram recebidos no palco com fogos de artifício. Fiquei tão feliz de ter visto os fogos de artifício no dia anterior — caso contrário, eles teriam me assustado de verdade, pois, obviamente, nem todo palco tem fogos de artifício! Fiquei nos bastidores, pensando sobre a magnitude do momento e me preparando para aqueles fogos de artifício que explodiriam assim que eu pisasse no palco. Isso pode ter me empurrado para o limite do estresse e da ansiedade negativa e me enviou de volta ao "cenário de pesadelo de minha apresentação da oradora" anos antes. Mas desta vez foi diferente. Minha palestra estava na ponta da língua, e não apenas isso: eu adorava fazê-la. Lembro-me de ter pensado com clareza, com um tipo de consciência hiperprecisa, naquele momento segundos antes de pisar no palco: *Vou dar uma palestra digna desses fogos de artifício que estão prestes a explodir para mim!*

E foi o que eu fiz.

Usei meu córtex pré-frontal para me concentrar na alegria de transmitir uma mensagem na qual realmente acreditava e esquecer o medo do fracasso ou da preocupação de que não seria "à altura". Em vez de me assustar, aqueles fogos de artifício na verdade me inspiraram a aumentar meu nível de energia e entusiasmo e, portanto, o nível de minha palestra. Eu estava nervosa antes? Claro! Mas esse nervosismo estava sendo usado como motivação para otimizar meu desempenho e arrasar em minha apresentação para ficar à altura deles — minha ansiedade do bem em ação! E a melhor parte foi que, apesar do tamanho do local e do fato de que a maior parte do público estava me ouvindo por meio de fones de ouvido com tradução simultânea, pude sentir o público completamente envolvido durante toda a palestra!

É verdade que não me senti no "flow de Csikszentmihalyi" muitas vezes em minha vida. Mas senti isso naquele palco em Moscou. Talvez tenha sido por causa do estímulo energético que recebi daqueles fogos de artifício, ou talvez seja porque quando cheguei a um ponto-chave em minha palestra, apenas dois minutos depois, em que digo: "O exercício é a coisa mais transformadora que você pode fazer pelo seu cérebro hoje", o público começou a aplaudir — algo que NUNCA aconteceu antes! Talvez tenha sido graças à presença do baterista russo para nos fornecer a trilha sonora para duas minissessões de exercícios em que convidei o público a participar, e todos aceitaram. Mas foi uma das palestras mais memoráveis que já dei, não apenas pelo local único, mas por causa da participação daquele público maravilhoso. Senti que o público e eu entramos em estado de flow juntos naquele dia.

6

Cultive um Mindset Ativista

Pouco antes do meu quadragésimo aniversário, bati de frente com uma parede emocional. Eu havia passado os vinte anos anteriores estudando, pesquisando e me esforçando, primeiro acadêmica e, depois, profissionalmente. Era compulsiva por alto desempenho e realmente tinha pouca identidade além disso. A garota que cresceu amando shows da Broadway? Já era. A jovem que viajou para a França, se encantou pela língua, cultura, comida e vinho? Já era. A jovem que se apaixonou perdidamente por um jovem músico francês? Já era. Aos quarenta, depois de passar a maior parte da minha vida adulta na academia, de repente comecei a me sentir como se fosse apenas um fantoche.

Trabalhava obsessivamente. Não me permitia tempo para descansar, relaxar e recarregar. Não gostava de minha aparência nem de como me sentia. Eu me sentia isolada, comunicando-me apenas com um pequeno círculo de pessoas que incluía alguns amigos que não moravam na cidade de Nova York. Naquela época, eu não era próxima de meus pais ou de meu irmão. Eu era uma pilha de nervos; ansiosa, preocupada e vivendo no limite de minhas forças. Em parte, isso foi o que me levou a trabalhar tanto — a produtividade e o sucesso no trabalho eram um dos poucos prazeres da vida. Meu outro prazer era a comida, o que levou ao meu ganho de peso de onze quilos. O que piorou ainda mais essa situação foi eu fazer uma "cara de feliz e cheia de energia" para o mundo exterior. Não queria ser vista como uma pessoa solitária e sem amigos. Queria ser vista como uma pessoa dinâmica, feliz e ativa. Mas projetar esse rosto feliz para o mundo exterior acabou me deixando mais ansiosa e solitária do que se eu tivesse demonstrado meus verdadeiros sentimentos.

No início, não tinha ideia de como sair dessa situação. Eu me sentia como se estivesse empurrando um elefante de três toneladas montanha acima. Mas então, ao decidir conscientemente mudar de rumo, baseada em meu conhecimento científico e motivada pela necessidade desesperada de mudança, comecei a fazer alguns pequenos ajustes. Achei que se me sentisse melhor em meu corpo, poderia me sentir melhor em minha mente. Mudei minha dieta, parei de comer nos meus amados restaurantes de Nova York e passei a fazer refeições saudáveis. Em seguida, me comprometi a me exercitar com mais regularidade. Levei algum tempo para descobrir uma forma de exercício que eu realmente gostasse e graças a Deus eu moro em Nova York, onde há uma profusão de opções. Por fim, experimentei e adorei uma aula chamada intenSati, que é uma mistura de ioga, dança e aeróbica. Fiquei obcecada. A última coisa que acrescentei à minha vida foi a meditação. Isso também demorou para ser integrado à minha rotina diária. Não posso dizer que estabeleci uma prática regular de meditação da noite para o dia. Mas, à medida que experimentei aplicativos, aulas e sequências simples por conta própria, gradualmente aprendi a meditar — na verdade, o segredo é descobrir o que funciona para você. Não existe uma maneira única de meditar; não há certo ou errado.

Prestei muita atenção em como respondi a esses novos estímulos e monitorei meus resultados. Eu estava criando e coletando meus próprios dados em tempo real. O que observei foi nada menos do que transformacional. Sim, perdi o peso extra indesejado. Sim, comecei a me sentir com mais energia e mais positiva em relação ao meu corpo. Sim, me senti mais calma e focada. Consegui dormir melhor, encontrar tempo para relaxar e não trabalhar *o tempo todo*.

Mas a transformação mais significativa que estava experimentando em tempo real era uma mudança profunda em meu humor e atitude em relação a mim mesma e à minha vida.

Quando decidi fazer uma pausa para tentar entender e analisar essas mudanças em minha vida como se fossem feitas por outra pessoa, algumas perguntas me ocorreram. O que permite que uma pessoa aprenda e cresça mesmo enfrentando experiências mais desafiadoras, enquanto outra é derrotada por elas? O que leva um indivíduo a enfrentar uma situação profundamente dolorosa e lutar para sair dela, e não apenas sobreviver, mas prosperar? O que *me* levou a encarar meus sentimentos muito reais de estar desperdiçando minha vida e tentar fazer algo a respeito? O que me levou a inverter a situação, sem necessariamente saber no que resultaria?

Sempre me considerei sortuda por ter nascido com uma curiosidade natural pelo mundo (o que explica a profissão que escolhi, como professora e pesquisadora). Na verdade, na ciência, usamos o fracasso quase como um teste decisivo em experimentos. Em seu artigo "A Celebração do Fracasso",[1] Joseph Loscalzo, médico e professor de educação médica na Harvard Medical School, ressalta: "O fracasso é, naturalmente, parte do método científico. Todos os experimentos bem planejados são estruturados em termos da hipótese nula, que é a que se verifica com mais frequência do que sua alternativa." Essa familiaridade com o fracasso não era nova para mim — eu simplesmente nunca o havia personificado. Na verdade, nessa onda de ansiedade, fui forçada a enxergar minha situação como uma espécie de fracasso, mas um que eu certamente poderia aprender a entender.

A ciência diz que é possível cultivar esse tipo de reação produtiva em relação aos fracassos, erros ou mesmo o que podemos chamar de má sorte. Nascemos com a capacidade de usar literalmente qualquer coisa que nos aconteça (boa ou ruim) como uma oportunidade de aprender, crescer e expandir nossos horizontes; essa mesma capacidade também pode nos levar a interpretar qualquer coisa que nos aconteça (boa ou ruim) como problemática, assustadora e não confiável. Essa lente através da qual interpretamos e processamos nossa experiência e, o mais importante, nossa crença em nossa própria competência é chamada de *mindset* ou *mentalidade*. Este fascinante e popular tópico de pesquisa é baseado no trabalho de

Carol Dweck,[2] uma psicóloga e educadora de Stanford que, ao longo de anos de pesquisa, identificou que crianças, alunos e adultos demonstram uma de duas formas de pensar — uma mentalidade fixa ou uma orientada para o crescimento.

Dweck estava interessada em entender por que alguns alunos persistem apesar do fracasso ou dos obstáculos, enquanto outros desistem. Ela concentrou sua pesquisa em como os alunos percebem sua competência ou inteligência. Por exemplo, ela descobriu que os jovens que acreditam que a inteligência já está determinada desenvolveram um mindset ou mentalidade fixa e, portanto, terão mais dificuldade em perseverar. Eles também tendem a acreditar que qualquer erro ou fracasso é uma demonstração (prova) de sua inteligência ou competência limitada.

Por outro lado, os jovens que acreditam que a inteligência pode ser aprendida e desenvolvida com esforço tendem a tratar os erros como informações que podem levar a melhores soluções na próxima vez, demonstrando um mindset ou mentalidade de crescimento. Os jovens — e adultos, ao que parece — que são orientados para o crescimento se veem como aprendizes contínuos, capazes de melhorar a si mesmos e as circunstâncias que os envolvem. A boa notícia é que Dweck demonstrou que é possível desenvolver uma mentalidade de crescimento. De modo geral, ela identifica esse processo como tendo quatro etapas específicas:

1) Primeiro, você tem que aprender a ouvir a "voz" do mindset fixo, aquela voz que diz que há um limite para o que você consegue alcançar em qualquer situação.

2) Segundo, você tem que reconhecer conscientemente que tem uma escolha: ouvir essa crença limitadora sob seu próprio poder ou ouvir a voz do mindset de crescimento, que diz que você tem controle sobre sua própria resposta ao estresse.

3) Terceiro, você precisará responder ativamente à voz negativa e autolimitante com uma voz positiva e orientada para o crescimento. Isso pode parecer piegas, mas é uma forma de ensaio e prática. Em vez de dizer: "Eu nunca vou superar essa situação. Não aguento

mais. Desisto. Eu simplesmente sou um fracasso", tente "Esta é uma situação muito estressante, mas sei que vai passar. Posso fazer x, y ou z, o que sei que fará eu me sentir melhor e mais centrado. Então, posso descobrir meus próximos passos."

4) Finalmente, entre em ação. Isso significa descobrir o que fazer. É quando você transforma as palavras em ações e age sabendo que um erro, obstáculo ou feedback negativo é uma informação que orienta seus pensamentos e ações.

Tenho testemunhado muitos alunos ao longo dos anos mudando de um mindset fixo para um orientado ao crescimento. Eles não apenas se tornam alunos mais engajados e motivados, mas também melhoram seu desempenho acadêmico geral. Porém o que é ainda mais relevante para nós e para a ansiedade é como essa mudança de mindset abre a porta para o que chamo de "reversão".

Quando você presta atenção às respostas iniciais ao estresse, à medida que a ansiedade começa a se manifestar, você tem uma escolha: pode deixá-la correr solta ou escolher agir e responder ao estresse de maneira diferente. Esse é o primeiro passo para dominar a ansiedade e aprender a canalizá-la.

Uma parte importante de ser capaz de fazer uma "reversão" na experiência de ansiedade de um viés negativo para algo neutro, ou mesmo positivo, depende de uma decisão consciente. Refiro-me a essa escolha consciente como *mindset ativista*, e ele está associado à própria natureza da plasticidade do cérebro: é uma escolha ativa usar a ansiedade como um catalisador para a mudança, uma forma de reformular a ansiedade, que antes era um problema, e transformá-la em uma lição. Quando você desenvolve um mindset ativista (pense nisso como um mindset de crescimento com um propósito), torna-se capaz de obter mais controle, de cima para baixo, sobre sua atitude e sobre a sua posição quanto aos sentimentos ruins e desconfortáveis associados à ansiedade, mudando tanto a sua experiência dos sentimentos ruins (ou seja, eles tendem a ser menos intensos) *quanto* a sua crença de que é possível canalizá-los de maneiras positivas.

Você conhece aquele aforismo "o que não nos mata nos torna mais fortes"? Ele ressalta um aspecto crucial de um mindset ativista: aprender a confiar que a ansiedade não o matará e saber como concentrar suas forças para superá-la. Essa forma de pensar possibilita que você lide com uma situação, evento ou experiência apesar do desconforto, aprenda com ela e, em seguida, aplique esse novo aprendizado de forma produtiva e construtiva. O poder pleno de um mindset ativista envolve tornar-se mais consciente de como suas atitudes em relação a si mesmo moldam a maneira como interpreta ou avalia eventos ou situações em sua vida. Quando parece que bateram uma porta na sua cara, a ansiedade pode levá-lo a sentir que não há saída; o mindset ativista permite que você dê um passo atrás e procure uma janela.

Quando eu estava no meio da minha crise existencial, meu nível constante de preocupação me manteve focada apenas nas possibilidades negativas: e se eu não conseguisse um cargo efetivo? E se eu fosse demitida sem qualquer aviso do meu cargo de professora? E se eu nunca conseguisse perder aqueles onze quilos extras que ganhei? E se ninguém se importasse se eu perdesse aqueles onze quilos?

A fim de fazer alguma coisa para realmente mudar minha situação, primeiro tive que reconhecer o quanto me sentia mal. Depois de meses e provavelmente anos tentando superar o desconforto ou trabalhando de maneira ainda mais árdua para evitar os sentimentos negativos, tive que admitir para mim mesma que algo estava errado. Parar e me permitir experienciar os sentimentos significava que eu não poderia simplesmente mascarar essas crises de preocupação; tinha que realmente enfrentar meus sentimentos e decidir se queria viver mergulhada neles ou tentar enfrentá-los. Percebi que precisava encontrar uma distração positiva para me dar uma trégua daqueles sentimentos. E descobri que, quando procurava atividades físicas complicadas demais, ficava tão focada no exercício que não tinha chance de pensar em mais nada. Aprendi que é impossível se preocupar com a segurança do seu emprego se você estiver no meio de uma aula de kickboxing que exige cada milésimo de energia do seu cérebro e do seu corpo para acompanhar a coreografia complexa.

Dessa forma, superei alguns desses sentimentos negativos e fui capaz de me dar uma pausa tão necessária. Mas em retrospecto percebo que, mesmo assim, ainda evitava algo muito importante. Minha ansiedade era uma letreiro vermelho piscando que dizia: *Você preci-sa de mais interação social, amigos, amizade e amor em sua vida! Você não é um robô que só trabalha! Preste atenção a todas essas emoções negativas que está sentindo; elas estão enviando uma men-sagem para você! Essas emoções negativas são VALIOSAS!*

Precisei reconhecer que tinha uma escolha: continuar como esta-va ou fazer ajustes. Esse momento foi quando percebi e, o mais im-portante, admiti que não era muito feliz em minha vida. Parte dessa percepção foi que preencher todos os requisitos acadêmicos no cami-nho para a estabilidade e conseguir um "lugar ao sol" em termos de publicações e convites para palestras não resultariam em uma vida feliz. Também tive que enfrentar o fato de que, embora eu estives-se morando em Nova York — minha cidade dos sonhos de toda a vida — repleta de oportunidades de diversão (restaurantes incríveis! Broadway! Uma profusão de museus!), estava sozinha na maior parte do tempo. Essa percepção me fez analisar profundamente minha vida e pensar não apenas no que eu estava fazendo para contribuir com minha ansiedade, mas no que eu não estava fazendo, no que estava perdendo. Férias. Viagens. Amigos. Minha paixão por idiomas. Na época, minha atitude em relação às férias era: "Como atualmente estou solteira, não poderia ter férias DIVERTIDAS de verdade por conta própria, então não preciso planejar nada especial." Essa ati-tude, combinada com minha dedicação total e trabalho árduo, era a melhor maneira de evitar os sentimentos negativos, deixando-me acorrentada à minha bancada de laboratório de uma forma que não era saudável. No entanto, o feedback positivo que recebia das mudan-ças que estava fazendo em outras partes da vida me deu espaço para avaliar minhas opções. Decidi mudar explicitamente minha atitude em relação às férias para: "Como não tenho compromisso com nin-guém, tenho o luxo de ir aonde meu coração desejar, sem ter que me adequar aos interesses ou às preferências de ninguém. Que delícia!"

O que eu fiz? Decidi tirar as férias mais extraordinárias que pude imaginar. E tive a ideia perfeita. Eu havia passado um final de semana em um spa, onde um instrutor de fitness/coordenador de aventuras me contou sobre uma empresa de viagens de aventura para a qual ele trabalhava. A organização levava pessoas de todo o mundo a lugares paradisíacos, onde podiam experienciar aventuras e conhecer a cultura ao mesmo tempo. Pensei: *É isso! Vou sair da minha rotina partindo em uma viagem de férias de aventura espetacular.* Minha primeira aventura foi na Grécia, para um passeio de caiaque no oceano com um grupo de guias maravilhosos e cerca de quinze viajantes aventureiros (incluindo uma viajante solo — eu!). Partíamos de caiaque de uma pequena cidade litorânea para outra, desfrutando de toda a comida deliciosa e fresca, fazendo muito exercício e passeando pelas ruínas gregas. Foi uma viagem espetacular! Que delícia conhecer os viajantes de aventura em um local tão diferente da cidade de Nova York. Essa foi a primeira de uma série de viagens de aventura, que incluiu passeios nas Cataratas Vitória e no rio Zambeze, na fronteira da Zâmbia com o Zimbábue; rafting no rio Cotahuasi, no Peru; e viagens por toda a China.

Lembro-me da liberdade e da alegria que transformaram meses de verão que seriam de apenas mais trabalho, rotineiro e interminável, em um momento só meu, de aventuras emocionantes e novas. Essa foi apenas a primeira modificação em uma longa lista de mudanças de mindset que experimentei depois que consegui assumir o controle nos primeiros sinais de ansiedade. Quando comecei a desvendar o poder dessa mudança de mindset (só mais tarde passei a chamá-lo de mindset ativista), lancei um desafio para mim mesma: será que seria capaz de mudar minha ansiedade em relação ao dinheiro?

Comecei examinando todas as crenças que me impediam de fazer mudanças reais. Se você acredita que unicórnios existem e têm poderes mágicos, então viverá de acordo com esse sistema de crença. Se acredita que o número de horas de trabalho corresponde ao grau de produtividade de uma pessoa, então vive dessa maneira e passa muitas horas trabalhando. Por exemplo, meu medo da falta de dinheiro ao longo da vida (mais alguém?) é fundamentado na minha crença baseada em medo de que é difícil ganhar dinheiro, que é difícil encontrar novas fontes e que o dinheiro é sempre um recurso escasso. O que aconteceria se eu me permitisse identificar evidências de que 1) ganho um bom salário que atende às minhas necessidades; e 2) nunca deixei de pagar minhas contas ou tirar férias quando planejei com antecedência. Ao me lembrar conscientemente dessas realidades, me dou a oportunidade de atualizar as crenças que alimentam minha ansiedade. Quando decidi fundar uma startup de tecnologia baseada em minha pesquisa, imediatamente me deparei com minhas crenças sobre a escassez do dinheiro. Cerca de um ano depois, ficou claro como seria dispendioso começar uma nova empresa; eu teria que investir muito mais do meu próprio dinheiro e de minhas economias do que jamais pensei que faria. Em vez de desistir ou permitir que minha ansiedade em relação ao dinheiro me impedisse de persistir, decidi reformular, remodelar e até mesmo redefinir minhas crenças sobre dinheiro.

Minha nova atitude em relação ao dinheiro agora é mais ou menos assim: *Sou ótima em encontrar novas fontes de dinheiro e sempre tenho opções. Sei que tenho que gastar dinheiro (com sabedoria) para obter produtos e ganhar mais dinheiro, então, felizmente, gasto dinheiro com esse propósito. Sempre haverá dinheiro para as boas ideias, e acredito na minha ideia e acredito que haverá financiamento disponível para apoiá-la.*

Veja como minha atitude mudou:

Mindset Antigo	Novo Mindset Ativista
Tenho pouco dinheiro	Tenho bastante dinheiro
Estou sozinha	Tenho uma enorme rede de pessoas para me ajudar
Preciso fazer todo mundo feliz	Focar meus objetivos é o melhor caminho para crescer
Tenho vergonha de meus fracasssos	Eu aprendo e cresço com cada fracasso em minha vida
Só o trabalho ininterrupto pode levar ao sucesso	Alegria, risadas e diversão são a melhor forma de recarregar o cérebro para sua plena capacidade
Tenho poucos amigos de verdade	Tenho muitos amigos maravilhosos

Eu precisava encontrar uma maneira de deslocar meu foco do medo de arriscar dinheiro para o medo dos riscos, mas também acreditar que valia a pena incorrer nesses riscos, pois eu tinha recursos confiáveis e acesso a capital.

Perceber que tinha o poder de aplacar minha ansiedade em relação ao dinheiro foi uma guinada para mim. Experimentei uma incrível sensação de alívio e controle. Fui capaz de identificar crenças que prejudicavam minha capacidade de avaliar uma situação de maneira precisa e, em seguida, mudar essas crenças para outras que poderiam me ser mais úteis. Cada vez que eu fazia isso, era como se meu mundo se expandisse. Isso não quer dizer que basta eu estalar os dedos e de repente materializo todo esse dinheiro em minha vida — claro que não é tão simples! Mas o que fui capaz de fazer foi derrubar as paredes que me impediam de nem sequer tentar alcançar os objetivos que desejava. Cultivar um mindset ativista exige reflexão, compromisso e consciência contínuos e disposição para tolerar o desconforto. Não é que minha ansiedade em relação ao dinheiro tenha desaparecido, mas continuo tentando e colho os benefícios ao fazer isso.

À medida que consegui aliviar minha ansiedade negativa e comecei a cultivar mais ativamente um mindset ativista, também passei a entender a "verdadeira" função da minha ansiedade: ela é um sistema de alerta. Minha ansiedade era desencadeada quando minha vida começava a se aproximar dos patamares impostos por minhas crenças limitantes — quando assumia riscos, sonhava grande, ousava sair da minha zona de conforto. Quando parei para analisar o que de fato era minha ansiedade, vi que pareciam crenças desatualizadas e inúteis: o medo/ansiedade que eu sentia sobre o quanto eu precisava investir para fundar uma nova startup nasceu do fato de que eu acreditava que o dinheiro sempre foi um recurso escasso. A ansiedade e o nervosismo que sentia ao planejar férias de verdade vinham de minha evitação de todos os sentimentos negativos. Minha ansiedade era um sinal de que meus planos e sistemas de crenças estavam fora de sincronia.

O sistema de alerta de ansiedade nunca vai embora, mas comecei a perceber como poderia usá-lo a meu favor.

· JARED: ABANDONANDO A ANSIEDADE NEGATIVA E ASSUMINDO UM NOVO MINDSET ATIVISTA ·

Você se lembra de Jared, estagnado e morando na casa dos pais dois anos depois de se formar, imobilizado pela ansiedade e pela depressão? Seu primeiro passo para sair da paralisia de análise foi quando seus pais lhe deram um ultimato — conseguir um emprego ou se mudar. Eles também o lembraram de que ele tinha escolhas, opções. Que ele era capaz de manter um emprego, mesmo que não fosse o que ele sonhou quando estava na faculdade.

O empurrão de seus pais mexeu com algo bem no fundo de Jared: ele ficou bravo. Primeiro, veio a raiva que ele sentiu dos pais e uma atitude de "Vou mostrar a eles". Mas então, enquanto procurava empregos online, ele ficou ainda mais irritado. Ele era inteligente, era engenhoso. Estava estagnado? Sim. Era capaz de descobrir algo para fazer? Sim.

A imposição de pais também o forçou a reconhecer o quanto ele se sentia envergonhado por não ter um emprego e por não ter um rumo na vida. Mas dessa vez, em vez de mergulhar no sentimento de vergonha, ele se agarrou à raiva como se fosse um bote salva-vidas. E de certa forma, foi.

Jared lembrou que a mãe havia mencionado um programa de voluntariado na Costa Rica, onde voluntários eram treinados para construir casas e ensinar inglês ao mesmo tempo. Era um compromisso de um ano e Jared tinha formação de espanhol. Ele pesquisou rapidamente o programa, preencheu um formulário online e foi aceito. Parecia uma boa opção. Embora se sentisse apavorado e muito ansioso, ele também acreditava que era capacitado para o trabalho; então, se obrigou a sair de casa e entrou no avião. Ele se sentia sozinho e desesperado, mas esses sentimentos não eram tão intensos quanto a vergonha da estagnação e de ainda morar no porão dos pais.

Assim que Jared desceu do avião na capital San Jose e conheceu alguns de seus compatriotas do programa, começou a sentir que estava voltando à vida. Os sentimentos sombrios e depressivos que pareciam envolvê-lo como um cobertor frio e úmido começaram a se dissipar. Nos seis meses seguintes, Jared começou a se ajustar. Sua ansiedade e depressão não desapareceram, mas, nesse novo ambiente, ele foi gradualmente desenvolvendo tolerância ao próprio desconforto. Envolveu-se com as famílias, com a cultura, com a aldeia. Seu trabalho era fisicamente desgastante — ele fazia parte de uma pequena equipe que literalmente ajudava a construir casas em um vilarejo remoto nas colinas da Zona Norte da Costa Rica. Mas o trabalho exigia duas coisas que Jared precisava desesperadamente: o esforço físico para despertar seu corpo e redirecionar sua atenção de si mesmo e de suas dificuldades de trabalho/moradia/vida para as outras pessoas.

À medida que ele se tornava mais ativo fisicamente (era uma caminhada de dez horas apenas para chegar ao vilarejo remoto onde ele trabalhava), podia sentir o nível de energia dos tempos de colégio e faculdade voltando, a melhora do humor e uma sensação de que sua vida não era de todo ruim. E o mais importante, ele não estava mais tão ansioso a respeito de tudo. Ele também se beneficiou da maior interação social exigida pelo trabalho. Seus afazeres envolviam conversar com as crianças (afinal, ele estava ensinando inglês) e se comunicar com os colegas durante o tempo que passavam construindo estruturas habitacionais para a comunidade. Essa interação social lhe deu um feedback positivo: ele era valorizado, seu trabalho era significativo. E com esse feedback ele foi capaz de reconsiderar seu próprio valor de forma consciente.

Jared deu uma guinada de 180 graus: se lançar em atividades físicas, emocionais, cognitivas e sociais relevantes lhe forneceu não apenas um novo significado e propósito, mas lhe possibilitou fazer uma mudança muito consciente em seu mindset. Ele tinha uma forte lembrança do tempo que morava com os pais, do medo de não encontrar nada significativo para fazer na vida, da ansiedade com a crescente pressão dos pais para ele se mudar e da desesperança alimentada pela ansiedade do mal. Ele agora era capaz de usar as emoções negativas para ajudar em sua transformação. Em contraste, na Costa Rica ele tinha um propósito empolgante, novo e inspirador. Em vez de ver um futuro de estagnação no porão dos pais, ele pôde vislumbrar uma carreira como professor, ou em organizações de caridade, ou até uma combinação de ambas, se abrir diante de seus olhos. Em vez de não ter ideia de que rumo sua carreira tomaria após a faculdade, ele sabia que seria um professor excelente e atencioso. Em vez de se sentir isolado sem amigos íntimos para apoiá-lo, pôde perceber que, naquela comunidade de professores dedicados e socialmente engajados, ele havia encontrado sua tribo. Por ter feito uma mudança tão drástica e quase instantânea em sua vida, Jared conseguiu perceber que, com a diminuição da ansiedade negativa, foi capaz de realmente empregar um novo mindset (na verdade, em geral, isso leva mais tempo) para si mesmo e sua vida. E isso transparecia em seu rosto, em sua atitude, em suas relações pessoais e profissionais e em sua nova relação consigo mesmo. Foi uma coisa linda de se ver.

Então, quais novos circuitos cerebrais estavam sendo ativados em Jared? Qual era o motivador para abandonar a ansiedade negativa e para a mudança de mindset que isso resultou?

Da perspectiva da neurociência, sabemos muito sobre os circuitos cerebrais ativados na ansiedade.[3] Antes de Jared chegar à Costa Rica, provavelmente havia forte ativação da amígdala, amplificada por uma parte essencial do lobo frontal chamada córtex cingulado anterior dorsal, entre outras áreas cerebrais interconectadas associadas aos sentimentos de ansiedade e depressão. Depois que Jared foi recebido por sua nova comunidade na Costa Rica, sua amígdala, o córtex cingulado anterior dorsal e o córtex pré-frontal ventromedial começaram a se acalmar. A dramática mudança de cenário para Jared literalmente mudou suas ativações cerebrais para melhor. Os gatilhos negativos do antigo ambiente foram removidos, e os estímulos novos e positivos foram capazes de ativar seu sistema nervoso. A mudança em seu ambiente agiu como um novo estressor positivo que diminuiu sua ansiedade e despertou uma nova consciência de seu próprio estado emocional.

Também veríamos que seu córtex pré-frontal e seu córtex cingulado anterior estariam mais ativos e que, em geral, havia muito mais interatividade entre as regiões do cérebro. Era como se as emoções positivas agissem como um lubrificante em um motor enferrujado, trazendo Jared de volta à vida.

No caso de Jared, ele encontrou um caminho rápido para mudar sua ansiedade porque:

1) Sua atividade física aumentou, e o exercício possibilitou que seu corpo eliminasse fisicamente algumas substâncias químicas ligadas ao estresse que estavam presas nele.

2) Ele se deslocou para um ambiente completamente novo que não continha mais nenhum de seus velhos e consolidados gatilhos de ansiedade, então foi capaz de criar respostas.

3) Ele aumentou os estímulos sociais, o que o fez se sentir mais conectado com os outros; isso, por sua vez,

liberou oxitocina, um hormônio que proporciona o sentimento de felicidade.

4) De repente, ele se envolveu em atividades que o faziam se sentir uma pessoa de valor, mudando sua perspectiva sobre o propósito de sua vida e sua capacidade de contribuir para o mundo.

Além disso, Jared se tornou *consciente* de que esses ajustes o ajudaram a mudar profundamente sua vida. Como essa mudança aconteceu de forma muito rápida, ele pôde comparar as crenças limitantes que inundavam sua mente antes de se mudar para a Costa Rica (*Nunca vou encontrar um emprego. Nunca terei um lugar para morar que seja mais agradável do que o porão dos meus pais. Estou sozinho. Não tenho ideia do que quero fazer da minha vida*) com um mindset ativista drasticamente diferente, que o levou a afirmar que havia encontrado um rumo na vida, encontrado a tribo da qual queria fazer parte e que tinha o talento natural e a energia para transformar isso em uma carreira empolgante. Na verdade, ele reconheceu o novo sistema de crenças dos tempos felizes de colégio e faculdade. Ele só precisava encontrar uma forma de abandonar a ansiedade negativa que o dominou (e descobrir esse programa na Costa Rica) para permitir se conectar com um lado de si mesmo que sabia como usar um mindset ativista para vencer as inseguranças e a indecisão.

Não estou dizendo que Jared não terá que lidar com fracassos ou que viverá livre de dúvidas, medos ou ansiedade pelo resto de seus dias; muito provavelmente, Jared sempre será um pouco mais voltado para o lado ansioso — e isso é normal. Mas, ao ouvir o que a ansiedade estava lhe dizendo, foi capaz de se lançar em uma situação nova que aliviou a fonte de ansiedade — suas inseguranças, dúvidas e medo de não saber o que fazer. Sair do local que ativava sua ansiedade foi o pontapé inicial em seu aprendizado para canalizar a ansiedade e viabilizar a mudança, e a consciência dessa mudança é a base de seu mindset ativista.

· REAVALIANDO NOSSAS ATITUDES ·

Um mindset de crescimento utiliza o ato de reavaliação que discutimos na Parte Um. Quando reavalia uma situação, você exercita o que os neurocientistas chamam de *flexibilidade cognitiva* — enxergando a mesma situação sob uma luz diferente. Essa flexibilidade pode ser a diferença entre se sentir aprisionado e sem saída em uma situação e ser capaz de encontrar soluções criativas para resolver um problema. Para muitos, a ansiedade pode surgir da sensação de inevitabilidade em torno de um determinado resultado, uma sensação de que não há como resolver um problema, remediar um constrangimento ou evitar um desfecho ruim. A reavaliação é uma ferramenta poderosa a ser usada em ocasiões específicas para permitir que você comece a desmembrar as situações que desencadeiam a ansiedade, uma a uma, e a lidar com elas de uma maneira diferente. A reavaliação pode ajudá-lo a enxergar a situação sob uma perspectiva diferente, assim como uma demão de tinta pode transformar um ambiente. Nesse caso, adotar um mindset ativista requer a prática para pensar em emoções negativas, tal qual a ansiedade, como informação — essa escolha nos ensina a "enxergar" nossos sentimentos em vez de simplesmente sucumbir a eles. Na primeira vez que percebi que estava presa em uma ansiedade negativa, como se estivesse diante de uma parede de tijolos, notei que havia uma diferença entre como eu me sentia e o que era real. Isso foi o espaço mental suficiente para eu acionar o modo cientista e começar a analisar meus sentimentos como algo apartado de mim mesma. Esse é o começo da adoção de um mindset ativista e do ato de transformar a ansiedade negativa em positiva.

Usar um mindset ativista para reavaliar pode, na verdade, ser o começo da mudança de atitude em relação à situação para torná-la algo, de fato, produtivo. Pesquisas neurocientíficas recentes que se aprofundam nos fundamentos cerebrais para a atitude e a avaliação ajudam a esclarecer esse tópico fascinante. Por exemplo, um estudo de Stanford demonstrou que atitudes mais positivas sobre o desempenho em matemática em crianças em idade escolar não estavam apenas associadas a um melhor desempenho na matéria, mas também a níveis mais altos de atividade no hipocampo ao resolver problemas matemáticos. Em outras palavras, ter uma atitude positiva e confiante nos torna mais funcionais — nos âmbitos emocional e cognitivo. Por outro lado, vários outros estudos mostram que a depressão, a ansiedade e as atitudes negativas em geral levam a um desempenho inferior. Embora a correlação não signifique necessariamente causalidade, uma interpretação possível é que as atitudes positivas em relação à matemática contribuíram para o melhor desempenho na matéria (e uma ativação mais intensa do hipocampo).

Importantes estudos de William Cunningham[4] e colaboradores sugerem que temos a capacidade de mudar nossas atitudes, que é exatamente o que o mindset ativista nos incita a fazer como forma de nos ajudar a mudar nossas avaliações. Cunningham chama isso de modelo de reprocessamento iterativo (RI). Essa é uma maneira sofisticada de dizer que, em um mundo complexo, estamos sempre usando novas informações para reavaliar e/ou mudar nossas atitudes sobre tópicos específicos. Por exemplo, Lance Armstrong é um herói, por ter sobrevivido ao câncer e dado esperança e muito dinheiro para ajudar a apoiar outros sobreviventes de câncer, ou é o vilão número um do mundo do doping? Essas avaliações são moduladas com base nas informações atuais ou no modelo usado para a avaliação (ou seja, câncer versus doping). Nossas atitudes são processadas por uma rede de áreas centradas no córtex orbitofrontal e são moduladas por informações processadas e avaliadas no córtex pré-frontal lateral. Essas atitudes podem ter um efeito positivo ou negativo em nosso comportamento, e está totalmente em nosso poder decidir que efeito elas têm.

· O PODER DO EFEITO DE CONTRASTE NEGATIVO ·

O efeito de contraste negativo, observado pela primeira vez por Leo Crespi em 1942,[5] é um fenômeno que os psicólogos usam para descrever como algo pode parecer mais atraente quando comparado a algo significativamente menos atraente. Eis um exemplo simples de como um efeito de contraste negativo pode funcionar na vida real — na minha, em especial. Essa experiência aconteceu quando eu estava dando minha primeira palestra científica "real" como estudante de pós-graduação em uma prestigiosa conferência de aprendizagem e memória na Universidade da Califórnia, em Irvine. Eu havia praticado horas e horas, certificando-me de saber minha palestra de cor; no entanto, ainda estava muito nervosa. Minhas mãos estavam suadas e eu podia sentir meu coração disparado. Minha mente foi tomada por um turbilhão de pensamentos sobre tropeçar no palco e esquecer minhas falas. O aluno que se apresentou antes de mim (nessa sessão as apresentações eram todas de alunos) claramente não havia praticado sua palestra. O pobre coitado não era fluente nas informações de seus slides e se atrapalhou com a coisa toda; todos, inclusive eu, estavam aflitos para que a apresentação terminasse e o seu (e o nosso) sofrimento chegasse ao fim. Mas vê-lo se atrapalhar também me fez perceber que eu estava muito mais bem preparada do que pensava; eu *tinha* revisado meus slides repetidamente; eu *tinha* praticado minhas falas. Percebi que o patamar para atingir o sucesso era um pouco mais baixo do que eu imaginava. Fui a próxima a falar. Comparada à apresentação do pobre coitado, a minha parecia o ponto alto do dia. Recebi muitos comentários positivos em minha primeira palestra científica. A experiência até me proporcionou um novo mindset sobre falar em público: sou uma excelente oradora.

É isto o que o contraste negativo é capaz de fazer: ajudá-lo a reavaliar que a situação é na verdade muito melhor do que deveria e possibilitar que você passe a ver o lado bom em quase todas as situações. Em vez de apenas olhar para o cenário ideal e se preocupar com a possibilidade de nunca alcançá-lo, o contraste negativo permite imaginar o pior cenário possível e perceber o quão melhor você já está. Sim, foi extremamente importante que eu tivesse gastado tempo e energia para garantir que estivesse bem preparada, mas o contraste negativo (a apresentação do outro cara), combinado com o feedback positivo que recebi, consolidou uma forte crença positiva em minhas habilidades de falar em público, que perdura até hoje. Considere isto como algo semelhante ao treinamento do "pior cenário": a nova avaliação de uma situação que parecia muito ruim se torna tolerável porque não é o pior cenário possível.

....

Jared também se beneficiou de um efeito de contraste negativo impressionante. Por causa da diferença marcante entre os ambientes (ou seja, o porão da mamãe versus um vilarejo remoto na Costa

Rica), Jared conseguiu perceber facilmente como se sentia mal quando ainda vivia no porão dos pais em comparação com o quanto sua vida estava melhor agora. A inquietação, o nervosismo decorrente da falta de sono e o desconforto crônico por não ser capaz de tomar uma decisão eram lembretes tangíveis de como ele estava paralisado e ansioso. Embora a vida na Costa Rica lhe impusesse todo tipo de novos desafios, ele os considerava empolgantes por causa da melhoria que representavam em relação à situação em que se encontrava antes. Essas memórias viscerais formaram o que é conhecido como uma linha de base interna que possibilitou o efeito de contraste. Ele estava hiperconsciente do feedback positivo que recebia das crianças e das famílias as quais foi contratado para ajudar, e também extremamente sensível ao bem-estar que sentia ao praticar atividades que o tiravam da zona de conforto. Essa consciência fez com que ele se sentisse mais seguro e confiante em sua capacidade de enfrentar novos desafios.

E é exatamente essa consciência e motivação que fomentaram sua mudança definitiva de mindset, não apenas como uma correção temporária, mas de uma forma da qual ele pudesse se apropriar — agora e para sempre.

· ANNE: COMO CULTIVAR UM MINDSET ATIVISTA ·

Anne é uma jovem de 78 anos. Californiana nativa, ela joga tênis o ano todo, é ativa no mercado imobiliário, nada e pratica ioga. Sai três ou quatro noites por semana — janta com um ou dois amigos, vai à biblioteca para ouvir um orador interessante, ao cinema ou ao teatro. Ela sempre amou ser fisicamente ativa, gosta de como isso a faz se sentir saudável, com energia e "em plena forma". Mas agora algo começou a mudar; ela costuma ficar irritada, se sentir facilmente sobrecarregada por situações que antes tirava de letra e, o pior de tudo, sente que não pode fazer nada a respeito de sua situação. Mesmo tendo duas filhas que a amam e querem cuidar dela, Anne as repele, ressentida com a intrusão. As filhas tentam convencê-la de que ela precisa diminuir o ritmo.

Anne insiste: "Sempre fui assim. É assim que eu sou." Mas em momentos mais reflexivos, sabe que algo está acontecendo. Percebeu que ultimamente precisa se arrastar porta afora; se irrita com convites e se aflige ante os compromissos de sua agenda. Anne continua a acreditar que toda essa atividade é boa para ela — essa tem sido exatamente a estratégia que funcionava havia décadas. Ela teve que permanecer ativa para controlar a ansiedade. Sim, ela admite, seu corpo e cérebro estão ficando mais lentos devido ao envelhecimento, mas se ela abandonar qualquer um desses hábitos infalíveis e começar a mudá-los, sua vida mergulhará no caos. Na verdade, ela está com medo de parar de se movimentar.

Provavelmente é fácil para alguém de fora perceber que Anne se beneficiaria ao desacelerar um pouco: descansar mais, equilibrar a atividade física com exercícios de relaxamento, não se obrigar a sair à noite com tanta frequência. Mas o que a deixou paralisada é a crença de que suas atividades definem quem ela é. Se parar, ela não vai simplesmente desmoronar? Então Anne segue em frente, com medo de fazer qualquer mudança.

Ela sempre se apoiou nesses hábitos — exercícios, uma vida social agitada e um trabalho envolvente — para se sentir determinada e centrada. Anne não os associava com a diminuição de sua ansiedade ao longo dos anos em que mantinha uma agenda atribulada. Mas agora que seu nível de atividade está sendo ameaçado, ela se sente ansiosa, como se perdesse o controle da própria vida. Manter-se ocupada a ajudou a lidar com a ansiedade por anos, protegendo-a contra o estresse. Agora ela precisa diminuir o ritmo e prestar atenção ao que essas mudanças estão lhe dizendo: ela está mais ansiosa.

Como muitos de nós, Anne não queria admitir que se sentia ansiosa. A concepção que tem de si mesma era bastante embasada em se sentir física e emocionalmente vigorosa e equilibrada. Mas quando Anne adoeceu, com pneumonia, finalmente foi forçada a desacelerar. Sim, ela se sentia péssima; mal conseguia levantar a cabeça do travesseiro e, durante duas semanas, tudo o que queria era dormir. Mas essa desaceleração forçada tinha um lado positivo: obrigou Anne a admitir como se sentia fraca e ansiosa há algum tempo.

Para Anne, o surto de ansiedade foi um sinal de alerta de que era hora de mudar. Ela odiava se sentir tão esgotada e decidiu que o argumento das filhas era válido; o que costumava ser bom não parecia mais. Ela decidiu experimentar desacelerar um pouco. Sua doença lhe deu uma boa desculpa. Notou que as horas extras de sono profundo que acompanharam sua recuperação a fizeram se sentir um pouco melhor a cada dia. Ela também decidiu explorar a quantidade de sono que a faria se sentir melhor quando estivesse totalmente recuperada, em vez de apenas retomar os velhos hábitos. Percebeu que realmente sentiu um alívio por não ter que sair com os amigos o tempo todo, assistir a palestras, frequentar jantares e festas de gala. Ao se distanciar um pouco de suas atividades, ela conseguiu reavaliar se as enxergava como de fato eram ou pelo que significavam antes de sua situação mudar. Ela se permitiu perceber que o tempo de inatividade era bom e a ajudava a se sentir mais forte. Decidiu que, em vez de retomar sua agenda social, escolheria os eventos pelos quais realmente estava animada para participar, o que reduziria, automaticamente, o número de compromissos em sua agenda. Anne começou a sentir vontade de voltar à atividade física regular e acreditou que era um bom sinal, mas também decidiu que sua estratégia seria encará-la como experimental, em vez de obrigatória. Adicionaria lentamente o tênis, um dia de cada vez, e deixaria seu corpo lhe dizer quantos jogos por semana eram suficientes.

....

Nesse caso, Anne foi forçada a *re*aprender uma lição valiosa: somos seres em constante mudança e precisamos estar sempre sintonizados às mudanças para nos adaptarmos. Tentar seguir obstinadamente uma velha rotina só porque sempre fizera assim estava prejudicando Anne, mas seu medo a impedia de fazer uma pausa para reavaliar e reformular um plano. Ela descobriu uma ideia essencial por trás de um mindset ativista: *quando acredita que é capaz de se adaptar, você se sentirá prosperando enquanto se adapta*. Suas filhas não conseguiam acreditar na mudança de Anne — ela sempre foi uma força da natureza, e ainda era, mas o novo elemento de autoconsciência profunda, otimismo e sua crença de que ainda era capaz de aprender lhe deram mais confiança para tornar sua vida maravilhosa — especialmente na idade madura de 78 anos. Na verdade, Anne conheceu outra vantagem do superpoder do mindset — o poder da autoexperimentação. Ela descobriu que quando ouvia seu corpo e tentava coisas diferentes para otimizar sua resposta, não apenas sabia do que seu corpo precisava, como também se sentia mais no controle da própria saúde. No final, esta constatação pode ter sido o melhor presente que ela poderia se dar: "Ninguém vai me chamar de cachorro velho que não consegue aprender novos truques."

· NÃO BASTA SILENCIAR A LISTA DE "E SE" ·

Às vezes, os mecanismos de enfrentamento aos quais recorremos podem nos dizer muito sobre o quão bem — ou não — estamos lidamos com o estresse da vida diária. É importante ter em mente que há uma diferença entre mecanismos de enfrentamento que apenas mascaram o problema e não fazem nada para solucioná-lo e mecanismos de enfrentamento saudáveis, que adaptamos intencionalmente ao longo do tempo porque nós, ou nossas circunstâncias, mudamos. Para acessar seu mindset ativista, é preciso ser objetivo e positivo. Também requer o desenvolvimento da consciência de seus gatilhos de ansiedade e dos sentimentos negativos decorrentes.

Veja, por exemplo, a situação de Liza. Você deve se lembrar de como ela corria todas as manhãs antes de ir para o escritório, arrastava-se para o trabalho e, em seguida, terminava o dia desabada no sofá, com uma garrafa de vinho vazia ao lado. Em seus dias bons, ela conseguiu se safar com essa rotina. Mas, com o tempo, esses mecanismos de enfrentamento deixaram de ser tão eficazes. Na verdade, era como se ela tivesse atingido um obstáculo, no qual suas estratégias de ataque agora interferiam em sua vida. Sentia-se um fracasso. E o feedback que recebia no trabalho era péssimo: "Você acaba com o ânimo de todo mundo"; "é controladora demais"; e "é severa com todos ao seu redor".

Liza mal conseguia se reconhecer. Sabia que não se sentia bem, mas não sabia por que — e temia que, se olhasse muito de perto para o problema, seu mundo inteiro desmoronasse irremediavelmente. Ela acordava no meio da noite com uma longa lista de "e se" — tudo em que conseguia pensar que pudesse dar errado no trabalho. Ela se sentia um pouco paranoica em relação aos colegas, imaginando que pessoas diferentes puxavam seu tapete ou tomavam seus projetos. O único alívio dos pensamentos obsessivos vinha no final do longo dia de trabalho, quando voltava para casa, para seu vinho. Por duas ou três breves horas, o álcool afastaria todas as dúvidas sobre seu desempenho no trabalho, todas as preocupações de que um erro pudesse significar a perda do emprego e todos os medos sobre o futuro. Era como se ela tivesse silenciado seus problemas.

Suando e com o coração acelerado, ela se perguntava: *O que aconteceu com minha confiança? Por que me tornei uma megera enfurecida?* Sua irritabilidade e sua dificuldade em controlar-se eram um sinal claro de que algo estava mudando.

Para voltar aos trilhos, ela teve que começar reconhecendo como seus comportamentos não a estavam mais ajudando com a ansiedade; ela teve que admitir que precisava parar de beber ou diminuir a quantidade. Em seguida, ela procurou apoio para ajudá-la a entender como e quando sua ansiedade começou a se tornar grande demais para suportar. Finalmente, quando Liza começou a eliminar o vinho à noite, passou a dormir melhor. Esse primeiro passo foi fundamental porque acalmou seu sistema nervoso e lhe proporcionou mais equilíbrio. A partir dessa posição mais estável, Liza foi capaz de considerar o que precisava reavaliar em seu ambiente. Ela sabia que estava em uma situação difícil no trabalho. O que Liza queria mais do que tudo era aquele turbilhão de excitação, aquela emoção de amar seu trabalho e que impulsionava seu corpo. A alegria que ela obteria trabalhando em uma equipe produtiva. Então, ela pediu a seu chefe que a colocasse em um novo projeto, com um novo grupo — isso lhe possibilitaria apertar o botão de reinicialização na forma como estava trabalhando. Liza também perguntou ao chefe se poderia fazer algum treinamento de desenvolvimento profissional externamente, com um coach particular. Essas mudanças reacenderam seu interesse e sua motivação no trabalho. O coach ajudou Liza a identificar como redefinir seu mindset poderia transformar completamente sua vida profissional. Por exemplo, Liza foi capaz de perceber que nem sempre foi tão dura consigo mesma e que o diálogo interno negativo estava contribuindo para seus sentimentos de frustração e medo no trabalho. Mudar seu mindset possibilitou uma atitude mais amável e gentil em relação a si mesma e a seu desempenho e objetivos no trabalho. Como um bônus, essa nova atitude se expandiu naturalmente para todos ao seu redor no ambiente profissional. Ela aprendeu como adotar um estado de espírito mais aberto: não se sentia mais tão compelida a controlar todos os aspectos de seu dia de trabalho para não ser considerada menos valiosa. Nem sempre precisava estar no comando. Ela também pôde aprender a relaxar e ouvir.

Nossa visão de vida e atitude em relação à nossa própria experiência são facetas importantes de nosso bem-estar, saúde e felicidade em geral. Ao considerar o que deseja mudar em sua atitude em relação a si mesmo e à sua vida, experimente um ou mais dos truques a seguir. Permita-se experimentar de mente aberta, adotando a posição de um cientista. E acredite que, muito provavelmente, ao assumir essa nova postura otimista, você se sentirá melhor. Essa recompensa por si só reforçará uma nova rede de atitudes que melhoram a vida. Em essência, Liza criou um mindset ativista.

· UMA ROSA AINDA É UMA ROSA SE A CHAMARMOS POR OUTRO NOME ·

Enquanto escrevia este capítulo, me perguntei: "É possível ressignificar demais?"

Estava pensando em minha amiga Celine, uma brilhante jornalista, autora e empresária que uma vez me disse que nunca havia tido um artigo rejeitado em toda sua vida.

"Uau", respondi com um tom um tanto irônico, "eu sabia que as pessoas que foram para Harvard eram muito inteligentes, mas não fazia ideia de que tinham poderes mágicos como este!".

Ela rapidamente explicou que nunca havia sido rejeitada porque, toda vez que um artigo foi submetido para análise, isso resultou em um avanço positivo. Ou seja, ela criou uma conexão mais profunda com um editor; obteve algum feedback útil (incluindo "Prezada Celine, seu artigo é um monte de m***a. Atenciosamente, o Editor") ou descobriu um novo rumo para o artigo em si. Ela via cada um desses resultados como uma "vitória", e NÃO uma rejeição.

Essa é uma reformulação poderosa. Mas isso me fez questionar: é possível ressignificar demais? Uma ressignificação excessiva pode se transformar em uma ação para "enganar a si mesmo", a um ponto em que seus amigos e familiares têm o desejo de intervir? Eu me fiz essas perguntas porque acredito que aprendo mais com meus fracassos e rejeições do que com meus sucessos absolutos. Claro, o sucesso parece muito melhor, mas apenas reforça os mesmos dados: o que está funcionando bem. Como cientista, alguém que precisa formular pedidos de financiamentos, palestrante contratada e agora empresária, adoro quando tenho sucesso — mas sei que aprendo com o fracasso. Ressignificar é uma ferramenta para enxergar os fracassos através de lentes construtivas, não apagá-los a ponto de não conseguir aprender com eles. No fim das contas, gosto de rotular um êxito como um êxito e um fracasso completo como um fracasso completo — de qualquer forma, ambos são um reflexo de como eu trabalho, embora não sejam um reflexo de meu valor total como pessoa. Enquanto me permito sentir a dor de um fracasso, rejeição ou negociação que não deu certo, tento me concentrar no que esse fracasso pode me ensinar: o que eu entendi? Como devo modificar meu plano atual ou rever minha meta? Dessa forma, posso usar experiências negativas como ferramentas de aprendizagem, mas ainda me permito sentir toda a gama de minhas emoções.

· COLOCANDO O MINDSET ATIVISTA A TODO VAPOR ·

Um mindset ativista não é um dom secreto que apenas algumas pessoas de sorte têm. É, na verdade, uma habilidade que se aprende com a prática ao longo do tempo. E, como qualquer hábito, quanto mais o praticamos, mais forte e automático ele se torna. O elemento *prática* é exatamente o motivo pelo qual aqueles que sofrem de ansiedade têm uma vantagem clara em desenvolver esse superpoder. Por quê? Porque a reavaliação só é possível quando você está ciente do que não está funcionando, e a ansiedade é a emoção que identifica exatamente isso.

Uma fonte obstinada de ansiedade, para mim, costumava ser o medo de ser vista como eu realmente era. Sentia que, se demonstrasse quaisquer imperfeições, inseguranças ou aspectos negativos, não seria aceita ou mesmo bem-sucedida. Era um medo difícil de erradicar porque fazia parte de como eu pensava sobre mim; se eu deixasse transparecer alguma rachadura, a casa inteira poderia desabar. Em vez de admitir esse medo, eu me esquivava — um tipo clássico de comportamento evasivo. Como eu fazia isso? Apenas usava o velho ditado "finja até se tornar realidade" e dizia a mim mesma que meu "fingimento" se transformaria em "realidade" se eu acreditasse o suficiente. O problema para mim é que me tornei muito boa em mascarar a frustração, a raiva e a discordância, em vez de me concentrar em comunicá-los de forma clara e autêntica. Meu medo real era que ninguém quisesse conhecer o meu "verdadeiro" eu, com toda frustração, raiva, reclamação e imperfeição que vêm com a vida real.

Também percebi que parte da minha própria forma de ansiedade negativa vinha de não me permitir expressar nenhuma dessas emoções negativas, bastante naturais, e, em vez disso, apenas reprimi-las ou extravasá-las em situações muito específicas. Eu precisava perceber que estava fazendo isso comigo mesma, porque não havia quaisquer consequências reais em expressar esses sentimentos negativos. Demorei para reconhecer que não era saudável não me permitir expressar essas emoções negativas em público. Não estou falando sobre ter um acesso de raiva, e sim de expressar raiva normal se algo não der certo ou se um colega ou sócio for um idiota — é claro que tenho o direito de ficar com raiva e frustrada. Admitir que às vezes ficava zangada com um colega ou mesmo com minha mãe foi um grande passo para aceitar tudo ao meu respeito, até mesmo minha ansiedade. Também me possibilitou perceber que essas emoções negativas não eram um deficit, mas, na verdade, me forneciam informações sobre relacionamentos e situações que precisavam de mais atenção.

Demorou um pouco para perceber a profundidade com que reprimi essas emoções negativas e que, ao fazê-lo, reprimi a mim mesma. Mas agora tenho um mindset muito mais saudável em relação às minhas emoções e ao modo como expressá-las para, dessa forma, revelar meu verdadeiro eu emocional ao mundo.

Agora considero esse insight um de meus superpoderes. Não há melhor motivador para lhe dizer no que precisa trabalhar do que seu próprio conjunto de gatilhos de ansiedade. Eles podem ser um caminho para algumas das melhores realizações e mudanças que você pode fazer em sua vida hoje.

A ansiedade nos abastece de razões para recrutar nosso mindset ativista de maneiras simples e, também, mais abrangentes. Ao permitir-nos espaço para observar nossos sentimentos negativos, nossos medos, nossas inseguranças, estamos na verdade nos dando a chance de identificar maneiras de fortalecer nosso alicerce. Empregar um mindset ativista para examinar a ansiedade com a intenção de desenvolver essa habilidade o levará ao status de superpoder. Pense nos perfis mostrados neste capítulo. A ansiedade de Anne dizia que ela precisava reexaminar sua agenda e, ao ignorar essa ansiedade, acabou adoecendo. Apenas quando foi forçada a desacelerar é que ela pôde engajar seu mindset ativista para ver que sua tolerância a atividades sociais e físicas estava mudando. Depois da doença, ela teve que reorientar esse mindset para o presente e percebeu que o que estava funcionando para ela agora era diferente do que funcionou muito bem cinco ou até dez anos antes. Ela desenvolveu o verdadeiro superpoder de um mindset ativista, que gosta de empregar sempre que quiser. Jared aprendeu que, ao se distanciar das emoções negativas, foi capaz de reformular sua percepção de si mesmo. Liza também precisava se dar permissão para enfrentar a fonte de sua ansiedade antes de ser capaz de lidar com as causas profundas. Depois de fazer isso, ela conseguiu atingir um nível ainda mais profundo de satisfação. Muitas vezes permitimos que o medo obscureça a mensagem mais sutil e matizada que a ansiedade está tentando enviar. Mas se você se permitir uma pausa para observar o que essa ansiedade está tentando lhe mostrar, abrirá as portas para o potencial de transformar o mindset ativista em seu superpoder não tão secreto.

7

Amplifique Seu Foco e Sua Produtividade

A relação entre ansiedade e atenção é, como qualquer relação significativa, complicada. A ansiedade negativa é o monstro ardiloso que rouba nosso foco, distrai nossos pensamentos e atrapalha nossas atividades. Tornamo-nos vulneráveis ao que chamo de nossa irritante lista de "e se", que nos acorda no meio da noite e nos suga para dentro da toca do coelho.

- E se eu não ganhar esse aumento?
- E se ele/ela/eles não gostarem de mim?
- E se eu não conseguir pagar o aluguel?
- E se eu não fechar o próximo negócio?
- E se meu filho não entrar na escola dos sonhos?
- E se alguém ficar doente?

A lista de hipóteses pode continuar *ad infinitum*. No entanto, a lista de hipóteses (ou seja, a preocupação) é sempre ruim? É sempre um efeito colateral negativo da ansiedade? Sim e não.

A ciência demonstrou que a ansiedade negativa perturba a rede de atenção, causando distração e dificuldade em manter o foco em uma tarefa. No entanto, a pesquisa também mostrou que pessoas altamente ansiosas (por exemplo, que sofrem de transtorno de ansiedade generalizada) costumam apresentar uma espécie de hiperfoco. Como a ansiedade elevada pode resultar de uma resposta hipersensível à ameaça, as pessoas tornam-se hipervigilantes e superconcentradas no perigo — real ou imaginário. Esse hiperfoco se estende a todos os aspectos de sua vida. Recentemente pesquisadores[1] submeteram pessoas com diagnóstico clínico de transtorno de ansiedade generalizada e ansiosos de nível subclínico a um teste de atenção que mede aspectos de todas as três redes de atenção (isto é, as redes de alerta, de orientação e de controle executivo; veja mais detalhes a seguir). Cada grupo executou a tarefa sob o que é chamado de alta carga cognitiva (uma forma de "estresse" cognitivo, como contagem regressiva a partir de cem, em intervalos de três) ou baixa carga cognitiva (contagem regressiva a partir de cem, em intervalos de um). Eles descobriram que, quando uma pessoa está altamente ansiosa devido ao TAG e submetida a alta carga cognitiva, na verdade o TAG pode ajudar sua atenção a se tornar mais precisa; o foco necessário para gerenciar a carga cognitiva exige mais da rede de atenção. Mas, de modo geral, sabemos que se a carga cognitiva for muito alta, nossa atenção se tornará menos eficiente.

Essa interação entre atenção, pensamento e emoção é representada no que chamamos *função executiva* — as habilidades de que dispomos para gerenciar as informações em nossas mentes em meio ao estresse do dia a dia para realizar tarefas de modo eficaz. Mas o inverso também é verdadeiro: quando as pessoas ansiosas estão menos ocupadas (ou seja, sob baixa carga cognitiva, sem estresse ou sem estimulação), elas se tornam mais vulneráveis às preocupações e, portanto, mais distraídas.

Todos nós temos um ponto ideal de ansiedade positiva, um estado cérebro-corpo em que nos sentimos engajados, alertas e estressados o suficiente para maximizar nossa atenção e foco no que queremos fazer. Nesse estado, conseguimos nos ater à tarefa, nos concentrar nos projetos ou nos prazos e, em última instância, ser mais produtivos. Presos em ansiedade excessiva, nos tornamos mais vulneráveis: por um lado, corremos o risco de nos distrair; por outro, de nos tornar tão focados nas ameaças que perdemos a capacidade de avaliar se uma ameaça é real e, assim, merece nossa preocupação, ou imaginada e, portanto, não há por que nos preocuparmos. Nosso desafio passa a ser aprender a manter o foco no prêmio (seja qual for o objetivo), ao mesmo tempo em que resistimos a distrações ou hiperconcentração inútil. Na verdade, é uma espécie de exercício da "corda bamba" que aperfeiçoamos com a prática. O que isso significa para aqueles de nós que buscam maneiras de canalizar a ansiedade para algo produtivo? Precisamos aprender a processar nossas listas de hipóteses "e se".

A boa notícia é que você pode aprender a deslocar a inquietação que acompanha as hipóteses "e se" e não apenas controlar seu foco, mas também melhorar sua produtividade. Essa é uma forma de canalizar a ansiedade. Além disso, muitas das estratégias que podem amplificar e sustentar o foco e a produtividade também podem ser usadas para reverter a ansiedade de negativa em positiva; isso cria um ciclo de feedback positivo em seu cérebro-corpo, que continuará a fluir — independentemente de qualquer turbulência ou crises de ansiedade negativa. Como? As principais características da rede de atenção incorporam ou dependem do controle executivo, que, você deve lembrar, desempenha um papel importante na regulação de nossas emoções — um passo fundamental para acalmar a ansiedade. Vamos analisar mais de perto a neurobiologia subjacente.

· OS FUNDAMENTOS DA FUNÇÃO EXECUTIVA E DO SISTEMA DE ATENÇÃO ·

Em termos gerais, a função executiva inclui o sistema de atenção e pode ser dividida em três áreas distintas:

1) A inibição ou controle inibitório é uma das funções executivas mais básicas que se relacionam com a

nossa capacidade de gerenciar a atenção e as emoções essenciais. Basicamente, é a capacidade de pensar antes de agir — essa capacidade de resistir ao impulso de dizer ou fazer algo nos proporciona tempo para avaliar uma situação e como nosso comportamento pode impactá-la. O controle inibitório também permite atenção sustentada — a capacidade de manter a atenção em uma situação ou tarefa apesar da distração, fadiga ou tédio. Quando essa função está bem desenvolvida, as pessoas são capazes de esperar sua vez com paciência e resistir a uma explosão caso sejam interrompidas. Crianças que demonstram dificuldade no controle inibitório têm mais dificuldade em resistir a comer um segundo marshmallow quando o pesquisador está fora da sala. O adolescente ou adulto que tem problemas nesta área pode não ser capaz de controlar a raiva e pode até chegar a um ponto em que reage com violência física diante de pouca provocação. A ansiedade — sobretudo a crônica — pode exacerbar o controle inibitório, tornando mais difícil para nós ter algum controle descendente ("de cima para baixo") sobre emoções intensas.

2) A memória de trabalho é como uma nuvem de memória que é mantida perto o suficiente para que a pessoa recupere ativamente as informações quando necessário. Quando adultos, nossa memória de trabalho entra em ação enquanto organizamos nosso dia, nos mantemos engajados e executamos as tarefas ao mesmo tempo. Ela incorpora a capacidade de aproveitar o aprendizado ou a experiência do passado para se aplicar à situação atual ou para projetá-la no futuro. A memória de trabalho é diferente da memória de curto prazo e se refere ao processo dinâmico de manter as informações em mente durante a execução de tarefas complexas. A memória de trabalho não deve ser confundida com a memória de longo prazo associada ao hipocampo, mas é igualmente essencial. A melhor maneira de pensar sobre a memória de trabalho é como o tipo de memória

que você usa para manter informações relevantes em mente ao planejar seus próximos passos. Por exemplo, na popular série O *Gambito da Rainha*, a personagem principal, prodígio do xadrez, Beth Harmon, frequentemente visualiza o tabuleiro de xadrez no teto, estudando suas opções antes de fazer o próximo movimento. Essa capacidade de manter o layout do tabuleiro "em mente" ao escolher seu próximo movimento é um ótimo (embora altamente avançado) exemplo de memória de trabalho. Não se preocupe! Embora muitos de nós não consigamos visualizar todas as 32 peças de xadrez ao planejarmos nosso próximo movimento, como Beth Harmon, podemos guardar o nome de alguém que acabamos de conhecer durante uma conversa — outro exemplo comum de memória de trabalho. A ansiedade pode afetar a memória de trabalho, diminuindo sua capacidade. Todos nós podemos nos identificar com aqueles momentos em que, estressados ou com medo, esquecemos o que queríamos dizer ou nossa memória de um nome desaparece de nosso cérebro. O nome não foi realmente embora, mas nossa memória de trabalho perdeu a capacidade de acessá-lo naquele momento específico.

3) Flexibilidade cognitiva: de uma forma simples, flexibilidade cognitiva é a habilidade de passar de uma tarefa para outra quando o objetivo ou as circunstâncias mudam. Por meio de uma lente mais conceitual, a flexibilidade cognitiva se refere à capacidade de revisar planos diante de obstáculos, contratempos, novas informações ou erros. É a ideia de lidar com as dificuldades conforme elas surgem, em que somos flexíveis o suficiente para nos adaptarmos às condições mutáveis. Sem dúvida, essa é uma habilidade mental e emocional. Em pesquisas sobre a relação entre ansiedade e flexibilidade cognitiva, os cientistas observaram como pessoas altamente ansiosas podem ser cognitivamente inflexíveis. Mas, assim como nossa resposta à ansiedade, nossa capacidade de mudar de

tarefa e de se adaptar às novas circunstâncias também varia. Lembra quando descrevemos a capacidade de reformular ou reavaliar uma situação? De enxergar um erro ou fracasso como informação, em vez de um atestado de nossas habilidades? Essa mudança no mindset é um exemplo de flexibilidade cognitiva.

As funções executivas são realizadas por uma ampla gama de áreas cerebrais centralizadas no córtex pré-frontal (logo atrás da testa, mas também envolvendo uma gama muito mais ampla de áreas cerebrais, algumas das quais são mostradas na Figura 6).

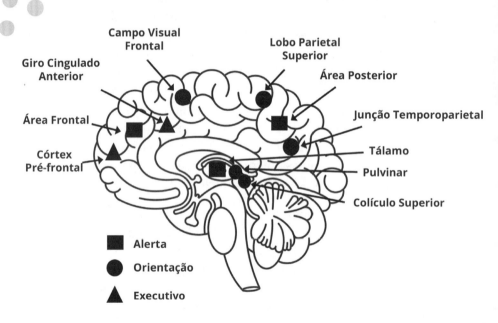

Figura 6. O conjunto mais amplo de estruturas cerebrais subjacentes a diferentes aspectos da atenção. Grandes deficiências na atenção são vistas em caso de danos ao córtex pré-frontal (à direita neste diagrama), mas você pode ver que uma rede muito mais ampla de estruturas cerebrais está envolvida no foco e na manutenção da atenção. (Retirado de Petersen e Poser.[2])

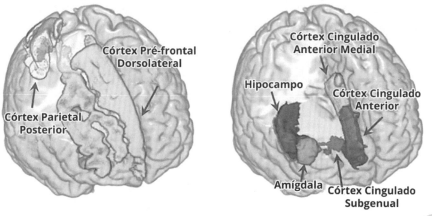

Figura 7. Rede de Controle Executivo e Rede de Excitação Emocional

Costumava-se pensar que pessoas muito ansiosas simplesmente têm controle executivo prejudicado e dificuldade em regular suas emoções. Mas estudos recentes aprimoraram nossa compreensão de como exatamente a ansiedade afeta a atenção em geral e o controle executivo em especial.

A rede de atenção[3] é geralmente definida como algo que compreende três sistemas separados, mas relacionados, que correspondem a várias áreas anatômicas: 1) o sistema de **alerta** nos ajuda a manter um nível de consciência apropriado para estímulos em nosso ambiente, sejam de natureza visual ou emocional, e para seu potencial perigo (isso está relacionado à nossa resposta intrínseca à ameaça); 2) o sistema de **orientação** é responsável por selecionar a quais estímulos devemos prestar atenção. Em outras palavras, a orientação processa as informações e decide o que é importante e o que não é; 3) a **rede de controle executivo** é a complexa teia de interações encarregada de exercer controle descendente ("de cima para baixo") sobre qualquer situação. É esse terceiro sistema que afeta o modo como processamos a ansiedade.

As funções executivas — as habilidades mentais na interseção de atenção, pensamento e emoção — são o sistema ou rede cerebral descendente que faz parte de como controlamos e canalizamos emoções, tal como a ansiedade. Usamos nossas funções executivas para executar tarefas, permanecer organizados e concentrados nas tarefas e administrar os altos e baixos de nossos sentimentos. Se esse sistema for sobrecarregado por fatores de estresse (muitos prazos, pouco descanso), nossa capacidade de gerenciar essas funções diminui. Os cientistas consideram essa dimensão do funcionamento executivo "um processo que exige esforço" — ele não acontece de forma automática; requer pensamento deliberado e consciente. Precisamos de alguma excitação (ou seja, boa ansiedade) para motivar esse esforço; mas muita excitação ou estimulação pode interromper o processo.

· KYLE: POR QUE SER MULTITAREFAS PODE NÃO FUNCIONAR PARA VOCÊ ·

Kyle é uma típica jovem de 15 anos que não desgruda do smartphone. Ela o usa para enviar mensagens de texto para seus amigos mais próximos, seguir seu círculo mais amplo de amigos e conhecidos, jogar em muitos aplicativos e, ocasionalmente, verificar o e-mail — nem que seja apenas para checar mudanças nas tarefas passadas pelos professores. Ela sempre foi uma criança ativa que joga futebol por duas horas todos os dias depois da escola, dorme bem à noite (sua mãe é especialmente atenta ao fato de Kyle precisar de cerca de oito a nove horas de sono por noite) e parece bem ajustada, exceto que agora ela está se sentindo cada vez mais ansiosa.

Ela também está tendo dificuldades para dormir e notou uma queda em seu desempenho escolar, o que a faz se sentir pior consigo mesma. Está se dedicando tanto quanto de costume e conversou com os professores para ver se há alguma área que possa aprimorar. Sua mãe identificou o culpado mais provável para esse declínio: a multitarefa. Kyle tem insistido que ela consegue se concentrar melhor quando está ouvindo música ou às vezes fazendo pausas e "olhando vitrines" no celular. "Isso me ajuda a relaxar", explica ela. Mas a mãe tem buscado compreender melhor a situação e descobriu que o cérebro dos adolescentes passam por um longo período de mudança e maior plasticidade. Na verdade, o cérebro do adolescente é tão dinâmico que essas mudanças não envolvem apenas a adição de neurônios (neurogênese), mas também a poda.

Na primeira infância, o cérebro está a todo vapor criando neurônios e sinapses. Quando chegamos à adolescência, é hora de começar a poda — essa é a maneira de o cérebro organizar e se livrar das sinapses que não estão sendo usadas, e isso o ajuda a se tornar mais eficiente. Essa poda ocorre principalmente no córtex pré-frontal e no adjacente lobo parietal, áreas bastante importantes para as funções executivas, incluindo a tomada de decisões. À medida que esse processo ocorre, há muitas sinapses extras não utilizadas circulando. Isso explica por que os adolescentes muitas vezes tomam decisões irracionais ou fazem julgamentos questionáveis — seu sistema executivo está mudando e em total desordem!

Com o incremento dos estímulos de Kyle — mensagens de texto constantes, Snapchat e visualizações nas mídias sociais quase ininterruptas —, a demanda da função executiva aumenta. Em outras palavras, seu cérebro realmente não consegue acompanhar todos os estímulos e as mudanças internas acontecendo ao mesmo tempo. Por que isso é importante? Porque ela se sente mais ansiosa. O aumento da ansiedade é um sinal de que algo está em desequilíbrio.

A superestimulação contínua cria a ansiedade ou a ansiedade simplesmente se torna mais perceptível e intensa por causa da superestimulação? É um pouco complicado e ambos são verdadeiros. Mas o resultado final é o mesmo: ela está distraída, menos produtiva e se sente cada vez mais desconfortável. A maior lição, especialmente do ponto de vista da mãe de Kyle, é que a filha, normalmente equilibrada, parece ter perdido o controle de sua capacidade de gerenciar a vida online, escola, esportes e as próprias emoções. Do meu ponto de vista, a ansiedade de Kyle aumentou e o funcionamento executivo diminuiu.

É mais do que provável que Kyle seja capaz de realizar multitarefas com mais eficiência em alguns anos, após a conclusão desse estágio de poda. No entanto, por ora, é melhor que ela coloque de lado as distrações para que se sinta mais capaz de focar a atenção e voltar para os trilhos em seu trabalho escolar. Quando sua mãe insistiu que ela deixasse o telefone em outro cômodo enquanto fazia a lição de casa e restringisse o acesso online, o humor de Kyle começou a mudar. A jovem teve que admitir que, sem o telefone por perto, ela se sentia melhor em relação à escola e também menos ansiosa. Não foi surpresa para a mãe ou para ela mesma que suas notas logo voltaram aos níveis de antes.

Se olhássemos para o cérebro de Kyle usando imagens de ressonância magnética funcional (fMRI), é quase certo que veríamos como sua rede de atenção estava sendo sequestrada sempre que ela se distraia com o celular, por qualquer motivo. O deslocamento da atenção era o suficiente para interromper o circuito, o que desencadeava sentimentos de ansiedade.[4]

A história de Kyle mostra como nosso sistema de atenção pode ser facilmente afetado por forças externas. Também mostra como a distração e outras interrupções no funcionamento executivo podem desencadear ou exacerbar a ansiedade. No caso de Kyle, ela (e sua mãe) descobriram uma solução fácil, embora temporária. A chave daqui para a frente seria continuar prestando atenção ao que funciona melhor para Kyle no controle de sua ansiedade e que tipos de distrações aumentam sua carga cognitiva e perturbam o equilíbrio.

Quando a ansiedade aumenta e começa a sobrecarregar nosso cérebro, levando-nos ao modo de ansiedade negativa, intervir e restaurar o equilíbrio pode ser mais complicado. No caso de Kyle, ela não foi realmente afetada em longo prazo, então sua reinicialização foi simples: quando ela tirou a tecnologia de distração, seu foco voltou e sua ansiedade diminuiu. Mas, nesta era de tecnologia constante, é possível criar relacionamentos ou dependências mais profundas com a tecnologia. Isso é problemático não apenas em termos de distração e funcionamento executivo (perda de controle inibitório e sobrecarga na memória de trabalho), mas interfere em outras vias neurais, incluindo as relacionadas à recompensa, que por sua vez podem assumir uma natureza viciante. (Entraremos em mais detalhes sobre como os relacionamentos viciantes com substâncias e outras fontes de recompensa e autocalmantes têm implicações muito mais significativas.)

No entanto, independentemente da idade, pesquisas demonstram que a multitarefa prejudica a memória de trabalho, a concentração e o pensamento profundo. Você já conversou enquanto dirigia e de repente se viu perdido ou pegando a saída errada? Ou que tal ler e-mails durante uma videoconferência? Achamos que podemos prestar atenção e processar ambos, mas não conseguimos.

A lição, corroborada tanto pela psicologia quanto pela neurociência, é a seguinte: ser multitarefa pode sobrecarregar nossas funções executivas, o que pode desencadear ou piorar a ansiedade. O outro lado da moeda é que às vezes prestar atenção ativa à fonte de nossas distrações, mantendo nosso foco e atenção mais estreitos ou direcionados, pode não apenas melhorar a produtividade até mesmo durante situações desafiadoras, mas também diminuir um surto de ansiedade negativa.

Mas, como sabemos, a ansiedade pode ser complicada. Parte do problema de lidar com ela nem sempre é a falta de foco ou atenção; em vez disso, a ansiedade também pode andar de mãos dadas com uma atenção hiperfocada incessante naquela lista de hipóteses "e se".

· GAIL: APRENDENDO NOVAS FORMAS DE TREINAR SUA ATENÇÃO E SEU FOCO ·

Gail tem cinquenta e poucos anos e recentemente voltou a trabalhar depois de muitos anos em casa criando três filhos. Quando eles partiram para a faculdade e seguiram suas carreiras, ela decidiu arrumar um emprego. Encontrou um emprego como gerente administrativa em um movimentado consultório odontológico. Nos primeiros dois anos, ela esperava avidamente pelo trabalho, pelos colegas e pelo salário. Gostava do fato de que seu emprego significava que o marido não tinha que dedicar tantas horas ao próprio trabalho. Na verdade, um de seus objetivos era economizar o que ganhava para que pudessem desfrutar da companhia um do outro e viajar mais juntos.

Então, tudo começou a mudar.

Lá estava uma pessoa a quem o marido, Ron, chamava de coelhinho da Duracell — alguém que se levantava de madrugada todas as manhãs para uma caminhada matinal, cuidava das crianças, fazia três refeições por dia, era voluntária, viajava de carro, era ativa no grupo da igreja, e o que mais você imaginar; ela era capaz de fazer tudo isso com uma mão amarrada nas costas. E quando voltou a trabalhar, ela continuou a ser mestre em eficiência e produtividade. No entanto, de forma lenta e gradual, ela começou a perder sua "magia", como costumava chamar. Gail começou a ter problemas para pegar no sono e continuar dormindo. Ela começou a sofrer de uma crescente ansiedade. "Estou tão mal-humorada", descreveu, "e minha ansiedade está acima da média. Simplesmente não me sinto mais eu mesma". Ela se cansava com mais facilidade e, em geral, sentia que sua vida estava saindo do controle. "É como se um elefante de dez toneladas estivesse sentado no meu peito — estou esmagada e incapaz de me mover."

Gail estava disposta a viver com o cansaço e até mesmo o mau humor. Mas quando começou a se sentir completamente incapaz de se concentrar no trabalho, foi a gota d'água. Ela foi consultar um médico, que explicou que a ansiedade e a dificuldade para dormir são efeitos colaterais comuns da menopausa. Essa informação não a surpreendeu — fazia quase dois anos desde que ela menstruara pela última vez. Seu médico explicou que há uma conexão entre os níveis decrescentes de estrogênio e um declínio geral na função cognitiva, que muitas vezes aparece como uma dificuldade em manter o foco. Gail era tão deficiente em estrogênio que seu médico sugeriu que uma suplementação com suplementos hormonais bioidênticos (terapia de reposição hormonal ou TRH) poderia ajudar a aliviar os sintomas. Como ela não tinha histórico de câncer de mama na família e todas as pesquisas recentes sobre TRH não mostraram efeitos colaterais negativos, apenas benefícios, incluindo proteção contra doenças cardíacas e uma compensação geral do envelhecimento, ela decidiu que não tinha nada a perder. Estava especialmente motivada a tentar a TRH porque seu médico de certa forma prometeu que ela dormiria melhor, sua ansiedade diminuiria ou desapareceria completamente e sua energia voltaria.

Esse é um efeito colateral comum da deficiência de estrogênio? Sim. A menopausa é exatamente isso — uma diminuição ou deficiência na produção de estrogênio, o principal hormônio produzido pelas mulheres. É essa deficiência de estrogênio que está associada a um aumento da ansiedade, diminuição do sono e redução geral da energia. Muitas mulheres também reclamam de se sentirem mais distraídas, dispersas e com menos concentração — assim como Gail. E a suplementação de estrogênio pode reverter essa sensação de atenção fragmentada, e de fato o faz.

Gail se sentiu melhor quando começou a TRH, mas ainda achava que seu foco era apenas 75% do de antes. O ponto de virada para Gail foi ler um artigo sobre estratégias para treinar sua atenção. Havia três itens na lista com substancial corroboração científica — meditação, treinamento cognitivo e exercícios —, e ela estava determinada a adicionar todos os três à sua lista de atividades regulares, porque não desejava apenas retornar ao seu nível anterior; queria ver se conseguia incrementar seu foco e sua atenção no dia a dia.

Qual era o número um na lista de Gail? Ela passou a meditar regularmente. Escolheu começar por esse item porque fazia sentido para ela, baseado em seu conhecimento prévio sobre meditação.

· O PODER DA MEDITAÇÃO ·

Há base científica clara e bem estabelecida de que a meditação pode remediar tanto o hiperfoco quanto a atenção fragmentada. Os neurocientistas têm estudado o impacto da meditação no cérebro e, em particular, nos processos de atenção. Em seus estudos, o Dr. Richard Davidson e colaboradores[5] examinaram três tipos diferentes de meditação: atenção concentrada, em que o meditador foca a respiração (inspiração e expiração) como um meio de manter a atenção, em vez de deixar a mente vagar; meditação de monitoramento aberto, na qual o meditador se torna consciente e aberto a todos os estímulos sensoriais captados; e meditação de compaixão e bondade amorosa, na qual o meditador dirige pensamentos amorosos e compassivos para outras pessoas e para o Universo em geral. Cada um dos três tipos de meditação afeta diferentes áreas do cérebro. Por exemplo, a de compaixão e bondade amorosa ativa a junção temporoparietal (a interseção entre os lobos temporais e parietais do cérebro) e gera pensamentos empáticos (isto é, colocar-se na perspectiva do outro). A meditação de monitoramento aberto afeta a amígdala e outras áreas do sistema límbico, e apresenta evidências de uma diminuição da ansiedade e dos sentimentos de raiva e de medo. A meditação da atenção concentrada afeta o córtex cingulado anterior, que está envolvido na autorregulação e na detecção de erros; estudos têm mostrado que a meditação de atenção concentrada aumenta a capacidade de encontrar a resposta correta para problemas bem definidos. Ficou demonstrado que todas elas diminuem a ansiedade e melhoram a capacidade de regular as emoções.

As principais descobertas mostram que a meditação de atenção plena, ou mindfulness; o treinamento integrativo mente-corpo, como ioga ou tai chi; bem como o simples contato com a natureza podem melhorar a atenção e a regulação da emoção. Por exemplo, um estudo[6] demonstrou que três meses de treinamento intensivo de meditação melhoraram uma tarefa de detecção visual baseada na atenção em adultos saudáveis. Outro estudo[7] mostrou que o treinamento integrativo mente-corpo (uma prática adotada da Medicina Tradicional Chinesa que incorpora aspectos da meditação mindfulness), feito por apenas cinco dias durante vinte minutos em alunos de graduação, melhora o desempenho em tarefas-padrão de controle inibitório, chamadas de tarefa de flanker, em que você deve se concentrar em uma letra com uma ampla gama de diferentes distrações visuais. Lembre-se de que o controle inibitório é uma das três funções executivas centrais descritas anteriormente. O grupo de controle nesse estudo fez treinamento de relaxamento pelo mesmo período de tempo. O grupo que fez a prática de meditação também apresentou níveis mais baixos de ansiedade, depressão, raiva e fadiga, e relatou níveis mais elevados de vigor e redução do estresse medido pelos níveis de cortisol. O estudo sugere como esse tipo de treinamento mente-corpo ajuda as pessoas a desenvolver um estado de alerta repousante que proporciona um maior grau de consciência, o que, por sua vez, melhora o comportamento. A melhor notícia é que agora há uma ampla gama de aplicativos de meditação, todos projetados para introduzir meditadores novatos à prática.

Temos uma boa ideia de como a meditação pode afetar o cérebro a partir de estudos envolvendo meditadores experientes e novatos. De fato, meditadores experientes exibem ativações mais intensas em áreas cerebrais envolvidas na rede de atenção em comparação aos novatos. Também foi observado (o que talvez não seja surpresa) que os meditadores experientes se distraíam menos do que os novatos durante a meditação. Diferenças anatômicas semelhantes são vistas em áreas cerebrais relacionadas à atenção nos mais experientes em relação aos novatos, com alguns estudos demonstrando que essas diferenças estruturais podem ser detectadas com apenas oito semanas de treinamento de meditação. Isso sugere que não precisamos nos isolar no topo de uma montanha e praticar meditação silenciosa durante meses seguidos para começar a ver esses efeitos. Até mesmo oito semanas de treinamento para um meditador novato podem começar a produzir mudanças cerebrais capazes de aprimorar sua rede de atenção. Esse é provavelmente o tipo de mudança que Gail estava desfrutando depois de seu próprio regime pessoal de treinamento de meditação.

· ATIVIDADE FÍSICA E ATENÇÃO ·

Como você já sabe, acredito piamente no poder dos exercícios para mudar o cérebro. Meus estudos demonstram que a atividade física melhora a atenção e diminui a ansiedade. Mesmo uma única sessão de exercício pode melhorar a atenção e o desempenho executivo em uma tarefa de Stroop.[8] Nessa tarefa, conhecida por todos os estudantes de psicologia, você é solicitado a nomear a cor do texto em uma série de palavras. O truque é que todas as palavras nomeiam cores diferentes (ou seja, vermelho, verde, amarelo). Quando a palavra (VERMELHO, por exemplo) corresponde à cor do texto (ou seja, é impressa em texto vermelho), é fácil, e a nomeamos com muita rapidez. Mas se a palavra (AMARELO, por exemplo) estiver impressa em verde, demoramos muito mais para identificá-la como verde. A capacidade de suprimir a palavra e focar a cor é chamada de atenção seletiva e depende do córtex pré-frontal. O desempenho nessa tarefa melhora após uma única sessão de exercícios, e mudanças de longo prazo em seu regime de exercícios também podem gerar melhorias duradouras no desempenho.[9]

Pergunte a qualquer pessoa que pratica exercícios com regularidade e ela provavelmente relatará como não apenas notou uma melhora no humor geral e níveis mais elevados de energia após o treino, mas também sentiu um incremento na concentração. Sei que depois de uma sessão de treino (que agora faço exclusivamente no período da manhã), maximizo meu foco para escrever ou para resolver os itens mais desafiadores da minha lista de tarefas. Sempre me sinto mais bem preparada para mergulhar em qualquer projeto depois de fazer meu treino matinal.

O exercício melhora muitos aspectos do funcionamento do cérebro. Assim como a meditação, o exercício aeróbico regular tem efeitos positivos poderosos sobre a ansiedade e a depressão, e um estudo demonstrou que o exercício pode ser tão eficaz quanto um dos antidepressivos mais populares no tratamento do transtorno depressivo maior. Ficou demonstrado que os exercícios reduzem os sintomas dos transtornos de ansiedade e tratam o funcionamento neural subjacente.[10]

Um estudo relatou que três meses de incremento de exercícios aeróbicos em adultos mais velhos resultaram em um aumento no tamanho da substância branca, a estrutura de saída das células cerebrais que transmitem informações às células a jusante.[11] Embora o exato mecanismo capaz de explicar por que a função pré-frontal melhora e o volume da substância branca aumenta não tenha sido completamente determinado, o aumento na concentração de toda uma gama de fatores de crescimento no cérebro é provavelmente parte da resposta. Em termos práticos, tendo em vista que mesmo uma sessão de exercício (especialmente uma com duração de, pelo menos, trinta minutos e que aumente a frequência cardíaca) demonstrou melhorar a atenção/função executiva,[12] e qualquer pessoa, mesmo com roupas normais, pode aumentar sua frequência cardíaca com uma boa caminhada vigorosa. A atividade física é uma das maneiras mais rápidas, fáceis e convenientes de aliviar a ansiedade e aumentar o foco e a atenção.

Uma das observações mais impressionantes que fiz foi fruto de uma ideia momentânea. Eu estava fazendo uma palestra de trinta minutos ao vivo, mas virtual (via Zoom), para um grupo de calouros da NYU e decidi que queria torná-la memorável. Pedi a todos que se exercitassem comigo nos últimos dez minutos de aula para que pudessem "sentir" os efeitos do exercício em seu humor e função cognitiva. No último minuto, achei que seria interessante medir seus níveis de ansiedade pedindo que realizassem um teste muito rápido, mas padronizado, antes e depois do treino, e me enviassem os resultados após a palestra. Encontrei altos níveis de ansiedade no grupo antes do exercício, mas depois do exercício houve uma queda colossal de quinze pontos nos escores de ansiedade, o que os levou de um nível alto de ansiedade para níveis normais. Para mim, isso mostra o poder de adicionar apenas dez minutos de movimento à sua vida.

Veronica

O sujeito de pesquisa de exercícios mais memorável que já tive em meu laboratório foi uma aluna da NYU que chamarei de Veronica. Ela pediu para ser voluntária no meu laboratório (algo que acontece regularmente ao longo do ano). Contou que estava treinando para as Olimpíadas na modalidade de patinação artística em dupla e queria estudar os efeitos dos exercícios no cérebro. Estávamos começando um de nossos primeiros estudos de exercícios no laboratório; examinando como uma sessão de exercícios pode impactar a capacidade de um participante de preencher uma planilha que exige a atuação do córtex pré-frontal. A tarefa envolvia traçar uma linha entre números e letras de forma progressiva e alternada. Por exemplo, letras e números são impressos aleatoriamente em uma folha; o sujeito deve encontrar o "1" e traçar uma linha do "1" ao "A"; do "A" ao "2" e, então, ao "B" e assim por diante até acabar o tempo. É preciso procurar e lembrar as localizações dessas letras e números e também a sequência correta. Essa tarefa requer atenção à ordem das letras e dos números e à progressão das sequências, bem como memória de trabalho, também chamada de "rascunho visuoespacial", e lhe permite reter a informação de onde viu o "8" ou o "K" na mente conforme avança nas sequências. Propus a Veronica que fosse nosso sujeito no teste de exercício — já que eu sabia que o treino de cinquenta minutos com a bicicleta ergométrica, que integrava o estudo, não seria um problema para ela. E, como o esperado, ela o tirou de letra. Mas realmente memorável foi o que aconteceu a seguir. Eu nunca vira antes, nem desde então, alguém executar aquela tarefa de focar a atenção tão rápido ou com tanta precisão quanto ela. Era como se Veronica fosse uma máquina de focar — e ela nunca tinha executado essa tarefa antes. Eu a observei escanear rapidamente a página inteira e quando eu disse "Já", ela já tinha uma boa ideia de onde todas as letras estavam. Quase dava para visualizar a cena com efeitos de animação, com Sherlock Holmes executando a tarefa.

O que você precisa para executar bem essa tarefa? Preciso admitir que essa foi a única atleta de nível olímpico que testei em meu laboratório, mas me fez querer testar muitos mais para ver se esse alto nível de função pré-frontal é uma característica geral de atletas semelhantes. O que poderia justificar esse resultado? Pode ser que esses atletas tenham que avaliar rapidamente a situação e são treinados à excelência para mapear seu próximo movimento — penso nos incríveis competidores de esqui freestyle que precisam mapear sua rota montanha abaixo com precisão de milissegundos. Pode ser que essa parte do treinamento, aliada a exercícios aeróbicos, esteja contribuindo para sua eficiência. Também pode ser que o treinamento aeróbico regular tenha melhorado sua capacidade de canalizar a energia da excitação para melhorar seu desempenho nessa tarefa. Não é possível saber ao certo com apenas uma pessoa testada, mas há muitas ideias interessantes para investigar!

· PESQUISAS RECENTES SOBRE ATENÇÃO ·

Uma das áreas de estudo mais recente sobre atenção foca o treinamento de videogame e se ele prejudica ou melhora a atenção e o bem-estar geral. Uma revisão de pesquisas de 2018 examinou estudos envolvendo videogames, incluindo jogos de ação, bem como programas de "treinamento cerebral" e quebra-cabeças. De forma interessante, *Tetris*, um viciante quebra-cabeça eletrônico, mostrou-se mais eficaz do que consolidados programas de treinamento cerebral em melhorar a memória de curto prazo e a velocidade de processamento. De forma similar, *Portal*, outro popular quebra-cabeça de plataforma, foi considerado mais eficaz em melhorar as habilidades de resolução de problemas do que o *Luminosity*, um programa comercial de treinamento cerebral bem conceituado. Embora os resultados desses estudos variassem um pouco dependendo da idade dos participantes, gênero do jogo e duração do experimento em si, os dados foram bastante positivos. Os pesquisadores parecem concordar que os videogames podem muito bem ajudar crianças a solidificar as habilidades das funções executivas e adultos saudáveis a conter o curso do declínio cognitivo. O resultado? Os videogames e os programas de treinamento cerebral mais uma vez indicam a plasticidade do cérebro e sua capacidade de melhorar seu funcionamento.[13]

Dev: Aprendendo a Usar a Ansiedade de Maneira Totalmente Nova

Dev é um empresário de sucesso. Aos 32 anos, ele já havia construído e vendido quatro empresas de sucesso, mas sua empresa atual, uma startup que desenvolve uma nova maneira de tornar as viagens de avião mais fáceis e agradáveis, estava estagnada. (Claro, essa história aconteceu muito antes de a Covid-19 suspender as viagens regionais, nacionais e globais!) Ele obteve muito interesse inicial de investidores por causa de sua reputação estelar, mas os testes de sprint (ou seja, impulsionamento rápido e focado, em que você direciona todos os recursos para transformar a ideia em um protótipo o mais rápido possível, a fim de testá-lo com os clientes) que ele e sua empresa estavam fazendo não tiveram o desenvolvimento planejado, e ele tinha problemas para levantar a próxima rodada de investimentos. Passava grande parte do tempo voando entre seus escritórios em Nova York e Los Angeles para apagar incêndios e se sentia como um frango com a cabeça decepada. Conforme ele me descreveu, sua ansiedade estava fora de controle.

Dev sempre amou a empolgação e a turbulência do mundo das startups e se orgulhava de ser capaz de superar as dificuldades e a pressão para fazer o que era preciso — era quando ele conseguia lidar com o estresse e canalizar a excitação. Mas desta vez ele estava começando a temer que não seria capaz de suportar. Ele não conseguia falar sobre sua ansiedade cada vez mais insidiosa, e ela estava rapidamente se tornando um peso extra para ele, fazendo-o duvidar de suas decisões — mesmo quando sua mente lógica e seu instinto lhe diziam que era a coisa certa a fazer. Com frequência, ele remoía incessantemente a última conversa com o investidor que o recusou, esmiuçando os pontos em que ele estragou tudo.

E agora seu financiamento não estava saindo como ele esperava. Antecipando um resultado negativo, Dev sentiu a ansiedade aumentar como um pântano sobrecarregado depois de uma enchente. Sua ansiedade passou de administrável para fora de controle.

Certa noite, quando se sentiu desesperado, Dev enviou uma mensagem para uma ex-colega com experiência em startups. Ele nunca pedira conselhos a ela, mas a testemunhou ser uma mentora para outras pessoas. Dev confia em Monica e sabe que é alguém com quem ele pode conversar. Ela é especialista em desenvolvimento de negócios, com trabalhos bem-sucedidos em uma longa lista de startups de enorme sucesso, incluindo uma ou duas nas quais Dev esteve envolvido.

Monica ligou para ele segundos depois de receber a mensagem de Dev.

Apenas ouvir o som da voz de Monica acalmou Dev. Ele a visualizou em sua mente — sempre muito bem vestida e bem preparada. Dev se esforçou para explicar seus sentimentos da melhor maneira possível.

Então Monica contou uma história sobre si mesma. Ela admitiu para Dev que sofrera de ansiedade por toda a vida. Costumava ficar obcecada com cada movimento e cada decisão em seus primeiros anos. Isso quase a levou a desistir da área.

Era difícil para Dev acreditar nisso, dada sua personalidade de Mulher-Maravilha.

Mas então Monica lhe contou seu segredo. Disse que percebeu que todas as tendências obsessivas que a levaram a se preocupar e questionar cada movimento eram na verdade uma grande vantagem em seu negócio e em sua vida (observe um mindset ativista em ação). Ela percebeu que quando estava sob pressão (ou seja, alta carga cognitiva) para fechar um negócio, podia treinar a atenção para identificar todas as armadilhas possíveis em uma determinada situação. Notou que em vez de ignorar esse instinto, poderia de fato usá-lo para criar uma lista de cenários possíveis para analisar. Essa estratégia funcionou para suas decisões de negócios e suas decisões de vida. Ela se deu conta de que sua lista de hipóteses "e se" não era realmente um sinal de que estava perdendo o jeito; era uma ferramenta para ajudá-la a fazer uma avaliação mais eficaz e completa de qualquer proposta de negócio em questão. Monica descobriu um truque para usar a função protetora de sua ansiedade de maneira inovadora e altamente produtiva para sair da zona negativa. Ela se sintonizou a essa tensão — não apenas esperando, mas desejando que ela surgisse, para ajudá-la a impulsionar sua motivação. Aprendera sozinha a usar a agitação de sua ansiedade boa para esmiuçar (controle descendente de seu sistema de atenção) suas decisões de negócios e negociações. Como comentou com Dev: "Aceitar minha ansiedade me tornou uma empreendedora muito mais eficaz."

Dev imediatamente percebeu como poderia usar a mesma estratégia para ajudar a focar sua lista de hipóteses "e se", a fim de avaliar melhor os aspectos negativos de qualquer situação de negócios que pudesse surgir e fortalecer seu processo de tomada de decisão, bem como seus argumentos perante clientes e investidores em potencial. Foi assim que Dev "operacionalizou" a estratégia de Monica:

1) Ele pensou sobre sua meta, o que queria alcançar, incluindo suas preocupações e medos sobre se conseguiria ou não cumpri-la.

2) Em seguida, ele listou todos os "e se" que lhe ocorreram como possíveis obstáculos para atingir seu objetivo.

3) Depois, fez uma lista de todas as ações que poderia pôr em prática para resolver cada um dos "e se" da lista. (Observe que às vezes apenas listar as ações é um primeiro passo produtivo para considerar todos os resultados ou cenários possíveis para uma situação específica.)

4) Em seguida, ele começou a riscar cada ação à medida que a realizava.

5) Conforme examinava a lista, ele a reescreveu e a atualizou.

6) Ele repetiu este exercício até atingir a meta.

Esse exercício tornou-se a estratégia sistemática de Dev para lidar com seus medos e experiência de ansiedade elevada em relação ao seu negócio. Mas logo descobriu que era uma estratégia que poderia aplicar à maioria dos desafios de sua vida — pessoais ou profissionais. Em vez de se sentir paralisado pela ansiedade, poderia canalizar suas preocupações (também conhecida como sua lista de hipóteses "e se") em uma lista de ações, transformando efetivamente sua ansiedade em um superpoder de produtividade.

Essa estratégia fez com que Dev sentisse que ganhou um superpoder secreto. Quando ele pensava que sofreria para sempre de forte ansiedade, percebeu que tinha o poder de canalizar seu hiperfoco nos "e se" de seu negócio em uma estratégia de negócios poderosa, que ele sabia que muito em breve o faria recuperar a velha forma. Como resultado, Dev descobriu uma nova confiança em si mesmo. Nos momentos em que antes costumava ouvir uma vozinha questionar suas decisões, agora ele confiava mais em si mesmo. Ele sabia que usar sua atenção aos detalhes não apenas o ajudava a se questionar menos, mas também o fazia se sentir mais relaxado. Também começou a confiar em seus instintos em relação à inovação, sem se preocupar se todas as ideias seriam perfeitas. Ele sabia que algumas ideias dariam certo; outras não. E isso não era um problema.

· MELHOR FOCO LEVA À OTIMIZAÇÃO DA PRODUTIVIDADE ·

Neste capítulo, nos concentramos na neurobiologia da atenção, em como aprimorá-la (com exercícios e meditação) e em como um tipo específico de atenção concentrada pode ser uma forma de ansiedade do bem (ou, no caso de Dev, se TORNA uma forma de ansiedade positiva), e que esse aperfeiçoamento nos leva a uma maior produtividade.

Por exemplo, a produtividade de Dev melhorou imediatamente quando passou a usar sua lista de hipóteses "e se" para ajudá-lo a resolver problemas de qualquer novo produto em sua startup. O desempenho escolar de Kyle aumentou quando ela diminuiu suas distrações ao fazer o dever de casa. E Gail foi capaz de recuperar o antigo apelido de coelhinho da Duracell com a ajuda da prática regular de meditação a fim de aumentar sua capacidade de focar e reter a atenção no trabalho. (Os suplementos de estrogênio também ajudaram!) O incrível desempenho de Veronica no teste de rascunho visuoespacial (ou memória de trabalho) demonstrou os efeitos do exercício regular em sua atenção concentrada. Em todos os quatro casos, os indivíduos usaram a excitação subjacente da ansiedade negativa e a canalizaram por meio da rede de atenção. Se não tivessem se concentrado em como a rede de atenção funciona, não teriam sido capazes de canalizar ou potencializar a excitação de sua ansiedade. Além disso, quando eliminaram os estímulos negativos (no caso de Kyle), acalmaram seus sistemas cérebro-corpo (nos casos de Gail e Dev) ou simplesmente recorreram à habilidade atencional (no caso de Veronica), eles melhoraram sua capacidade de atenção. Em outras palavras, a ansiedade do bem melhora a atenção se você:

- Reduzir distrações.
- Meditar para melhorar o foco e a produtividade.
- Exercitar-se para estimular tanto a calma quanto o estado de alerta.
- Transformar uma lista de hipóteses "e se" carregada de ansiedade em uma lista de tarefas produtiva e direcionada a objetivos.

8

Aprimore Seu Cérebro Social, Domine a Ansiedade Social e Aumente a Compaixão

Ao longo de nossa vida, usamos a linguagem e as ferramentas de comunicação não verbal para inferir como os outros estão se sentindo e para comunicar nossos pensamentos, sentimentos, desejos e intenções. De expressões faciais a gestos, tom de voz a estilo de conversação — todos esses são comportamentos aprendidos que nos possibilitam interagir e nos comunicar com a sociedade. Desenvolvemos e nos sintonizamos com as normas sociais de todos os vários grupos sociais aos quais pertencemos — desde nossa família até nossa escola, nosso local de trabalho e nossos círculos sociais mais amplos. Quanto mais eficazes somos nesses modos de interação, mais no controle de nossa vida nos sentimos e mais bem-sucedidos podemos ser em experimentar o mundo, nossas carreiras e nossos relacionamentos pessoais. Daniel Goleman cunhou o termo "inteligência social" (também conhecido como quociente social ou QS) para descrever nossa capacidade de experienciar essas situações sociais em termos emocionais e argumenta que nosso QS (bem como nossa inteligência emocional, também conhecida como QE) é ainda mais importante do que o QI como indicador de nosso sucesso pessoal e profissional. E essas habilidades sociais desempenham um papel importante em como administramos a ansiedade e aprendemos a controlá-la.

Começamos a aprender essas habilidades imediatamente após o nascimento. Nas interações entre um bebê e seus pais ou cuidador, o bebê primeiro começa a prestar atenção aos estímulos físicos e emocionais recebidos do cuidador principal. Um bebê é programado para observar e responder aos sinais faciais, principalmente ao contato visual de sua mãe. Esse tipo de interação ajuda a estabelecer um apego saudável, que é uma das bases mais importantes para um desenvolvimento emocional e psicológico pleno. Em um curto período de tempo, pais e filhos começam a coordenar suas comunicações não verbais de forma automática — os neurocientistas chamam isso de *sincronia social*, e essa é a base para interagirmos bem no futuro. Na verdade, quando essa interação é inconsistente ou não existe, o desenvolvimento cognitivo e emocional das crianças é afetado. Estudos demonstram correlação entre essa falta de interação entre pais e filhos com QI mais baixo, dificuldade de autorregulação e deficit de longo prazo no desempenho acadêmico, incluindo nas habilidades sociais.[1]

Nossas habilidades de comunicação verbal e não verbal são um conjunto essencial de habilidades cognitivas sociais que estão lastreadas em nossa biologia mamífera e ligadas a redes cerebrais específicas[2] (veja a seguir). Quando interagimos com as pessoas ao nosso redor, coletamos informações significativas. Ao observar as ações dos outros, aprendemos como nos comportar e determinar se uma pessoa ou situação é boa ou não para nós. Em última análise, à medida que nos tornamos adultos, chegamos a um conjunto de padrões de interação que moldam a forma como desenvolvemos nossa identidade no relacionamento com os outros, desfrutamos da intimidade, trabalhamos e resolvemos conflitos, aprendemos a nos defender, cooperar, colaborar e fazer concessões — todas essas habilidades sociais são extremamente importantes para experienciar o mundo e as pessoas. Elas nos ajudam a estabelecer relacionamentos românticos futuros e amizades significativas, criar filhos e construir nossas carreiras e redes.

Sabemos que permanecer conectado aos entes queridos, estimular uma vida social rica e cultivar a empatia (isto é, a capacidade de compreender em um nível profundo as perspectivas e sentir as emoções de outra pessoa) têm um efeito protetor em nosso cérebro-corpo; aumentam nossa tolerância ao estresse e protegem contra a ansiedade negativa. E quando aprendemos como aprimorar esses aspectos de nosso cérebro social, nos sentimos melhor e administramos melhor nossa vida. Na verdade, a ansiedade do bem — o tipo que surge de ser emocionalmente regulado e estar atento a todas as nossas emoções, incluindo as negativas e desagradáveis — pode nos motivar a ser mais voltados para o mundo exterior e interessados em nos conectar com os outros. No entanto, também sabemos que, quando mergulhamos em muita ansiedade, quando nossa tolerância ao estresse ou desconforto nos empurra além de um certo limite, nossa confiança social pode ser abalada.

De acordo com vários estudos, o estresse crônico pode interromper o funcionamento das células cerebrais, o que pode fazer com que as pessoas percam o desejo de se socializar e evitem interações com os demais. O estresse crônico também tem um "efeito de atrofiamento" no córtex pré-frontal, afetando em especial o funcionamento da memória. Quando nos sentimos ansiosos, muitos de nós se retraem ou evitam situações sociais; essas são estratégias de enfrentamento para lidar com o medo e o desconforto, que provocam uma espécie de curto-circuito na nossa resposta à ansiedade: em vez de lidar com o desencadeador do desconforto, passamos a evitá-lo. Portanto, se estamos programados para ser sociais, por que muitos de nós ficam ansiosos até com a ideia de convívio social? Por que participar de um passeio em grupo, ir a uma festa ou evento ou conhecer novas pessoas é tão problemático para tantos de nós? Por que tanta ansiedade é gerada ao fazermos algo que literalmente nascemos para fazer?

Quando esse curto-circuito sai do controle e as pessoas desenvolvem um nível clínico de ansiedade social, surge o que os médicos chamam de transtorno de ansiedade social ou TAS. Há uma distinção clara entre o transtorno de ansiedade social e a ansiedade cotidiana que qualquer um de nós pode experienciar quando se sente nervoso ou até mesmo receoso antes ou durante um evento social. Pessoas que sofrem de TAS alteraram o funcionamento do cérebro em áreas específicas, incluindo o córtex cingulado anterior (CCA),[3] e ocorre uma espécie de hiperexcitação generalizada do sistema límbico. Quando se trata da ansiedade cotidiana, temos a oportunidade de canalizar a excitação e a atenção concentrada da ansiedade para situações sociais, e dominar nossa resposta inicial de medo para controlar melhor qualquer ansiedade que possa ser exacerbada em situações sociais. Se, por exemplo, nossa reação inicial ao nos sentir ansiosos por ir a uma festa ou fazer um passeio é evitá-lo, podemos aprender a vencer esse medo. Além disso, quanto mais desenvolvemos nosso cérebro social e sua inteligência, mais somos capazes de nos proteger contra a ansiedade social e a solidão que pode resultar dela.

A solidão muitas vezes anda de mãos dadas com a ansiedade negativa, em um ciclo de reforço negativo. Ela se desenvolve em parte devido à falta de vínculo social e interação. Os médicos e terapeutas geralmente recomendam atividades envolventes, reconexão com a família, amigos e colegas ou um grupo de apoio para tratar a solidão. Em outras palavras, as pessoas são a cura para a solidão. Mas, muitas vezes, a ansiedade se tornou tão intensa e persistente que altera o cérebro, criando anormalidades e falhas em áreas que afetam a forma como as pessoas se percebem em relação às outras. Os pesquisadores chamam isso de *solidão percebida*. (Alguns cientistas também teorizaram que essas disfunções cerebrais surgem primeiro como fruto de um tipo de anormalidade genética, que predispõe as pessoas à solidão.) Independentemente dessa questão do ovo e da galinha, a solidão é prejudicial, exacerba a ansiedade e afeta milhões de pessoas.[4]

Segundo um levantamento recente feito pela empresa de saúde Cigna[5] usando a escala de solidão da UCLA, metade dos norte-americanos adultos relata que se sente solitária. Agora sabemos que existem sérios riscos à saúde associados à solidão. Por exemplo, uma metanálise que examinou 300 mil pacientes mostrou que pessoas solitárias têm uma probabilidade 50% maior de morte em comparação com pacientes com relacionamentos sociais adequados.[6] De uma perspectiva fisiológica, níveis mais altos de solidão estão associados à disfunção metabólica, sistema imunológico comprometido, perturbações do sono, maior incidência de doenças cardiovasculares e maiores taxas de mortalidade.

Portanto, se a ansiedade social negativa causa uma cascata de problemas e possivelmente impede que tenhamos os relacionamentos sociais de que precisamos para prosperar, como a ansiedade do bem pode nos ajudar?

Ao compreender mais sobre como o cérebro social funciona e como desenvolvemos a inteligência social, podemos nos proteger contra os efeitos negativos da ansiedade, incluindo a reação de medo que pode nos levar ao retraimento e à solidão. Também podemos usar a excitação e a atenção aguçada da ansiedade do bem para nos ajudar a nos conectar com outras pessoas de maneiras significativas. Assim como um grupo de músculos, podemos fortalecer nossa capacidade de empatia com as pessoas, e empatia é um tipo de poder de conexão — quanto mais nos conectamos de forma autêntica com os outros, mais saudável é nosso sistema cérebro-corpo geral e mais rica é nossa vida. E ainda tem mais: você pode transformar a empatia em um superpoder — e esse superpoder, meus amigos, é a compaixão.

· DENTRO DO CÉREBRO SOCIAL ·

A famosa história de Phineas Gage[7] liderou o estudo da compreensão moderna do cérebro social. Em 1848, Gage, um trabalhador ferroviário e mais tarde supervisor, sofreu um acidente que danificou seu cérebro de modo permanente, especificamente a parte do córtex pré-frontal mais próxima ao meio, ou à "linha mediana", de seu cérebro. Antes do acidente, ele era descrito por aqueles que o conheciam como um homem trabalhador, responsável e "querido por todos" entre os homens sob seu comando. Mas depois do acidente, os médicos que trataram e estudaram Gage afirmaram que, embora sua inteligência geral e a maior parte de sua memória permanecessem intactas, sua personalidade e sua capacidade de interagir socialmente mudaram por completo. Segundo relatos, seus empregadores teriam afirmado que após o acidente houve "uma mudança tão marcante em sua mente que eles não puderam lhe dar o emprego novamente". Na verdade, Gage foi descrito como sendo "inconstante, desrespeitoso e dado à mais grosseira profanação (o que não era de seu feitio antes)". Na verdade, seus amigos e colegas de trabalho declararam que "Gage não era mais Gage". Toda a sua personalidade havia se transformado.

A história de Phineas Gage é contada em todos os livros didáticos de neurociência porque foi nossa primeira pista sobre o papel essencial que a parte medial (isto é, em direção ao meio) do córtex pré-frontal desempenha na inteligência social. Desde esse famoso caso, foram descobertos outros distúrbios cerebrais que também prejudicam as interações sociais. Neurocientistas e psicólogos cognitivos referem-se à função-chave prejudicada em Gage como *mentalização*, que se refere à capacidade de representar adequadamente o nosso próprio estado mental e o dos outros. Uma situação familiar em que a mentalização é prejudicada é o autismo, no qual as pessoas têm dificuldades na comunicação social e verbal, bem como em identificar corretamente os estados mentais e emocionais dos outros (isto é, mentalizar).

Estudos de imagens cerebrais apontam duas áreas principais na mentalização. A primeira é bem no meio da área danificada no pobre Sr. Gage, a parte medial do córtex pré-frontal, que foi previamente identificada como córtex cingulado anterior (veja a Figura 6). Essa área está ativa quando as pessoas monitoram — ou estão cientes — dos próprios estados mentais, bem como das ações de outras pessoas. Outra área do cérebro envolvida é a região limítrofe entre os lobos temporal e parietal, chamada de junção temporoparietal. Essa região está ativa quando vemos outras pessoas se movendo e é mais conhecida por ser a região geral onde pesquisadores da Itália identificaram os "neurônios-espelho".

Os neurônios-espelho funcionam como o neurônio de mentalização, pois parecem se ativar durante os momentos de empatia. Embora os neurônios-espelho possam não ser a única chave para a compreensão de todos os aspectos da empatia, evidências crescentes mostram que sua contribuição para as áreas do cérebro envolvidas na empatia é real.[8] A descoberta original de neurônios-espelho foi feita no início da década de 1990 em macacos do gênero *Macaca* e revelou que esses neurônios especiais respondem quando o sujeito se alimenta e também quando vê outra pessoa recebendo uma guloseima.[9] Estudos mais recentes identificaram uma rede cerebral mais ampla envolvida no espelhamento, incluindo partes do córtex insular anterior que estão ativas durante a dor direta e a dor empática (isto é, ao observar alguém suportar a dor).[10] Embora o estudo neurocientífico social da empatia tenha feito grandes avanços, a ligação exata entre os neurônios-espelho e a empatia requer um estudo mais aprofundado.[11]

Como tantas outras funções cerebrais que discutimos, a empatia é gerada por processos ascendentes ("de baixo para cima") e descendentes ("de cima para baixo"). Depende não apenas do funcionamento automático dos neurônios-espelho que captam e reconhecem as emoções dos outros, mas também da capacidade de mentalização, mais consciente, de inferir significado a respeito de como alguém está se sentindo. Um terceiro componente da empatia, entretanto, é fundamental para nossa compreensão aqui: autoconsciência e regulação emocional. Precisamos nos sentir centrados para ter a perspectiva do outro.

....

Há um grande número de áreas cerebrais relacionadas à percepção social, incluindo processamento e reação a situações sociais. Algumas dessas áreas estão envolvidas na tomada de decisão e no foco — o que afeta a forma como interagimos socialmente — e estão localizadas no CPF, enquanto outras funções sociais, como a forma como processamos situações sociais (ou seja, captar pistas sociais, ler a linguagem corporal etc.), parecem ocorrer na amígdala, na qual também processamos nossas respostas emocionais centrais (Figura 8). O ponto-chave a extrair desta figura é o grande número de áreas do cérebro que usamos e de que precisamos para processar e responder a situações sociais.

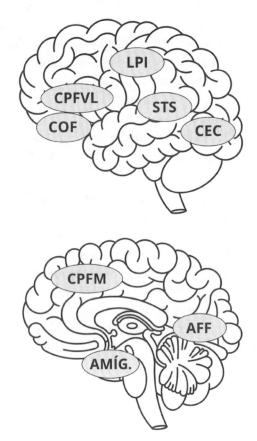

Figura 8: A neuroanatomia do cérebro social de Pelphrey e Carter[12]

Essa figura e as investigações anatômicas do cérebro social sugerem que a inteligência social (QS) é uma mistura de atenção, percepção e regulação emocional. E, como vimos, todas essas redes neurais subjacentes afetam o modo como gerenciamos nossa resposta ao estresse e processamos a ansiedade.

· OXITOCINA: O HORMÔNIO DO AMOR QUE AMENIZA A ANSIEDADE ·

Você provavelmente já ouviu falar em oxitocina. É uma das queridinhas da imprensa popular e, alternativamente, tem sido propagandeada como o "hormônio do amor" e uma cura infalível para a timidez. Você pode até já ter pesquisado "oxitocina" no Google e encontrado sprays nasais desse hormônio nos mercados online mais populares. Mas você pode se surpreender ao saber da ampla gama de funções que a oxitocina tem no desenvolvimento de nossas capacidades sociais (ou seja, nossa inteligência social) e como sua ausência está ligada ao transtorno de ansiedade social e à solidão.[13]

A oxitocina é produzida e liberada pelas células cerebrais no hipotálamo, uma área pequena, mas crucial, no interior do cérebro. Uma das funções mais conhecidas da oxitocina é durante o parto. Ela não apenas estimula as contrações uterinas, possibilitando que o bebê desça pelo canal vaginal, que a mãe consiga dar à luz e que o leite seja liberado nos seios após o nascimento, mas também fomenta o apego entre a mãe e o filho. Esse é o verdadeiro poder da oxitocina como hormônio do amor; sem ele, as mulheres têm grande dificuldade em criar vínculos com a prole.

Uma parte nova e empolgante da história da oxitocina veio à tona após o professor Tom Insel,[14] ex-diretor do Instituto Nacional de Saúde Mental dos Estados Unidos, e colaboradores descobrirem que a oxitocina e um neuro-hormônio relacionado, a vasopressina, controlavam a formação de vínculo entre casais em uma espécie bonitinha chamada *Microtus ochrogaster*, ou arganaz-do-campo. Em termos leigos, o professor Insel foi capaz de identificar a oxitocina como a razão pela qual esses roedores formam pares para o resto da vida. Arganazes-do-campo são uma das poucas espécies de mamíferos que formam casais essencialmente vitalícios. Acontece que para criar esse forte vínculo de casal, as fêmeas precisam de oxitocina, que é liberada durante a sessão de acasalamento, e os machos precisam de um hormônio relacionado chamado vasopressina. Desde então, outros estudos demonstraram como a oxitocina nos permite aprender os códigos de comportamento e de reconhecimento sociais, bem como formar laços significativos com outras pessoas. Curiosamente, cada uma dessas são qualidades que muitas vezes faltam em pessoas que sofrem de solidão crônica ou de longa duração.

A oxitocina demonstrou "modular" a ansiedade e ajudar a regular a resposta ao estresse, acalmando o cérebro-corpo. Por exemplo, estudos relatam que níveis mais altos de oxitocina na corrente sanguínea resultam em uma resposta de estresse mais baixa, bem como em uma resposta de ansiedade menos intensa em pacientes deprimidos.[15] Como isso funciona? Um modelo recente sugere que a liberação de oxitocina provoca o que os cientistas chamam *enfrentamento social* — pedir ajuda ou apoio a outras pessoas, o que naturalmente reduz a ansiedade.

Pense nisto por um minuto: nosso corpo é realmente capaz de produzir uma substância química que nos permite pedir ajuda para nos sentirmos menos ansiosos e solitários. Agora pense no que pode significar se esse processo for interrompido ou bloqueado.

A oxitocina é tão importante que tem havido um grande número de esforços para encontrar maneiras de substituí-la artificialmente ou estimular sua produção em seres humanos. Um dos exemplos mais conhecidos são produtos destinados a aumentar artificialmente os níveis de oxitocina por via intranasal em situações de ansiedade, de modo a ajudar a estimular esse comportamento de enfrentamento social. Em humanos, os cientistas examinaram os efeitos da aplicação intranasal de oxitocina tanto em indivíduos controle (ou seja, adultos com relacionamentos sociais típicos) quanto em pessoas com transtorno de ansiedade social e aquelas diagnosticadas com transtorno do espectro autista (TEA). Os resultados foram variados e inconclusivos. Do lado positivo, eles mostraram que a oxitocina intranasal pode diminuir a ansiedade, melhorar o reconhecimento social e aumentar a motivação social. A má notícia é que os resultados são muito variáveis e nem sempre positivos, no sentido de que não melhoram de forma confiável os mecanismos sociais; eles também variam entre diferentes populações. Na verdade, uma revisão recente desses estudos sobre os efeitos da oxitocina intranasal na ansiedade/depressão revelou que os resultados considerados, como um todo, são muito confusos para se chegar a qualquer conclusão clara.[16]

Ainda há esperança de que possamos usar a oxitocina intranasal para ajudar em nossa resposta à ansiedade? Sim. Esses estudos estão em estágios iniciais e ainda existem muitas manipulações interessantes e viáveis para tentar. Na verdade, qualquer neurocientista social lhe dirá que o trabalho com a oxitocina está crescendo a cada dia e, embora possamos não saber como usar a oxitocina intranasal da melhor forma para melhorar a ansiedade hoje, estamos aprendendo mais e mais sobre seus mecanismos a cada dia. Na verdade, essa pesquisa sobre a oxitocina é inspiradora: quanto mais entendemos seus mecanismos e como podemos aumentar seus níveis, mais seremos capazes de lidar com a ansiedade social.

· O PODER DO QS ·

A empatia e sua irmã, a compaixão, são, em última análise, superpoderes de ansiedade. A compreensão de como podemos desenvolver nossa capacidade para ambos é baseada na ciência da inteligência social, ou QS. Uma área mais recente da pesquisa em neurociência focou o QS e sua importância para nosso senso geral de bem-estar. De acordo com Daniel Goleman, pensador e autor dos best-sellers *Inteligência Emocional*[17] e *Inteligência Social*,[18] existem cinco funções principais do cérebro social:

1) Sincronia de interação: essa coordenação automática de comunicação não verbal bidirecional é aprendida inicialmente entre mãe e bebê, preparando o terreno para o apego, as habilidades de comunicação e a compreensão do que esperar e de como conduzir uma interação regular com os outros.

2) Tipos de empatia: empatia não é um aspecto único. Existe a empatia primordial, que nos permite discernir automaticamente os estados emocionais óbvios em outras pessoas — medo, nojo, tristeza etc. —, que são as emoções pré-configuradas em nosso cérebro que não requerem cognição superior para reconhecer ou interpretar; e há a empatia cognitiva, que é uma habilidade aprendida que requer inferências, reconhecimento, atenção e percepção mais matizados e sofisticados. Pessoas que são socialmente sensíveis ou têm uma condição como o autismo podem ter dificuldade ou ser incapazes de sentir empatia.

3) Cognição social: é a nossa capacidade geral de nos comportar em grupos sociais, ler expressões faciais, ouvir, alternar a fala e conviver com os outros de maneira harmoniosa.

4) Habilidades de interação ou comunicação: essas habilidades elementares nos possibilitam falar, ouvir e nos comunicar com outras pessoas.

5) Preocupação com os outros: essa função é rudimentar, permitindo-nos construir laços com os outros para que tenhamos nossas necessidades básicas satisfeitas; e complexa, ajudando-nos a construir conexões profundas e significativas com os outros. Em outras palavras, nascemos com a capacidade de cuidar dos outros porque isso é útil para nós e para nossa sobrevivência.

Os caminhos para desenvolver essas habilidades estão programados em nosso cérebro; no entanto, seu desenvolvimento saudável depende de vários fatores. Como mencionei, parte dessa configuração precisa ser estabelecida no início da vida, por meio da fala, do toque, do olhar e do cuidado com uma criança; essa é a essência do apego saudável.

A boa notícia é que nosso cérebro, muito plástico, nos permite desenvolver muitas dessas habilidades sociais ao longo do tempo e por meio da experiência. Lavon cresceu em um subúrbio de classe média nos arredores de Atlanta. Ele não era nem o garoto mais pobre nem o mais rico da escola, mas o que poderia faltar em sua família de quatro pessoas era compensado com amor, apoio e conexão. Os pais de Lavon sempre tiveram um relacionamento amoroso. Eram melhores amigos, não tinham vergonha de demostrar afeto publicamente e, como pais que trabalham, sempre apoiaram os talentos e as ambições um do outro, com um forte desejo mútuo de maximizar o tempo com a família. Eles demonstraram esse mesmo amor e apoio incondicional para com os dois filhos. Como pais, eles tendiam mais para o lado rigoroso, mas sempre enfatizavam seu amor. Havia brigas, desentendimentos e até mesmo vozes mais exaltadas, mas também rápido perdão, e o lar era na maior parte do tempo preenchido pelo riso de familiares e amigos.

Lavon, dois anos mais velho que a irmã, era um garoto agitado. Ele não conseguia ficar parado, o que às vezes irritava seus pais e o colocava em apuros na escola. Então, quando chegou à terceira série, descobriu o basquete e começou a jogar todos os dias, horas a fio. Ele não apenas ficou muito bom no esporte, mas muita de sua "agitação" diminuiu quando passou a jogar. Claramente, o exercício e o foco da competição ajudaram a acalmar seu sistema nervoso, lidando com aquele primeiro nível de ansiedade negativa.

Quando chegou ao ensino médio, Lavon vivia para o esporte. Ele adorava jogar e fazer parte de uma equipe. Ele prosperava em um ambiente com espírito de equipe positivo, camaradagem e amor compartilhado pelo esporte. Mesmo quando desentendimentos surgiam na quadra, Lavon tinha um jeito de dispersar rapidamente a situação. Ele era capaz de enxergar os dois lados de qualquer situação, resistir a tomar partido e ajudar a conciliar facções divididas. Era o jogador de equipe perfeito e logo foi considerado um líder.

Lavon encerrou sua carreira no ensino médio sem vencer o campeonato estadual, apesar de seu grande esforço, mas ainda assim ganhando uma bolsa como jogador de basquete em uma grande universidade. Lavon sempre foi um bom aluno, embora não fosse excepcional. Mas logo depois que chegou à faculdade, o tempo necessário para a prática quase diária do basquete, aliada à nova carga de trabalho de nível universitário, o deixou com dificuldades em suas aulas. Gradualmente, sua confiança na quadra não foi suficiente para manter a ansiedade sob controle. Sua atenção ficou fragmentada, e ele se sentia sempre no limite. Tornou-se mais distraído, porque suas notas estavam abaixo da média, e angustiado por pensar que talvez ali não fosse seu lugar. Ele começou a se afastar dos companheiros de time, questionando se valeria a pena continuar jogando.

Lavon sabia que estava com dificuldades. Mas então algo transformador aconteceu. Ele ouviu uma vozinha dentro dele lhe dizendo que pedisse ajuda, e ele decidiu ouvi-la. A primeira pessoa que ele procurou foi um dos técnicos do time de basquete. O treinador Phillips não poderia ter sido mais solícito. Ele ouviu os problemas de Lavon e percebeu que a tendência do jovem ao perfeccionismo o impedia de pedir a ajuda acadêmica de que precisava. O treinador o indicou a um tutor no campus, que o ajudou a encontrar estratégias de estudo mais eficientes, que se encaixassem em sua intensa agenda de treinos.

O treinador Phillips também sabia como era importante para Lavon se sentir o membro valioso da equipe que ele de fato era.

Manteve contato próximo para ter certeza de que Lavon estava se sentindo melhor em fazer parte do time, e até pediu a outro jogador, Albert, que passasse mais tempo com o jovem. Lavon mencionou sua luta ao amigo e descobriu que Albert havia passado por dificuldades semelhantes quando era calouro. Lavon percebeu que era possível resolver os problemas que estava enfrentando e se sentiu apoiado, em todos os âmbitos, para fazer isso.

Anos depois de terminar a faculdade, Lavon sempre pensava na importância do suporte que recebeu durante aqueles tempos difíceis. Ele viu o poder de buscar ajuda e percebeu que queria ajudar as pessoas dessa forma. Queria usar suas habilidades de liderança e trabalho em equipe não apenas para ajudar as pessoas, mas também para fazer algo de bom no mundo. Lavon estava aprendendo como maximizar suas habilidades sociais com base em sua ansiedade do bem.

Durante seu último ano, ele foi trabalhar para o candidato local ao congresso, de quem ouvira falar e em cuja mensagem acreditava. Lavon logo se tornou um grande trunfo nas eleições que se aproximavam e demonstrou um talento natural para a vida política. Ele adorava falar com as pessoas, compartilhar suas histórias e percepções e, especialmente, adorava falar com pessoas indecisas ou com pontos de vista opostos. O jovem tinha o talento para uma discussão aberta com qualquer pessoa com qualquer ponto de vista e gostava dessa experiência, em vez de evitá-la. Ele não precisava "ganhar" a conversa. Isso era a empatia em ação.

A conclusão da história de Lavon é dupla. Primeiro, Lavon tinha muitos exemplos de interação social positiva, observando os pais se comunicarem com amor e respeito e fazendo parte de um time de basquete. Ele foi, então, capaz de reconhecer na própria vida a forma como essas habilidades funcionaram para ele: elas amenizaram sua "agitação" inerente, como ele chamava, e também se tornaram um veículo para feedback positivo de companheiros de equipe e do treinador, o que ajudou a reforçar sua motivação para se conectar e perseverar apesar dos contratempos. Em segundo lugar, por ter sido capaz de enxergar essas ferramentas à sua disposição, ele também foi capaz de recorrer a elas quando precisava de ajuda. Pedir ajuda, como qualquer professor lhe dirá, não é apenas característica de um bom aluno, mas também sinal de maturidade e perseverança. Embora à primeira vista essa ideia pareça senso comum, este é um erro de percepção recorrente. Nossa cultura (ocidental, norte-americana) está enraizada no conceito de autossuficiência e coloca enorme ênfase em ser independente. Com frequência, esses valores de autodeterminação se confundem com a ideia de que, de alguma forma, é ruim precisar de ajuda, como se pedir apoio fosse sinal de fraqueza. No entanto, o que a ciência sugere é exatamente o oposto: pedir ajuda é um sinal de fortes habilidades sociais.

A ansiedade de Lavon estava chamando sua atenção para suas inseguranças sobre seu desempenho acadêmico e para suas inseguranças sobre seu papel como membro do time de basquete. O mais importante nessa história é que Lavon reconheceu que a ansiedade não lhe estava dizendo que ele era um fracasso, mas, sim, para pedir ajuda. Ele foi capaz de alavancar sua boa ansiedade para ir além e desenvolver confiança social e empatia. Conseguiu transformar isso em um senso mais amplo de empatia e encontrou uma maneira de ser o seu eu mais autêntico, ao mesmo tempo que criava conexões genuínas com outras pessoas.

· VOCÊ PODE APRENDER QS ·

Adam, filho único, sempre foi tímido e introvertido. Desde bebê, ele se agarrava à mãe e chorava se não a visse. Ele ficou um pouco mais aventureiro à medida que crescia, mas sempre foi um menino quieto, com voz suave, que parecia socialmente desajeitado e ansioso. Seus pais eram quietos e reservados e não se socializavam muito, então Adam teve poucas oportunidades de aprender.

Embora Adam nunca tenha tido muitos amigos, ele amava qualquer tipo de anime. Tinha uma fértil imaginação e se perdia nas histórias que criava. Ele adorava criar cenários com as palavras, e não foi por acaso que a maioria do reforço positivo que ele experimentou na vida veio de suas criações.

No colégio e na faculdade, a vida de Adam consistia em escrever seus trabalhos escolares, ocasionalmente se encontrando com um conhecido, mas em geral ele passava a maior parte do tempo sozinho na frente de um computador. Depois da faculdade, ele conseguiu um emprego como desenvolvedor de software freelancer, trabalhando principalmente por conta própria, já que seu trabalho não exigia contato pessoal, o que parecia ser adequado para ele. De vez em quando saía para encontros, mas nunca sentia como se soubesse o que estava fazendo. Ele também não tinha certeza se alguma das mulheres desejaria um relacionamento de longo prazo com ele — será que ele não era um chato?

Um dia, sem justificativa, foi demitido do emprego, o que desencadeou uma onda de preocupação com o dinheiro, que se agravou porque não tinha com quem partilhar os seus medos. Ele sabia que, se contasse aos pais, eles reagiriam de forma exagerada, e isso só o faria se sentir pior. Não queria ser um fardo para ninguém. Logo se sentiu intensamente sozinho, pela primeira vez em muito tempo. Escrever, que sempre foi fonte de conforto e prazer, não ajudava. A sensação de solidão o assustava, mas ele não sabia bem o que fazer.

Adam sempre desejou ter uma vida social melhor e uma rede de amigos, mas sempre se sentiu muito ansioso e inseguro para fazer qualquer coisa a respeito. Um dos melhores artigos que leu sobre o assunto sugeria que ele começasse a construir uma base social a partir de algo de que já gostava, fazia bem e sobre o qual gostasse de falar. Havia apenas uma opção aqui: seu próprio trabalho. Ele imaginou que poderia falar sobre a criação de animes, o processo e seus artistas favoritos. Aí ele teve uma ideia: faria um curso para aprender a dar aulas de anime.

O curso fez maravilhas por Adam. De repente, toda semana ele entrava em um espaço onde queria não apenas compartilhar e fazer perguntas, mas interagir e aprender com as pessoas de lá. Provavelmente pela primeira vez na vida, participou com facilidade de conversas com estranhos sobre todos os tipos de modelos de anime. Foi divertido, fácil, e ele não sentiu nem um pingo da ansiedade que normalmente sentia ao iniciar uma conversa com alguém desconhecido.

Ele percebeu que todas aquelas dicas para ser mais social ajudaram muito. Lá estava ele, tendo uma aula com pouco ou nenhum medo de interagir com os colegas e realmente ansiando pela aula semanal. Mas então, quando finalmente se sentiu à vontade naquele ambiente, começou a perceber que uma das razões pelas quais ele se sentia tão confortável era que muitos dos aspirantes a artistas em sua turma eram como ele — calados, tímidos, com muito a dizer guardado em suas cabeças, mas sem muita prática em falar em voz alta. Adam percebeu que não apenas entendia perfeitamente aquelas pessoas, mas sabia exatamente o que fazer para ajudá-las: apenas ser paciente e começar aos poucos. Ele assumiu o papel de professor, percebendo que mesmo uma resposta monossilábica era um ótimo começo; ele tentava puxar assunto e incentivar os outros alunos a conversarem depois da aula, quando era mais fácil falar, sem tantas pessoas assistindo. A maior lição de Adam foi que a empatia se tornou a cura definitiva para sua ansiedade.

Adam de repente se tornou menos introvertido? Não. Ele deveria? Não. Mas ele aprendeu que sua ansiedade por encontrar um lugar para si mesmo em uma comunidade social poderia ser aliviada pelas mesmas ferramentas que usava para lidar com outras ansiedades. Contação de histórias e animes lhes trouxeram alegria e alívio; ao perceber que esses interesses poderiam trazer alegria e alívio para outras pessoas, ele encontrou um caminho para ingressar na comunidade. Além do mais, a empatia de Adam lhe possibilitou reconhecer que havia outras pessoas lutando contra ansiedades que ele conhecia muito bem; e ao compartilhar as próprias estratégias de enfrentamento com elas, sua empatia se tornou uma tábua de salvação para outras pessoas que também estavam lutando para encontrar a própria comunidade. Todos em suas aulas se beneficiaram com o reconhecimento de Adam de que compartilhavam lutas e interesses comuns. Ele estava simplesmente mais confortável com o desconforto, e o meio para isso era aprender que a empatia ativava sua inteligência social e lhe dava confiança para mudar sua interação apenas o suficiente. Desse modo, a ansiedade de Adam lhe deu acesso a um mundo maravilhoso de experiências que, de outra forma, não teria.

· O SUPERPODER DA COMPAIXÃO ·

A empatia é incrível, mas há algo ainda mais incrível: a compaixão. A compaixão é, em certo sentido, o superpoder mais "simples" da ansiedade. Ao mostrar compaixão por todos os seus gatilhos pessoais de ansiedade, você consegue diminuir a ansiedade dos outros e a sua ao mesmo tempo.

Eu penso em compaixão como uma empatia turbinada. A compaixão começa com nossa consciência de que nossas ações, pensamentos, palavras e maneiras de nos comunicar com os outros têm um efeito, seja ele visível ou não. Um simples gesto, que pode durar apenas alguns segundos, tem o poder de trazer alegria a outra pessoa.

Você não precisa fazer uma maratona de 24 horas de gestos compassivos — tudo bem começar aos poucos. Preste atenção ao que sua ansiedade está pedindo. Use esses momentos como um ponto de partida para estender a mão para outras pessoas. Se sente ansiedade por ser a pessoa nova no trabalho, reserve um tempo para conversar com os outros novos contratados, para que se sintam à vontade. Se tem dificuldade em equilibrar filhos e trabalho, reserve um tempo para dar uma palavra de incentivo a outras mães e pais de seu círculo social. Dedicar um momento para imaginar o que outras pessoas podem estar enfrentando, que podem ser os mesmos desafios ou preocupações com os quais você está lutando, pode levar a uma enorme sensação de alívio.

Se você sofre de angústia, constrangimento ou pavor social, saiba que essa é uma resposta perfeitamente normal. Não importam as aparências; muitas pessoas estão lidando com ansiedade interna em situações sociais. Mas, como você viu, é realmente possível desenvolver seu músculo social e usá-lo para impulsionar suas conexões — e sua ansiedade lhe dará as pistas sobre que tipo de atitudes ajudariam as outras pessoas. Ouça sua ansiedade com sinceridade, enquanto ela sinaliza onde residem suas hesitações e inseguranças, e pratique a empatia, oferecendo uma mão a outras pessoas que possam estar no mesmo barco. Lembre-se de que transformar ansiedade em compaixão é algo inerente — é, na verdade, o que sua ansiedade foi projetada para fazer por você. Juntas, a compaixão e a empatia podem protegê-lo contra a ansiedade negativa. Você pode usar sua ansiedade para se voltar mais para o mundo externo. Qual o resultado? A difusão da compaixão por seus semelhantes, por outras espécies e pelo planeta!

9

Turbine Sua Criatividade

A criatividade costuma ser descrita como um talento inato que alguns de nós têm e a maioria não. É descrita como algo misterioso, abstrato e incompreensível — é por isso que a consideramos tão instigante. Na minha juventude, o conceito de criatividade me fazia pensar nas pinturas impressionantes de Picasso ou Cézanne; na riqueza da prosa de Virginia Woolf; na amplitude alucinante do Museu Guggenheim Bilbao, projetado por Frank Gehry; ou nas sublimes catedrais renascentistas da Europa. Na ciência, o gênio criativo de cientistas como Marie Curie, Einstein ou, mais recentemente, Mary-Claire King (descobridora do gene do câncer de mama) me emociona. A música de Joni Mitchell, Bach, Lady Gaga e James Taylor me inspira. Sim, a criatividade parecia ser domínio de artistas e gênios. Mas, como muitas pessoas, eu havia entendido tudo errado. A concepção moderna de criatividade mostra que esta é uma capacidade fundamental do cérebro humano, algo não apenas transcendente, como uma obra-prima artística, mas também bastante comum. Criatividade é o que exercitamos quando resolvemos um quebra-cabeça ou problema, quando inventamos uma nova maneira de tricotar um suéter ou empilhar toras no quintal. A criatividade é composta de solução de problemas, invenção, insights e inovação. É algo grande e pequeno, sempre humano, de maneira inata, e profundamente enriquecedor.

Assim como a ansiedade negativa pode nos levar a um mindset que prejudica nosso desempenho em vez de ajudá-lo, sabemos que ela pode impedir a criatividade. Um exemplo clássico seria o bloqueio do escritor. Mas é a ansiedade que bloqueia as vias neurais para o pensamento criativo ou é o estado físico de ansiedade que paralisa nosso pensamento de alguma forma, criativa ou não? O que muitas vezes é mal compreendido é como a ansiedade pode *estimular* a criatividade, dando às pessoas o combustível para mergulhar fundo em si mesmas e emergir do outro lado; a criatividade pode nos fornecer uma maneira de processar nossos sentimentos negativos, incluindo a ansiedade. Repetindo, a ansiedade nos oferece uma maneira de reformular nossa compreensão da criatividade e, com essa compreensão, criamos (com perdão do trocadilho) maneiras de lidar com a ansiedade.

· COMO A ANSIEDADE PODE SILENCIAR A CRIATIVIDADE ·

Michaela estava sempre correndo atrás dos prazos. Como redatora e editora freelancer, ela era uma formiguinha trabalhando sem parar, sempre fazendo malabarismos com mais projetos de redação do que podia. Ela justificava seu modo de hiperestresse como um simples fato da vida e acreditava que viver no limite fazia parte do estilo de vida do freelancer. Estava sempre preocupada em conseguir pagar as contas, sem falar em guardar dinheiro para uma emergência.

Viver assim estava cobrando um preço. Ela havia sido recentemente diagnosticada com doença de Hashimoto, uma doença autoimune que afeta a tireoide. Alguns dos efeitos do mau funcionamento da tireoide são fadiga, irritabilidade e ansiedade. Nos últimos meses, a única maneira de ela conseguir fazer seu trabalho era tirando uma soneca no meio do dia e indo para a cama por volta das 20h30. Ainda assim, apesar dos cochilos, a qualidade de seu trabalho não estava em seu alto nível típico; seus projetos eram concluídos no prazo, mas não com o mesmo talento. Ela terminou com o namorado, sentindo que qualquer relacionamento era mais do que ela poderia suportar, e limitou ao máximo seus encontros sociais. Sua vida foi reduzida a apenas trabalho e nenhuma diversão.

O médico de Michaela prescreveu remédio para tireoide e, em seguida, disse-lhe em termos bem claros que, se ela não controlasse o estresse crônico, poderia esperar que outras condições surgissem. Essa ameaça chamou a atenção de Michaela. Ela percebeu que precisava fazer algumas mudanças imediatas em seu estilo de vida, então adotou uma dieta saudável e acrescentou exercícios e meditação à rotina. Por sugestão de um nutricionista, ela também começou a tomar um suplemento chamado ácido gama-aminobutírico (GABA), que melhora o humor e diminui a ansiedade, e começou a pesquisar mais sobre como a síndrome de Hashimoto é desencadeada pelo estresse. Ela aprendeu como o estresse crônico esgota o sistema cérebro-corpo de várias maneiras: quando as glândulas adrenais liberam muito cortisol, áreas importantes do cérebro são afetadas negativamente, incluindo o hipocampo, a amígdala e o CPF. (Como vimos nos capítulos anteriores, a ansiedade crônica esgota a neurogênese dessas importantes áreas do cérebro.) O corpo também sofre o impacto do alto cortisol crônico, aumentando a probabilidade de hipertensão, diabetes e doenças cardíacas, além de maior vulnerabilidade a doenças autoimunes.

Quando a conheci, conversamos sobre como ela estava lidando com o estresse. Para Michaela, assumir o controle de sua resposta ao estresse significava uma espécie de inclinação em direção à ansiedade, não para longe dela. Essa informação fez Michaela pensar sobre o que era realmente importante para ela: queria ser freelancer para sempre? Ela precisava de liberdade para criar os próprios horários ou se sentiria mais centrada em um emprego estável com um salário fixo? Ela sempre pensou que precisava do estilo de vida freelance para ser criativa e produtiva. Mas agora estava em dúvida: sua preocupação constante com dinheiro e em encontrar o próximo trabalho era claramente parte de seu estresse crônico. Talvez alguma estabilidade financeira diminuísse sua ansiedade? Seguir o fio da meada da ansiedade até as emoções conflitantes sobre o trabalho freelance versus uma renda estável lhe proporcionou uma visão valiosa sobre outras mudanças no estilo de vida, que ela poderia considerar a fim de fazer uma grande mudança.

Michaela começou a reformular seu pensamento e se candidatou a alguns cargos de redatora interna. O conteúdo não era tão empolgante para ela — era uma revista dedicada a cães e gatos —, mas pagava bem. Ela teria horários previsíveis e benefícios, assim poderia ter uma maior sensação de segurança. Então decidiu tentar. Em um mês, já se sentia muito menos ansiosa. Na verdade, ela se sentia com mais energia, em parte por causa do remédio, mas também porque sua vida parecia mais equilibrada. Ela descobriu que tinha energia extra, que começou a aplicar a seus projetos pessoais de redação. Começou apenas escrevendo em um diário todas as manhãs, como um relógio. Ela lera O Caminho do Artista, de Julia Cameron, e começou com um diário de apenas três páginas, sem um plano específico. Então, as três páginas viraram cinco e depois, seis. Logo, o esboço de um romance tomou forma.

As preocupações de Michaela com dinheiro alimentaram sua ansiedade nas alturas, impedindo-a de perseguir suas ambições criativas de escrever um romance e até mesmo resultando em uma doença real. Mas ela não estava realmente motivada a fazer mudanças positivas, até que sua ansiedade se tornou impossível de ignorar. No entanto, quando parou para analisar atentamente sua vida e seus hábitos, percebeu que não queria aceitar uma vida limitada pela ansiedade, e agora por uma doença autoimune. Ela havia ignorado a ansiedade com o dinheiro por tanto tempo que isso se converteu em uma crise de saúde capaz de lhe chamar a atenção. Só então ela conseguiu avaliar o que a ansiedade estava lhe dizendo — ela precisava reexaminar a história que estava contando a si mesma e fazer algumas mudanças. Aceitar um emprego em tempo integral significava fazer algo que não correspondia à história que estava contando — mas também lhe deu uma vida muito mais próxima daquela que ela desejava.

No final das contas, Michaela foi capaz de redirecionar sua energia de uma forma criativa e significativa. E eis a melhor parte: ela sempre separou a própria escrita da escrita remunerada, mas, com a energia renovada, descobriu que essa falsa separação apenas alimentava sua ansiedade. Também percebeu um benefício adicional, que parece ter mudado sua vida: com a ansiedade sob controle, ela agora tinha espaço mental e emocional e energia física para ser mais produtiva criativamente. E esse foi o melhor presente de todos.

A história de Michaela não apenas ilustra nossa capacidade de mudar nossos comportamentos, mas também ressalta o poder da criatividade como fonte de transformação e de cura. Michaela sempre terá de lidar com o distúrbio da tireoide; sempre terá de ter cuidado com a resposta exacerbada de seu corpo ao estresse. No entanto, agora que ela sabe como administrar sua resposta ao estresse e consegue controlar a ansiedade, sua criatividade se tornou uma fonte de energia, equilíbrio e bem-estar.

·CRIATIVIDADE É UMA CARACTERÍSTICA PESSOAL?

É possível dizer que tive que reconhecer, ou admitir, que sou, de fato, criativa. Alguns anos atrás, eu nunca teria me dado essa designação. Mas a pesquisa e minha própria experiência provaram que estava errada. Todos nós podemos ser criativos. Ao mesmo tempo, é interessante conhecer as características que os pesquisadores atribuem às pessoas criativas, como se alguns traços de personalidade ou de temperamento definíveis pudessem ser associados à criatividade.

De acordo com estudos, pessoas criativas demonstram:

- tolerância à ambiguidade;
- perseverança;
- relativo desinteresse na aprovação social;
- abertura para a experiência (ou seja, para novas experiências);
- atitude pró-risco.

Algumas pessoas realmente nascem com esses traços de temperamento, mas outras, eu inclusive, têm menos da metade dessas características. O pensamento criativo depende de todas elas? Ou apenas de algumas?

Meu ponto aqui é que um dos muitos equívocos sobre criatividade é a ideia de que você precisa ter uma personalidade criativa para ser criativo, pensar criativamente ou usar o pensamento criativo como um meio de resolver problemas ou inovar. Assim, entendendo que os tipos de pensamento que permitem a criatividade podem ser aprendidos, considere cada uma destas características e a probabilidade de você colocá-las em prática:

- Tolerar a ambiguidade: Isso não é semelhante a ficar mais confortável com emoções difíceis ou dolorosas, como a ansiedade?
- Perseverar diante de obstáculos ou fracassos: Isso não é nutrir um mindset ativista e escolher seguir em frente, usando feedback para tentar novamente?
- Desconsiderar o potencial de desaprovação social: Não é uma disposição em pensar por si mesmo e pedir ajuda quando precisar?
- Adotar uma atitude aberta em relação a novas experiências ou a uma mudança de comportamento: Não é essa a essência da flexibilidade cognitiva?
- Sair da zona de conforto e experimentar algo sem garantia de sucesso: Isso não é o desejo de se engajar, aprender e curtir uma atividade apenas pelo prazer?

Por que acho que adotar uma abordagem criativa à vida é benéfico? Porque reforça a flexibilidade, a abertura e o desejo de aprender e crescer. E todos nós temos o potencial de ser criativos e usar essa criatividade para controlar os aspectos negativos da ansiedade e canalizar o que ela oferece de bom. Tudo se resume a desenvolver as habilidades que acompanham a ansiedade do bem: um mindset ativista, uma vontade de treinar a atenção para um objetivo específico e a coragem de tentar. É também um lembrete da importância de aprender a tolerar esses estados negativos não SÓ pela criatividade, mas para ajudar a transformar a ansiedade em um superpoder. Eu, durante muito tempo, não consegui tolerar muita desaprovação. Sempre busquei aprovação e apoio antes de seguir em frente, o que me manteve em um caminho positivo e produtivo na ciência em alguns aspectos, mas provavelmente me impediu de fazer descobertas ainda mais criativas em outros. Para mim, foi preciso atingir um certo nível de experiência, em que outros passaram a buscar minha aprovação, para eu perceber que a pessoa mais experiente em um determinado contexto não era necessariamente o melhor mentor — talvez a pessoa mais nova na equipe seja quem realmente tenha uma ideia criativa para compartilhar. Isso de fato me ajudou a superar meu apego à aprovação social. Os fracassos me ensinaram como melhorar meu trabalho; mesmo os comentários negativos que recebi nas primeiras iterações de um novo produto foram muito úteis para mudar rapidamente de um caminho ruim para um melhor. O fracasso faz parte do processo; o feedback nos ajuda a melhorar. Não que eu busque essas visões negativas, mas elas nos ajudam a aprimorar nossas ideias ou produtos como nenhuma crítica entusiasmada jamais fará!

· ENTÃO, O QUE É CRIATIVIDADE? ·

Uma das melhores definições que encontrei é esta: criatividade é "a capacidade de produzir um trabalho que seja tanto novo (ou seja, original, inesperado) como apropriado (ou seja, útil, adaptável em relação às restrições de tarefa)".[1] Embora ainda estejamos relativamente no início de nosso estudo científico da criatividade, aos poucos chegamos a um consenso sobre algumas das vias e processos neurais subjacentes que são acionados durante qualquer tipo de exercício criativo. Antes de olharmos dentro do cérebro, por assim dizer, vamos começar com uma definição clara de criatividade.

Como disse um cientista,[2] a criatividade é "um processo essencialmente darwiniano" porque sempre se resume a selecionar quais novas ideias são também apropriadas, relevantes ou úteis. A teoria da relatividade de Einstein é uma novidade? Sim. É útil? Duas vezes sim! Será que a descoberta de uma estilista desempregada de que ela pode usar seu tempo "livre" durante a pandemia de Covid-19 para fazer máscaras em vez de camisetas chiques e cachecóis é nova? Sim. É útil? Sim, também. A criatividade inspirou os cientistas a aproveitar o poder das células T e transformá-las em assassinas de células cancerosas, e a criatividade levou à fusão do hip-hop com a história norte-americana para criar o fenômeno

Hamilton. Permitir que nossas mentes vaguem para além do que é familiar estimula a criatividade.

Do ponto de vista da neurociência, a criatividade é uma forma de *processamento de informação* que pode ser emocional ou cognitivo, deliberado ou espontâneo:

- Experiência espontânea de insight ou epifania quando a solução para um problema aparece.
- Depois de muita persistência e trabalho árduo (ou seja, deliberação), você ganha um novo entendimento ou faz uma nova conexão.

Podemos reconhecer como a criatividade aparece na vida real. A antropóloga que trabalha na área há três anos entrevistando pessoas e revisando longos artigos de pesquisa pode não considerar um processo criativo os longos dias e noites passados na árdua, mas um tanto mecânica, tarefa de fazer anotações e transcrevê-las, do áudio para a escrita. Mas quando ela se senta e começa a sintetizar as notas, extraindo os temas abrangentes que ocorrem nas variadas entrevistas, esse processo de ponderar e traçar conexões e conclusões é um processo criativo. O trabalho árduo, a persistência e a pesquisa são todos parte do que permite que as conexões e o insight ocorram.

Minha querida amiga Julie Burstein, especialista em criatividade e autora de *Click: Como funciona a criatividade*,[3] concorda que a criatividade não é uma capacidade de poucos, mas uma capacidade que todos podemos desenvolver e cultivar. Ela diz que todo indivíduo consegue ativar essa capacidade se:

1) prestar atenção ao mundo ao redor e permanecer aberto a novas maneiras de pensar e ser;

2) aceitar o desafio e a adversidade e aprender como superar seus limites percebidos;

3) relaxar o suficiente para que seja divertido;

4) reconhecer que as experiências emocionais mais difíceis e inevitáveis à existência humana podem alimentar a expressão criativa.

Observe que metade dessas sugestões sobre como aumentar a criatividade se concentra em desafios ou experiências emocionais difíceis, enquanto a outra metade (por exemplo, maior atenção e desapego) exige que se sinta relaxado o suficiente, e não paralisado por excesso de estímulo ou de excitação: essencialmente, estar na faixa da ansiedade do bem da função cognitiva. Curiosamente, mesmo a ansiedade do mal pode levar a algo diferente. Em nossas lutas inevitáveis, o estresse, a dor, o medo e o desconforto muitas vezes se tornam motivação para buscarmos alívio, algum tipo de solução ou uma resposta para o motivo de estarmos nos sentindo mal. Esses sentimentos negativos podem ser uma matéria-prima valiosa para ideias ou invenções criativas. Os superpoderes do mindset, da produtividade e do desempenho exigem uma mudança da ansiedade negativa à positiva para funcionar. O que estamos começando a entender sobre o superpoder da criatividade é que, pelo menos, parte dele é acessada e inspirada pelo enfrentamento de emoções dolorosas.

Há muita discordância entre cientistas e teóricos a respeito de como estudar a criatividade e como rastrear seus processos até vias funcionais ou áreas estruturais. Na verdade, como dois dos maiores especialistas em criatividade afirmam em sua recente visão sobre o pensamento criativo: "Não há um único mecanismo cognitivo ou neural em que possamos nos basear para explicar as extraordinárias capacidades criativas de um Einstein ou de um Shakespeare."[4]

Onde quero chegar? A criatividade é especial — e de várias maneiras. E é também um produto de nossos esforços para processar nossas emoções. Portanto, vamos primeiro examinar o que sabemos sobre a base da criatividade no cérebro e, em seguida, explorar como podemos empregar nossa ansiedade positiva e negativa para aumentar nossa capacidade de sermos criativos de uma forma plena e que expanda nossos horizontes.

· ONDE FICA A CRIATIVIDADE NO CÉREBRO ·

Embora a princípio os neurocientistas pensassem no CPF como a "sede" da criatividade, agora sabemos que muitas áreas do cérebro estão envolvidas no pensamento criativo: pensamento abstrato, autorreflexão, flexibilidade cognitiva, mentalização e empatia, memória de trabalho e atenção sustentada e concentrada. Essas formas distintas de processar cognição e emoção se sobrepõem e interagem em diferentes tarefas criativas.[5]

O lado direito do cérebro (ou seja o hemisfério direito) há muito tempo é associado à paixão, emoção e falta de lógica. E também sabemos que é no lado esquerdo que a linguagem e o pensamento analítico, lógico e prático estão localizados. Bem, você pode se surpreender ao saber que a criatividade não está alojada no lado direito ou no esquerdo. A pesquisa mais recente sobre a base neural da criatividade mostra que uma ampla rede de áreas do cérebro está envolvida no processo de criatividade. A centelha criativa — também conhecida como um momento "eureka" — parece ocorrer em uma área específica do cérebro, o giro temporal superior anterior no lobo temporal do lado direito do cérebro.[6]

Os neurocientistas identificaram três grandes redes cerebrais que *geram* criatividade. Você já conhece uma delas, a rede de atenção executiva, conhecida por acionar e organizar nosso foco e atenção. As outras duas — a rede de saliência e a rede de modo padrão (RMP) — também ajudam a mapear as muitas interações entre o processamento descendente e ascendente, que envolvem diferentes dimensões do pensamento criativo.

A Rede de Atenção Executiva. A rede executiva, que você conheceu no capítulo sobre atenção, está centralizada no córtex pré-frontal e gerencia o controle inibitório, a atenção e a memória de trabalho. Todos os três são necessários para ativar e manter o foco e, também, desempenham um papel importante no processo criativo. Outra função-chave do córtex pré-frontal — a flexibilidade cognitiva — também está no cerne da criatividade. Essa parte do funcionamento executivo é o que nos permite olhar para um problema de uma nova maneira, tentar novas estratégias que conduzam a novas soluções, e possibilita o aprimoramento do pensamento. A flexibilidade cognitiva é necessária para abordar a solução de problemas de forma criativa.

A Rede de Saliência. A segunda rede cerebral relacionada à criatividade é chamada de rede de saliência. Ela é uma ampla rede de estruturas cerebrais que monitora eventos externos e pensamentos internos e possibilita que o cérebro alterne entre os dois, dependendo da tarefa. As áreas envolvidas nessa rede incluem os córtices cingulados dorsal e anterior, alojados dentro do córtex pré-frontal, bem como o córtex insular anterior. Também inclui a amígdala, o corpo estriado ventral, o tálamo dorsomedial, o hipotálamo e partes do corpo estriado. O pensamento criativo é marcado pela capacidade de pensar com flexibilidade e alternar entre ideias, sentimentos, estímulos externos, memórias e imaginação. Quando a rede de saliência é estimulada pela ansiedade do bem, ela possibilita uma rápida alternância entre o que pode ser considerado como as fontes internas e externas de inspiração criativa.

Rede de Modo Padrão (também conhecida como Rede de Imaginação). A terceira rede envolvida na criatividade é a rede de modo padrão (RMP). Essa área do cérebro tem sido historicamente associada à divagação da mente. É quando nosso cérebro está em repouso e não focado em uma tarefa deliberada que a rede de modo padrão do cérebro entra em ação e pode divagar. Essa rede é um bom exemplo de como a ansiedade pode ser negativa ou positiva. Quando a RMP fica presa na perseveração ou ruminação, ela piora a ansiedade; mas quando você está ciente da RMP e a usa como uma forma de brainstorming, a ansiedade é positiva e pode ser um estímulo para a criatividade e a imaginação. Na verdade, uma pesquisa recente demonstrou que o cérebro de pessoas altamente criativas apresenta uma capacidade de atenção inferior do que suas contrapartes menos criativas.[7] Quando estudado usando fMRI, este estado é marcado por padrões de atividade distintos, mas difusos, em muitas vias. Embora os cientistas se refiram a esse estado como de "descanso", é apenas um descanso, ou uma pausa, na atenção e no foco, deliberado ou com esforço. Em outras palavras, a ativação da RMP significa que muitos pensamentos e conexões estão sendo feitos no subconsciente. O neurocientista Randy Buckner descreve a RMP como envolvida na "construção de simulações mentais dinâmicas baseadas em experiências pessoais passadas, como as usadas durante a lembrança, o pensamento sobre o futuro e, geralmente, ao imaginar perspectivas e cenários alternativos ao presente".[8] Por esse motivo, outro líder de pensamento na área da criatividade humana, Scott Barry Kaufman, gosta de chamar a RMP de "rede da imaginação". Essa rede também envolve áreas do córtex pré-frontal, do lobo temporal medial incluindo o hipocampo — crucial na memória de longo prazo —, bem como do córtex do lobo parietal.

A importância dessas três redes foi recentemente confirmada por um estudo[9] que demonstrou que a capacidade de uma pessoa de gerar ideias originais pode ser prevista com segurança a partir da força das conexões dentro dessas redes e entre elas.

· DESCONSTRUINDO A CRIATIVIDADE ·

No espírito da abordagem científica bem definida, focada e clara para a criatividade, dois principais modos de processamento da criatividade foram identificados: o espontâneo e o deliberado. A criatividade espontânea se refere àqueles momentos "eureka" aparentemente inexplicáveis de insight que surgem do nada e sempre foram associados à RMP. A criatividade deliberada, por outro lado, é um processo descendente, estratégico, exigente e orientado à resolução de problemas, por isso envolve tanto a rede de controle executivo quanto a rede de saliência.

Em 1890, em uma história popular tanto na psicologia quanto na química, o famoso químico alemão Friedrich August Kekulé descreveu um sonho que teve enquanto cochilava diante do fogo: uma cobra "autodevorável" que o levou à ideia da natureza circular do benzeno, ou anel de benzina. Essa história muitas vezes foi apresentada como uma demonstração de criatividade espontânea. No entanto, análises mais recentes sugerem que, na época, outros já haviam descoberto e ilustrado o benzeno como uma estrutura em forma de anel, e a história do sonho era uma maneira criativa de não ter de compartilhar o crédito por essa descoberta. Enquanto o primeiro exemplo envolve criatividade espontânea, a última interpretação é claramente um exemplo de criatividade deliberada.

Existe uma vantagem em delimitar limites rígidos, distinguindo os dois tipos de pensamento criativo? Acredito que sim. Assim como na criação de um ambiente que favoreça o flow, você precisa se preparar para vislumbrar e experimentar o relaxamento e o envolvimento de estar na zona de criatividade. Sim, a centelha do insight ou da invenção pode parecer fácil, mas é sempre precedida por algum tipo de preparação. A criatividade permite — e até incentiva

— que nos sintamos confortáveis com todos os nossos sentimentos, incluindo a ansiedade. Além disso, a ansiedade faz um excelente trabalho ao chamar nossa atenção para as coisas que provavelmente provocarão uma resposta emocional — uma parte essencial da criação. A energia emocional — seja na forma de sentimentos negativos ou positivos — muitas vezes pode ser a inspiração para trabalhos criativos, como arte, escrita e música. Mas a produção artística também usa a cognição. A interatividade das três redes, bem como a distinção prática entre espontâneo e deliberado, emocional e cognitivo, levanta um ponto importante sobre a criatividade: independentemente de quão espontâneo ou deliberado um insight criativo possa ser, o cérebro sempre se vale do conhecimento que está armazenado em nosso banco de memória emocional e cognitiva. Como diz o neurocientista Arne Dietrich: "Tanto na arte quanto na ciência, a expressão de um insight criativo requer um alto nível de habilidade, conhecimento e/ou técnica que depende da resolução contínua de problemas".[10] A criatividade conecta os processos emocionais e cognitivos que nos ajudam a nos sentir mais confortáveis com nossa ansiedade; além do mais, o processo criativo pode, na verdade, ser uma válvula de escape para essa ansiedade quando nos esforçamos para transformá-la em algo belo.

Isso explica por que alguns cientistas sugeriram que existem estágios no processo criativo:[11]

1) Preparação com imersão na tarefa ou curiosidade sobre o tema ou área de interesse.

2) Estágio de incubação.

3) Geração de soluções ou montagem de peças de quebra-cabeça.

4) Geração de critérios para avaliar.

5) Seleção e tomada de decisão e/ou implementação.

Ao considerar aprimorar seu próprio espírito criativo, pense em como a excitação, a consciência e o engajamento de sua ansiedade do bem podem ajudá-lo a persistir ou a aceitar a frustração se estiver tentando resolver um problema, estimular sua curiosidade ou inspirá-lo a sair da sua zona de conforto e experimentar algo novo.

· USANDO O PENSAMENTO CRIATIVO PARA ACEITAR A ANSIEDADE ·

Em um nível, os mesmos processos que permitem o pensamento criativo são o que possibilita a mudança da ansiedade negativa para positiva:

- É a flexibilidade cognitiva que nos permite reformular uma situação e abrandar nossa resposta fisiológica ao estresse.
- É a capacidade de nos colocarmos no ponto de vista de outra pessoa que nos permite encontrar outra maneira de identificar nossa resposta à ameaça.
- É a atenção sustentada e concentrada que nos permite aumentar nossa compreensão de nossa ansiedade e então exercer mais controle de cima para baixo (via descendente) sobre como agimos sobre ela.

O pensamento criativo não apenas reforça nossas ferramentas para transformar a ansiedade negativa em positiva, mas também surge quando se está em um estado de ansiedade do bem. Por exemplo, o cérebro de pessoas criativas apresenta uma capacidade reduzida de filtrar informações externas; em outras palavras, pessoas criativas são menos capazes de manter um foco restrito.[12] O que isso implica? Que os pensadores criativos são expansivos e holísticos em sua forma de pensar.

Experimentos que examinam especificamente como treinar a capacidade de pensamento divergente têm mostrado que é possível "ensinar" o cérebro a ser mais criativo.[13] Aprendi isso em primeira mão. Como cientista de carreira, tenho uma lista de insights criativos gerados ao longo dos anos da qual tenho muito orgulho. Alguns são práticos; outros, herméticos (isto é, somente se você estiver estudando a eletrofisiologia do hipocampo por muitos anos conseguirá entender por que um determinado insight foi, de fato, bastante criativo). Mas talvez o insight de que mais me orgulho tenha nascido de um problema complexo, que precisava resolver para continuar meu trabalho.

....

Meu próprio exemplo de criatividade nascida da ansiedade é, na verdade, uma das coisas de que mais me orgulho em minha pesquisa de pós-graduação em neurociência. A primeira coisa que precisa saber é que passei seis anos fazendo meu doutorado. Eu estava estudando as áreas do cérebro importantes para a memória que ficam próximas ao hipocampo; o trabalho era muito empolgante, mas também longo e tedioso. Metade da minha tarefa era mapear as conexões dessas áreas próximas ao hipocampo; antes desses estudos, não tínhamos ideia de como eles se conectavam ao resto do cérebro. Eu sabia que os experimentos que estávamos fazendo tinham o potencial de ser realmente inovadores — estávamos explorando uma área do cérebro que havia sido negligenciada pelas pesquisas em neurociência e suspeitávamos que carregava a chave para nossa compreensão de como a memória de longo prazo funcionava no cérebro. Mas também sabia que, se não tivesse boas ferramentas para exibir minhas descobertas anatômicas para minha análise profunda, nunca conheceria em detalhes as descobertas que tinha em mãos. Que dilema!

Os estudos que fiz ajudaram a demonstrar que essas áreas cerebrais, antes negligenciadas, não estavam apenas fortemente interconectadas com o hipocampo, mas também recebiam informações generalizadas de todo o cérebro e agiam como uma espécie de área de funil que reunia informações de todo o cérebro e as processava para o hipocampo. Para fazer esses estudos anatômicos, injetei pequenas quantidades de corantes especiais nessas áreas do cérebro em que me concentrei, e o corante acabou sendo transportado para os corpos de todas as outras células que projetam informações para aquela área do cérebro em que o corante foi injetado. Passei centenas de horas ao longo de minha carreira de pós-graduação procurando manualmente as células cerebrais individuais rotuladas e usando um sistema de computador para indicar sua localização em um esboço — que eu fosse capaz de criar — da fina fatia do cérebro que eu estudava. Como essas áreas recebiam projeções de outras áreas, espalhadas por todo o cérebro, isso significava que eu tinha centenas de fatias finas por cérebro para escanear meticulosamente e plotar nelas as células rotuladas que observei, uma por uma.

Essa parte demorou muito, mas tínhamos o equipamento e bons microscópios para fazer isso com perfeição. Eu sabia que a potencial relevância de minhas descobertas dependeria de como eu seria capaz de transmitir o impacto das projeções que estava vendo e o que isso significava para as funções dessas áreas cerebrais. Estudos feitos antes do meu adotaram uma forma muito imprecisa de demonstrar as áreas do cérebro e as células rotuladas, fazendo esboços gerais da superfície do cérebro com "representação artística" da distribuição aproximada da rotulação. Mas essas ilustrações careciam de detalhes das distintas camadas de células e dos belos e amplos padrões de rotulação do cérebro, que diferiam entre os casos. Havia uma forma mais precisa de apresentar os dados, que era mais promissora. Seria a criação do que é conhecido como mapa desdobrado bidimensional do cérebro. Mas era 100% manual e não havia como automatizar. Sem ajuda extra, achei que teria oito ou nove anos pela frente para analisar, manualmente, todos os meus dados dessa maneira — é por isso que os cientistas anteriores optaram pela renderização do cérebro inteiro de forma mais artística, mas qualitativa, que descrevi anteriormente.

Isso me causou preocupação e ansiedade? Com certeza! A pós--graduação foi um período de seis anos em que tive que me acostumar com a ambiguidade da pesquisa científica. Eu sabia que estava trabalhando com cientistas de primeira linha, mas isso não me garantia uma descoberta de primeira linha na qual concentrar minha tese de doutorado.

Eu estava entre a cruz e a espada, com anos de trabalho "manual" pela frente. Fiz a única coisa que poderia nessa situação: ser criativa para "resolver" esse problema. Durante semanas, fiquei pensando em como poderia modificar o método ou automatizá-lo de uma forma que não havia sido feita antes. Era quase como se eu pudesse sentir minhas redes de controle executivo, de saliência e minha imaginação enviando ideias de um lado para o outro. Eu não estava me sentindo estimulada nem tinha uma fase bem-sucedida que me inspirasse a seguir em frente. Era uma estudante de pós-graduação estressada e preocupada com o fato de que meus milhares de horas de trabalho com microscópio não representariam o importante avanço científico que pensei que deveriam.

Um dia eu estava intrigada com o que fazer, sentindo-me cada vez mais ansiosa. Comecei a alinhar manualmente as minhas amostras de seções desdobradas do cérebro, uma a uma, e foi aí que tive a ideia. Essas seções cerebrais alinhadas pareciam as linhas da planilha do Excel em que eu estava trabalhando alguns minutos antes. Na verdade, conforme alinhava as seções e subdividia o córtex em pequenos pedaços, consegui contar as células rotuladas em cada pequeno pedaço do córtex. E ficou ainda mais parecido com as linhas e colunas de uma planilha do Excel! Eu tinha um conhecimento básico de Excel, mas não tinha muita prática. No entanto, senti que essa centelha de ideia valia a pena explorar. Era um pouco antes do feriado, então viajei para casa em San Jose, Califórnia, com o manual do Excel na minha bolsa para que eu pudesse "estudar" a planilha do Excel durante o feriado e ver se eu conseguiria usá-la de alguma forma para ajudar a automatizar minha análise anatômica. Descobri que não apenas as linhas e colunas do Excel eram exatamente análogas à maneira como eu vinha criando meus mapas desdobrados do cérebro manualmente, mas que eu poderia usar linguagem de programação para criar uma pequena macro para codificar com cores as diferentes células, dependendo de quantas células rotuladas fossem encontradas naquele pedaço do córtex. Os blocos com cem células poderiam ser automaticamente coloridos de vermelho, enquanto os blocos com apenas dez poderiam ser automaticamente coloridos de cinza.

Pulei de alegria na sala de estar de meus pais naquele Natal ao ler o manual. Embora eu não tivesse descoberto um sistema totalmente automatizado, ele me deu uma nova maneira quantitativa de ilustrar e armazenar os dados de todos os meus experimentos; acabei usando meu truque para analisar cérebros em planilha Excel por anos a fio, assim como os outros membros do laboratório. Essa foi uma façanha de criatividade inspirada e impulsionada pela ansiedade negativa. Mas também sei que o estresse do momento foi a luz que me guiou a encontrar minha solução. Agora vejo a solução de problemas desse projeto como um exemplo claro de pensamento divergente combinado com flexibilidade cognitiva e atenção sustentada.

······················

A criatividade é uma habilidade que precisa ser praticada; ela também requer que você a "siga", muitas vezes saindo da zona de conforto. Seu maior desafio é sair da zona de conforto e fazer algo sem garantia de sucesso? Tenho duas palavras para você: canto de cabaré. Fiz um workshop de canto de cabaré em Nova York, cuja conclusão exigia que eu cantasse duas músicas solo no palco, acompanhada de uma banda. Que legal! Havia alguns cantores maravilhosos e alguns apenas razoáveis no curso. Eu estava na última categoria. Adorei todas as sessões práticas e a sessão individual que tive com o instrutor, mas a noite da apresentação foi aterrorizante! Eu cantei "Walkin' My Baby Back Home", a versão de Nat King Cole, e "Sway", a versão de Michael Bublé — ambas músicas que adoro. Não ganhei nenhum Grammy naquela noite, mas sempre me lembrarei da mulher sentada na primeira fila à esquerda que estava sorrindo e batendo o pé durante toda minha apresentação. Essa pode ter sido uma das coisas mais corajosas que já fiz. Encontrei mais uma maneira de dar vasão à minha criatividade, a qual ainda estou explorando, e continuo cantando.

· CRIATIVIDADE E A LACUNA TRÁGICA ·

Em *Click: Como funciona a criatividade*,[14] Julie Burstein me ajudou a compreender a criatividade de uma forma muito mais matizada. Em seu maravilhoso livro, Julie descreve a história do escritor Richard Ford, que cresceu com uma dislexia que fazia com que só conseguisse ler muito lentamente. Mas o que Ford percebeu depois de muitos anos é que a exigência de uma leitura muito lenta permitia que ele apreciasse o ritmo e a cadência da linguagem com mais profundidade. Na verdade, ele atribui essa atenção aos detalhes da linguagem ao fato de ter se tornado o escritor vencedor do Prêmio Pulitzer que é hoje.

Eu adoro essa história porque ela mostra de maneira tão bela como algo que está tão fortemente associado à dor, à frustração e à ansiedade (isto é, dislexia para toda a vida) pode, com o mindset certo, realmente alimentar a criatividade.

Essa relação entre dor psicológica ou emocional profunda e criatividade não é nova. Alguns artistas sofreram de ansiedade e depressão profundas. Pense nos artistas — Van Gogh, Anne Sexton, Michelangelo, Georgia O'Keefe — que são conhecidos por sofrerem com problemas emocionais e que, em alguns casos, acabaram tirando a própria vida. Embora eu não ache que a dor seja um pré-requisito para ser um artista de sucesso, vale a pena contemplar as associações.

Julie diz que um caminho para a criatividade é a dor. Ela compara essa capacidade à geração de energia positiva, ao crescimento e à percepção do luto. Ela vê o conjunto de emoções negativas que define a depressão e a ansiedade como uma oportunidade de experimentar toda a gama desses sentimentos difíceis, tanto os sombrios, dolorosos e negativos quanto os divertidos, lúdicos e alegres. Ao abraçar a dor e a perda, sugere Julie, podemos encontrar o que o educador Parker Palmer chama de "lacuna trágica", a lacuna entre o que existe no mundo e o que você deseja criar; é como encarar o vazio do espaço e ser corajoso o suficiente para dizer: "Vou tentar!"

Tenho uma interpretação adicional da lacuna trágica: a lacuna desencadeada pela ansiedade negativa e que instiga nosso desejo inato de criar.

Foi com Julie que aprendi o que os neurocientistas estão descobrindo: que a criatividade tem a ver com a tensão entre o que você pode controlar e o que você deixa fluir; é algo que requer esforço ou surge naturalmente; envolve aceitar o cabo de guerra entre a ansiedade positiva e a negativa. Trata-se de aproveitar a excitação, a ativação e o engajamento da ansiedade, resistindo ao esforço excessivo que vem de muita ansiedade, persistência e ruminação de nossas infindáveis hipóteses "e se". Ao compreender as dimensões dos processos (pois não é apenas um processo) da criatividade, é possível afirmar que ela não só ativará positivamente a capacidade de expressão criativa, mas também o levará a usar mais de seu cérebro do que você jamais imaginou ser possível.

Podemos usar a dor para nos ajudar a criar algo útil, transformador e significativo. Você decide. Mas o processo em si é, em última análise, catártico, levando-nos para além de nós mesmos e devolvendo algo ao mundo.

PARTE TRÊS

A Arte da Boa Preocupação: Ferramentas para Acalmar, Reverter e Canalizar Sua Ansiedade

Então, como começamos a utilizar e maximizar a maravilhosa plasticidade de nosso cérebro? Como podemos nos dar a oportunidade de fazer outras escolhas, que sejam mais positivas para nós? Como podemos gerenciar melhor nossa ansiedade e aprender a canalizá-la?

Ao longo deste livro, você aprendeu como o cérebro funciona e as redes e interações subjacentes que ocorrem quando sentimos ansiedade e tentamos evitá-la. E espero que você tenha reconhecido como os cientistas têm estudado o cérebro e suas interações, e o que podemos fazer para controlar nossas próprias emoções, reações e comportamentos para melhor nos servir. Os capítulos da Parte Dois mostram como as diversas vias percorridas pela ansiedade podem ser acessadas e utilizadas para acelerar nosso foco, melhorar nosso desempenho, aprimorar nossa criatividade e elevar nosso QI social. E quando nos tornamos melhores em tudo isso, não apenas reforçamos nossa resiliência e administramos melhor nossa ansiedade como também abrimos as portas para os superpoderes.

Então agora é hora de voltar o foco para você.

Você pode descobrir que alguns dos superpoderes da ansiedade são mais fáceis de atingir do que outros. Por exemplo, pode descobrir que está mais inclinado a utilizar a via da atenção da ansiedade para aumentar sua produtividade, porque naquele momento precisa cumprir um prazo. Ou pode estar interessado em como a excitação da ansiedade pode ajudá-lo a melhorar seu desempenho e, até mesmo, conseguir desfrutar o gostinho de entrar em estado de flow. Você pode perceber que uma das razões pelas quais tem se sentido tão ansioso e mal-humorado ultimamente é ter passado muito tempo isolado; é hora de buscar o contato e se reconectar com amigos e familiares.

Todas as vias de ansiedade podem ajudá-lo a controlar sua ansiedade; e também podem levar a superpoderes ocultos. Mas vamos por partes. Nas páginas seguintes, reuni alguns questionários e pesquisas que podem ajudá-lo a tomar consciência de sua própria experiência de ansiedade neste momento. O objetivo dos questionários é ajudá-lo a determinar como você experiencia a ansiedade, quais situações normalmente a desencadeiam e como você normalmente lida com ela. O primeiro passo inerente a esse processo de autorreflexão é não apenas acalmar a ansiedade, para que ela não interfira em sua vida, mas também ativar o mindset que lhe permite revertê-la. Embora estejamos falando sobre como transformar sua ansiedade negativa em positiva, é mais correto pensar nesse processo como uma mudança de disposição em relação à ansiedade. Preste atenção às informações que sua ansiedade está comunicando. Depois de obter essa objetividade, você pode reavaliar a situação, os pensamentos ou as memórias. Com essa reversão, você assume a posição de tomar uma decisão consciente sobre o que fazer com os sentimentos.

Essa consciência é a chave para ajudá-lo a controlar a ansiedade, diminuir seu impacto ou, se desejar, começar a canalizá-la.

Os gatilhos para a ansiedade são onipresentes e infindáveis, mas nossas respostas a esses fatores estressantes não precisam ser inevitáveis. Somos capazes de "otimizar" nossas respostas a eles. Meu desejo é que você tire o máximo proveito do objetivo principal da ansiedade — um sinal de alerta para se proteger contra possíveis perigos — e direcione essa estimulação do seu cérebro-corpo.

À medida que você fica mais ciente dos gatilhos comuns que o deixam ansioso, pode decidir escolher o curso certo para você, em vez de simplesmente evitar esses gatilhos.

Esses exercícios foram elaborados para serem práticos, concisos e factíveis. Você deve ser capaz de escolher facilmente quaisquer ferramentas que o agradem e já começar a explorar a eficácia delas. O objetivo é usá-las para começar a controlar a ansiedade de forma que ela não interfira em sua vida e, então, aprender maneiras de utilizar essa energia. Em última análise, estas técnicas o ajudarão a tornar a ansiedade sua amiga. É essencial que você seja amigo de sua ansiedade e a conheça como um antigo colega de escola. A familiaridade permitirá que você desenvolva seu arsenal de ferramentas para modular, minimizar e reverter sua ansiedade de negativa para positiva; assim, você não apenas monitora cuidadosamente seu progresso — sucessos e fracassos — como celebra todos os sucessos, grandes e pequenos.

· CONHEÇA A SUA ANSIEDADE ·

A maneira como você sente ansiedade em um determinado dia muda. Por enquanto, para tomar mais consciência de suas respostas e do seu modo de processar a ansiedade, responda ao seguinte conjunto de perguntas. Lembre-se de que suas respostas hoje podem ser diferentes das de amanhã ou da semana que vem. Elas nunca são uma acusação contra você. Suas respostas são informações para serem usadas.

Tente ser honesto consigo mesmo ao respondê-las e preste atenção às sutilezas e nuances de sua experiência emocional. Entender como reconhecer em que ponto está no *continuum* ajuda a identificar sua linha de base de ansiedade pessoal.

PESQUISA Nº 1: O QUANTO ESTÁ ANSIOSO?

A lista de perguntas a seguir o ajudará a avaliar o quão ansioso você está se sentindo agora. Responda a estas perguntas sempre que puder, já que sua experiência de ansiedade é muito dinâmica. O número da resposta (1, 2, 3, 4) é sua pontuação na questão. Some os pontos em todas as perguntas para calcular sua linha de base de ansiedade.

A. *Nas últimas semanas, com que frequência você se sentiu incomodado por sentir-se nervoso ou preocupado?*

1. Nunca
2. Vários dias
3. Mais do que a metade dos dias
4. Quase todos os dias

PONTUAÇÃO: _____

B. *Nas últimas semanas, com que frequência você teve problemas para relaxar ou se divertir?*

1. Nunca
2. Vários dias
3. Mais do que a metade dos dias
4. Quase todos os dias

PONTUAÇÃO: _____

C. *Nas últimas semanas, com que frequência você se irritou ou se aborreceu facilmente com uma situação ou com outra pessoa?*

1. Nunca
2. Vários dias
3. Mais do que a metade dos dias
4. Quase todos os dias

PONTUAÇÃO: _____

D. *Nas últimas semanas, com que frequência você sentiu medo, como se algo terrível pudesse acontecer?*

1. Nunca
2. Vários dias
3. Mais do que a metade dos dias
4. Quase todos os dias

PONTUAÇÃO: _____

E. *Nas últimas semanas, com que frequência você teve problemas para dormir ou experienciou uma mudança em sua rotina de sono?*

1. Nunca
2. Vários dias
3. Mais do que a metade dos dias
4. Quase todos os dias

PONTUAÇÃO: _____

F. *Nas últimas semanas, com que frequência você comeu demais ou exagerou na sua guloseima favorita?*

1. Nunca
2. Vários dias
3. Mais do que a metade dos dias
4. Quase todos os dias

PONTUAÇÃO: _____

G. *Nas últimas semanas, com que frequência você teve problemas para se concentrar ou manter o foco?*

1. Nunca
2. Vários dias
3. Mais do que a metade dos dias
4. Quase todos os dias

PONTUAÇÃO: _____

H. *Nas últimas semanas, com que frequência você lidou com sua ansiedade recorrendo a substâncias como álcool, maconha, analgésicos ou outras substâncias para entorpecer seus sentimentos?*

1. Nunca
2. Vários dias
3. Mais do que a metade dos dias
4. Quase todos os dias

PONTUAÇÃO: _____

I. *Nas últimas semanas, com que frequência você se atrasou para o trabalho, os estudos ou outros compromissos?*

1. Nunca
2. Vários dias
3. Mais do que a metade dos dias
4. Quase todos os dias

PONTUAÇÃO: _____

J. *Nas últimas semanas, com que frequência você recusou um convite de seus amigos ou família para passar um tempo com eles?*

1. Nunca
2. Vários dias
3. Mais do que a metade dos dias
4. Quase todos os dias

PONTUAÇÃO: _____

K. *Nas últimas semanas, quão regular tem sido sua atividade física (incluindo caminhadas)?*

1. Eu me exercitei regularmente durante esse período
2. Perdi apenas alguns dias de exercício regular durante esse período
3. Perdi mais da metade de minhas oportunidades habituais de me exercitar durante esse período
4. Não me exercitei durante esse período

PONTUAÇÃO: _____

L. *Em uma escala de 1 a 10, sendo 1 o valor mais baixo e 10, fora de controle, como você classificaria seu nível de ansiedade geral nas últimas semanas?*

1 2 3 4 5 6 7 8 9 10

PONTUAÇÃO: _____

<u>TOTAL:</u>

SOME A PONTUAÇÃO TOTAL NAS PERGUNTAS

A – L: _____

GUIA DE PONTUAÇÃO:

12-18: Você parece estar experienciando pouca ou nenhuma ansiedade neste momento.

18-24: Você está experienciando algum nível de ansiedade neste momento.

24-30: A ansiedade cotidiana parece estar aumentando.

30-54: Os níveis de ansiedade estão muito altos neste momento.

Lembre-se de que a primeira vez que responder a essas perguntas lhe dará um parâmetro de seu estado naquele momento. A maneira como vivenciamos a ansiedade e gerenciamos nossas emoções pode variar de um dia para o outro, de uma semana para outra, de um mês para o outro, dependendo dos fatores estressantes em nossa vida. Seja gentil consigo mesmo; esta atividade não deve servir como julgamento; é apenas uma oportunidade para explorar seus sentimentos.

Além disso, você não deve comparar sua pontuação de ansiedade com a de outra pessoa. Todo mundo tem a própria linha de base. Uma pessoa pode ficar muito ansiosa ao não cumprir um prazo; outra, pode encarar um prazo perdido com naturalidade, confiando que concluirá a tarefa em um prazo satisfatório. Todos nós viemos a este mundo com temperamentos diversos e personalidades únicas, junto com uma linha de base fisiológica relacionada à nossa sensibilidade ao estresse. A boa notícia é que nossa resposta ao estresse é dinâmica; nós podemos mudá-la.

PESQUISA Nº 2: COMO VOCÊ SE SENTE QUANDO ESTÁ ANSIOSO?

O próximo passo depois de classificar seu nível de ansiedade é perguntar a si mesmo como a ansiedade o faz sentir. Você deve se lembrar da Roda da Emoção, do Capítulo 2. Existem muitos nomes para as emoções negativas que associamos à ansiedade; portanto, ser capaz de identificar e rotular seus sentimentos é um passo crucial para trazer consciência para sua experiência interior e aprender a controlar melhor a ansiedade e outras emoções negativas. Circule qualquer uma das descrições abaixo que esteja associada à sua ansiedade.

1) tenso
2) extenuado
3) angustiado
4) assustado
5) nervoso
6) agitado
7) indeciso
8) preocupado
9) confuso
10) inquieto
11) um fracasso
12) inadequado
13) triste
14) desgostoso
15) entendiado
16) desanimado
17) irritado
18) apavorado
19) distraído
20) pensativo
21) aborrecido

Ao começar a mapear sua própria resposta ao estresse, tenha em mente essas palavras e os sentimentos que elas evocam. Elas são mais familiares do que outras? Existem outras palavras que não estão na lista que você associe a sentimentos de ansiedade que possa estar sentindo?

PESQUISA Nº 3: QUAIS SÃO SEUS GATILHOS DE ANSIEDADE

Depois de reconhecer como a ansiedade faz você se sentir, é útil se concentrar no que tende a desencadear ansiedade em sua vida. O que tende a levá-lo a uma espiral de ansiedade? O que consta em sua lista de preocupações hipotéticas? O que normalmente faz você sentir preocupação, pavor ou medo?

Algumas fontes comuns de ansiedade, sem uma ordem específica, incluem:

- insegurança financeira
- insegurança alimentar ou fome
- problemas, desentendimentos ou conflitos em relacionamentos ou amizades
- ansiedade social (Será que me encaixo? Eu pertenço?)
- isolamento e solidão
- decepções no amor ou no trabalho
- ameaça ou perda de emprego
- filhos doentes ou com problemas
- doença de pais idosos
- morte ou perda
- adoecimento
- falta de sono
- medo de "pegar" uma gripe ou outro vírus ou infecção contagiosa
- medo de interações sociais
- medo de conflito
- medo de intervenções médicas

Quais são os seus cinco principais gatilhos para preocupação ou ansiedade? Ao identificar seus gatilhos, escreva-os em um diário ou em seu smartphone e classifique-os do mais preocupante (1) ao menos preocupante (5). E, claro, ao lado dos cinco principais gatilhos, descreva a situação, o pensamento ou a memória mais recente que evoca o sentimento, sendo o mais detalhista possível.

MEUS 5 PRINCIPAIS GATILHOS DE ANSIEDADE E QUAIS OS SENTIMENTOS QUE EVOCAM

O GATILHO	OS SENTIMENTOS QUE EVOCAM	SITUAÇÃO MAIS RECENTE

Mantenha esta lista sempre à mão e não tenha medo dela. Esse conhecimento é essencial para entender como usar essa rica caixa de ferramentas de técnicas e estratégias.

· SEUS AUTOCALMANTES ·

Quando você está ansioso ou chateado, o que costuma fazer para se acalmar? Sem pensar demais, leia as seguintes técnicas mais comuns usadas para acalmar. Quais são familiares para você?

1) Tomar banho no final do dia.

2) Sair para beber com amigos.

3) Comprar fast-food no caminho para casa.

4) Comer doces, como balas, sorvetes ou guloseimas.

5) Meditar.

6) Exercitar mais ou menos do que o normal.

7) Ligar ou fazer chamada de vídeo com amigos.

8) Tirar cochilos frequentes.

9) Fazer compras.

10) Beber álcool sozinho.

11) Fumar maconha.

12) Jardinagem.

13) Passar tempo ao ar livre na natureza.

14) Cozinhar.

15) Maratonar séries e programas.

Para determinar se essas estratégias de enfrentamento estão funcionando para você, consulte a lista de estratégias de enfrentamento positivas/negativas no Capítulo 3. Não quero que você se julgue. Em vez disso, pergunte a si mesmo se alguma de suas maneiras de lidar com o estresse está ajudando ou não. Alguma delas está atrapalhando? Gera efeitos secundários indesejados? Quais dessas estratégias de enfrentamento estão funcionando para você? Quais delas você poderia usar mais?

CRIANDO TOLERÂNCIA AO ESTRESSE

Como vimos, desenvolver a tolerância ao estresse requer que você se sinta mais confortável com sentimentos desconfortáveis. Se imediatamente tenta mascarar a ansiedade, afastá-la ou negar que a sente, perderá a oportunidade de usar para o bem a excitação e atenção que ela gera. Um bom primeiro passo é simplesmente aceitar seus sentimentos e mover-se na direção do desconforto ou da agitação, não se afastar deles. Ao nos permitir reconhecer e aceitar a realidade de nosso desconforto, fazemos duas coisas: 1) nos acostumamos com a sensação e percebemos que podemos de fato "sobreviver" a ela; e 2) nos damos tempo e espaço para tomar uma decisão mais consciente sobre como agir ou reagir. É exatamente assim que uma nova via neural mais positiva é estabelecida.

Esse processo envolve quatro etapas (uma delas você já fez!):

1) Tome consciência de suas emoções. Traga à mente um sentimento negativo recente, identifique-o e deixe que o sentimento o envolva.

2) Aceite o desconforto. Uma vez identificada a emoção, permita-se estar presente nos sentimentos que ela provoca, o que, no caso de ansiedade, pode envolver agitação e desconforto físico ou emocional.

3) Experiencie os sentimentos. Mantenha-se aberto para a sensação física ou emocional real. Aceite-a, concentre-se nela, não recue nem tente negá-la.

4) Faça uma escolha diferente. Agora é a hora de seu CPF entrar em cena e tomar uma decisão consciente de direcionar essa energia para um dos seis usos da ansiedade.

Antes de mudar ativamente sua ansiedade para algo produtivo, você precisa criar espaço emocional suficiente para que a mudança aconteça. Quanto mais você praticar essas etapas, mais automáticas elas se tornarão e logo poderão ser sua estratégia sempre que você começar a sentir que a ansiedade está atingindo um nível desconfortável.

COMO VOCÊ ESTÁ GERENCIANDO SUAS EMOÇÕES?

Não podemos subestimar o poder de nossas emoções. E, como vimos, uma das principais maneiras pelas quais aprendemos a lidar com o estresse de maneira diferente e a canalizar a ansiedade para que possamos nos beneficiar dela é conseguir regular ou administrar nossas emoções, especialmente as negativas. Este questionário simplifica duas estratégias gerais para o gerenciamento de emoções difíceis: reavaliação, que mostra flexibilidade cognitiva e desejo de resolver o desconforto; e supressão, que é considerada uma forma inadequada de lidar com o desconforto emocional. Ao responder a estas perguntas, seja honesto consigo mesmo. Este não é um exercício de julgamento, mas sim uma oportunidade de ver se está pronto e/ou disposto a lidar com sentimentos difíceis como a ansiedade.

QUESTIONÁRIO DE REGULAÇÃO EMOCIONAL (QRE)[1]

O Questionário de Regulação Emocional foi elaborado para avaliar as diferenças individuais no uso habitual de duas estratégias de regulação emocional: reavaliação cognitiva e supressão expressiva.

Para cada item, use a escala numérica a seguir para indicar se você discorda totalmente (1), é neutro (4) ou concorda totalmente (7).

1 -------2 -------3 -------4 -------5 -------6 -------7

1. ____ *Quando quero experienciar uma emoção mais positiva (como alegria ou diversão), mudo meus pensamentos.*

2. ____ *Guardo minhas emoções para mim mesmo.*

3. ____ *Quando quero sentir menos emoções negativas (como tristeza ou raiva), mudo meus pensamentos.*

4. ____ *Quando estou sentindo emoções positivas, tenho o cuidado de não expressá-las.*

5. ____ *Quando me deparo com uma situação estressante, tento pensar sobre ela de uma forma que me ajude a manter a calma.*

6. ____ *Eu controlo minhas emoções ao não expressá-las.*

7. ____ *Quando quero sentir uma emoção mais positiva, mudo a maneira como penso em relação à situação.*

8. ____ *Eu controlo minhas emoções mudando a maneira como penso sobre a situação em que estou.*

9. ____ *Quando estou sentindo emoções negativas, faço o possível para não expressá-las.*

10. ____ *Quando quero sentir menos emoções negativas, mudo a maneira como penso em relação à situação.*

·················

Para interpretar os resultados, primeiro observe como você respondeu às perguntas 1, 3, 5, 7, 8 e 10, que foram elaboradas para verificar com que frequência ou regularidade você reavalia uma emoção negativa. Essas perguntas também refletem seu desejo de sentir emoções positivas. Por exemplo, se você respondeu às perguntas 1, 3, 5, 7, 8 e 10 com pontuações mais altas (entre neutro e concordo totalmente), tende a lidar com emoções difíceis pensando na situação de maneira diferente. Essa é uma indicação de regulação emocional boa ou adequada. Responder às perguntas 2, 4, 6 e 9 com pontuações mais baixas é uma indicação de que, ao experienciar emoções — sejam negativas ou positivas —, você não suprime esses sentimentos. Esse também é um sinal de boa regulação emocional.

No entanto, as respostas ao primeiro conjunto de questões com pontuações mais baixas indicam uma dificuldade em controlar as emoções e uma necessidade de maior flexibilidade cognitiva. Além disso, pontuações altas para o segundo conjunto de questões (2, 4, 6 e 9) indicam uma tendência a suprimir as emoções. Isso também é um sinal de dificuldade com a regulação emocional.

·················

E este é o nosso objetivo: aprender a regular emoções de todos os tipos, como uma forma de transformar a ansiedade negativa em positiva e empregá-la a serviço de nossos próprios objetivos positivos.

· SUA CAIXA DE FERRAMENTAS DE ANSIEDADE DO BEM ·
Ferramentas para Acalmar a Ansiedade

RESPIRE

Uma das meditações baseadas em respiração mais rápida, fácil e eficaz que encontrei me foi apresentada por meu amigo e especialista em terapias de respiração/meditação, Nicholas Pratley.

Passo 1: Encontre um lugar tranquilo para se sentar.

Passo 2: Respire lenta e profundamente por 4 contagens.

Passo 3: Prenda a respiração por 6 contagens.

Passo 4: Expire lentamente por 8 contagens.

Passo 5: Repita mais 6–8 vezes conforme necessário.

Existem literalmente milhares de tipos diferentes de exercícios relaxantes de respiração que você pode fazer, incluindo apenas respirar normalmente se concentrando nos detalhes e na sensação do processo. Outro exemplo, comum em algumas aulas de ioga, é a respiração alternando as narinas. Use o polegar e o anelar da mão dominante para bloquear alternadamente a narina direita ou esquerda no seguinte padrão: primeiro bloqueie a narina direita e inspire pela narina esquerda contando até 4; em seguida, prenda a respiração por 4 contagens; desbloqueie a narina direita e expire lentamente enquanto bloqueia a narina esquerda. Comece novamente pela narina pela qual acabou de expirar. Sinta-se a vontade para procurar novas técnicas no Google e experimentá-las!

DESVIE SUA ATENÇÃO PARA ALGO POSITIVO

Quando estiver em uma situação indutora de ansiedade, tente se treinar para desviar sua atenção do elemento que a está ativando e se concentrar em algo positivo em sua vida. Em vez de se concentrar na palestra assustadora da qual não tem como escapar, converse com um amigo casualmente sobre o tema. Conte os quadrados do forro ou tente lembrar os nomes de todas as pessoas na sala. Permaneça no ambiente em que está, mas encontre uma maneira de torná-lo mais familiar. Essa prática de desviar a atenção pode parecer simples, e é, mas também pode ter um efeito poderoso e ajudá-lo a controlar a ansiedade.

COMEMORE SUAS VITÓRIAS

Uma ferramenta importante que o ajudará a lidar com situações que o deixam ansioso é lembrar-se de suas vitórias. Como? Passe algum tempo apreciando cada triunfo em sua batalha para transformar a ansiedade negativa em positiva. Sobreviveu à interação? Celebre! Conseguiu transformar ou modificar a situação para torná-la menos indutora de estresse? Merece um agrado — Starbucks para você!

ESCOLHA COM SABEDORIA

Lembrar que você tem controle sobre ao que está exposto é uma ótima maneira de contornar os gatilhos e dar-se um espaço para reavaliar. Assumir o controle de seu ambiente — onde você trabalha, vive, come, dorme e passa tempo e na companhia de quem — é uma maneira poderosa de compensar a sensação de que não está no controle de sua vida ou de suas emoções. Assumir o controle exige que você aja de forma consciente e deliberada, e não deixe que as "coisas aconteçam com você". Considere este exercício: da próxima vez que se deparar com o mau humor ou com a explosão de raiva de alguém, respire fundo e lembre-se de que a atitude dele não é problema seu. Pode parecer simples demais, mas cada vez que se distancia do humor ou da situação de outra pessoa, você reforça seus próprios limites.

MODIFIQUE A SITUAÇÃO

Algumas situações sempre desencadearão ansiedade, então, em vez de gastar energia tentando evitar ou escapar delas (o que geralmente leva a comportamentos mal-adaptativos), tente uma nova abordagem: prepare-se. Quanto menos incógnitas enfrentar, mais controle terá da situação. Por exemplo, se você odeia falar de improviso, certifique-se de que qualquer relatório a ser apresentado diante de um grupo seja devidamente preparado e escrito. Reserve um tempo para ensaiar, visualizando-se em pé ou sentado com seus colegas, apresentando o relatório em voz alta. Você pode enviar o relatório a quem for conduzir a reunião, para ele ser lido com antecedência, ou pode lê-lo antes para ter certeza de que está satisfeito com o que apresentará. A ideia aqui é que você sempre tenha opções, mesmo nas situações mais indutoras de ansiedade — especialmente se tiver algum tempo para traçar estratégias. Por isso é tão importante conhecer bem sua ansiedade, de modo que seja capaz de prever e até antecipar melhor as situações inevitáveis que possam lhe servir como gatilho. Quanto mais bem preparado você estiver, melhor conseguirá controlar a ansiedade.

DESCUBRA AS RAÍZES

Volte para sua lista dos cinco principais gatilhos de ansiedade e pense em por que você experiencia cada uma dessas ansiedades, para começar. De onde elas vêm? Alguém mais em sua vida compartilha dessas ansiedades? Em que outras áreas elas se manifestam? Talvez você tenha herdado sua constante ansiedade relacionada à falta de dinheiro de seus pais; talvez sua ansiedade social venha de um incidente constrangedor no ensino fundamental. Para a maioria de nós, mesmo as ansiedades mais generalizadas criam uma imagem específica em nossas mentes ou nos fazem lembrar de um exemplo específico se pensarmos nela por tempo suficiente; portanto, deixe que esse exemplo lhe venha à mente agora. Então vem o desafio: você consegue reformular o evento negativo (o valentão que zombou de seu comentário) ou a crença (é difícil ganhar dinheiro) e revertê-la? Experimente, por exemplo, aceitar a experiência negativa com o valentão como algo isolado e, em seu lugar, cultive a crença reformulada de que tem algo interessante e importante para contribuir nas conversas. Consegue cultivar a crença reformulada de que o dinheiro é abundante? Embora possa levar mais tempo para implementar essa ferramenta do que as outras, até mesmo o ato de identificar a crença no cerne de suas ansiedades já é um primeiro passo produtivo.

ALIMENTE SEU CÉREBRO

Estudos mostram que, quando comemos alimentos saudáveis e nutritivos e mantemos um bom equilíbrio de açúcar no sangue, temos maior probabilidade de nos sentir bem e pensar com mais clareza.[2] Comer é uma prática de autonutrição. Por outro lado, nos privar de alimentos, fazer dieta e criar uma sensação de escassez apenas diminui nossa sensação de controle e exacerba a ansiedade. Alimentos que contêm gorduras saudáveis acalmam o cérebro, e você precisa desse combustível para o restante da tarefa de controlar sua ansiedade. Portanto, eis duas estratégias simples que o ajudarão a reverter sua ansiedade de negativa em positiva: 1) aumente as porções de vegetais e diminua as porções de proteínas e grãos por hoje; e 2) adicione à sua dieta um lanche regulador de humor: torrada com abacate, torrada de abacate e salmão, granola com mirtilos, nozes-pecãs, sementes de abóbora, nozes com aveia torrada e o meu favorito: iogurte orgânico sem açúcar com nibs de cacau polvilhados por cima.

MELHORE SEU SONO

O sono é essencial para a saúde física e mental ideal, mas estimativas recentes mostram que cerca de 30% dos norte-americanos dormem apenas seis horas por noite ou menos. A privação de sono leva à supressão da resposta imunológica, à ineficiência na resposta ao estresse, a níveis mais elevados de cortisol no sangue e a uma dificuldade geral de controlar as emoções. Muitos de nós travam uma luta constante para dormir mais ou melhor, ou simplesmente desistem e sobrevivem com o que têm. Apesar da avalanche de livros escritos sobre o sono[3] ou sobre como conseguir dormir mais, a meu ver, estabelecer uma meta específica de sono e garantir que consiga cumpri-la é um primeiro passo valioso. A meta não precisa ser oito horas, pode ser de sete horas de um sono profundo e restaurador. Qual é a estratégia? Certifique-se de planejar seu dia para garantir que essas preciosas sete horas sejam repousantes. Por exemplo, 45 minutos antes do período de sete horas estipulado para o seu sono (e eu sei que isso pode ser um desafio), abandone qualquer tipo de tela e prepare seu corpo e seu cérebro para dormir, com seu próprio ritual. Esse ritual envolve beber um chá quentinho sem cafeína ou um copo de leite dourado*? Ler um livro ou tomar um banho quente? Pintura com números? Crie uma atividade calmante que permita que seu corpo mude de ritmo e se prepare para dormir. Você pode se surpreender com esses rituais para dormir; eles podem fazer uma enorme diferença nas horas de sono que terá.

EXERCITE-SE PARA ACALMAR

Você sabe que tipo de exercício promove um incremento natural em seu humor e um alívio da ansiedade? É diferente para cada pessoa. Para mim, é um treino cardiovascular intenso de trinta minutos ou treino intervalado Tabata, que apesar de não conseguir fazer a série toda, ainda tento. É difícil, mas me sinto orgulhosa de mim mesma depois, e essa sensação boa dura o resto do dia.

Agora é a sua vez. Seu desafio é encontrar o tipo de atividade física que você já pratica que promova a melhor do seu humor. É uma caminhada intensa? Passeio de bicicleta? Aula de Zumba? Ioga? Aulas de tango? Apenas descobrir que tipo de exercício (ou qual instrutor inspirador) faz você se sentir melhor já é uma informação útil para guardar na manga para quando precisar. A ideia é simplesmente comparar seu próprio humor após os diversos tipos de exercícios que costuma praticar. Qual deles proporciona o maior incremento em seu humor? Lembre-se disso para que, no dia em que realmente precisar de um reforço, já saiba qual exercício funcionará melhor para você.

Mas e se você pretende começar a se mexer mais e ainda não conseguiu colocar em prática? Nesse caso, sugiro que faça uma caminhada e observe como se sente depois. Experimente comparar os efeito de uma caminhada de dez minutos com os de uma caminhada de vinte minutos — algo que a maioria das pessoas consegue fazer. Grande parte das pessoas experimentará um efeito positivo

---

* Leite dourado, ou golden milk, é uma mistura de leite vegetal, cúrcuma e outras especiarias. (N. da T.)

perceptível no humor, em especial um aumento da energia e de uma sensação positiva ou de "otimismo". Experimentar os efeitos do exercício na melhora do humor e no alívio da ansiedade é muito poderoso para que possa usar essas informações estrategicamente em seu cotidiano.

RELAXAMENTO OLFATIVO

Você já percebeu que um determinado cheiro pode transportá-lo imediatamente até uma memória específica do seu passado? As pistas olfativas são estimulantes especialmente poderosos da memória, porque o olfato é o único sentido que tem ligação direta com o hipocampo. Descubra uma pista olfativa que evoque uma memória "alegre e reconfortante". É o perfume da sua mãe ou a colônia do seu pai? É o cheiro de uma comida favorita ou o de uma flor ou erva em particular? Descubra quais são esses aromas e mantenha-os por perto para criar uma espécie de "cenário" olfativo de memórias afetuosas e reconfortantes. Se os cheiros que evocam essas memórias são impossíveis de obter, experimente diferentes óleos essenciais para ver se conseguem evocar esses estados. Sempre adorei os aromas de eucalipto como energizante e o de lavanda como calmante. Se esses aromas funcionarem para você, use-os para evocar o tipo de emoção ou humor que está procurando. (Veja também a seção Condicionamento de Alegria, mais adiante.)

FERRAMENTAS QUE POTENCIALIZAM A ANSIEDADE DO BEM E ABREM A PORTA PARA SEUS SUPERPODERES

Aumente Sua Resiliência

Se praticar a resiliência regularmente, ela estará ao seu dispor quando você precisar. Ao longo do caminho, você aprenderá a apreciar ou até mesmo a acolher certos tipos de erros por causa de todas as novas informações que eles lhe fornecem.

PRATIQUE O OTIMISMO

Se você deseja incrementar o otimismo, esta ferramenta é para você. No início ou no final de cada dia (o que for melhor), pense em todas as situações de incertezas que estão ocorrendo atualmente em sua vida — grandes e pequenas. *Aquela pessoa especial responderá minha mensagem? Terei uma boa avaliação de desempenho? Meu filho se adaptará bem à escola?* Agora pegue cada um desses cenários e visualize o resultado mais otimista, surpreendente, amoroso e agradável para a situação. Não apenas o resultado "ok"; quero dizer, o melhor resultado possível que poderia imaginar. Isso não significa que você terá uma decepção ainda maior se a pessoa não responder. Em vez disso, servirá para se treinar para esperar o resultado positivo e pode até fazer surgir ideias de como chegar ao resultado mais otimista — isto é, o que mais você pode fazer para criar o resultado dos seus sonhos.

POSTE TUÍTES POSITIVOS

Lin-Manuel Miranda publicou um livro sobre os tuítes que publica no início e no final do dia.[4] Nele, ele compartilha as mensagens essencialmente otimistas e que são engraçadas, agradáveis e geralmente encantadoras. Sempre que assisto a uma de suas entrevistas, vejo uma pessoa inerentemente positiva e otimista, que tem um clássico mindset ativista. Como ser tão produtivo e criativo? Claramente, parte da resposta é postar tuítes positivos! A ideia é dar a si mesmo uma mensagem de encorajamento no início e no final do dia. Diga a si mesmo que você vai "arrasar!" hoje ou, no final do dia, reconheça o ótimo trabalho que fez. Sei que isso pode ser difícil para muitos (e eu me incluo aqui) que estão sempre prontos para a autocrítica. Em vez disso, pense no que seu maior apoiador na vida (cônjuge, irmão, amigo, pai, tia favorita) lhe diria e aprenda a dizer ou tuitar o mesmo incentivo para si!

FORCE SEUS LIMITES

Hoje em dia, é mais fácil do que nunca ingressar em uma aula online ou live do Instagram para prática de exercícios. Apenas alguns meses atrás, depois de ler sobre isso no jornal, juntei-me à campeã de Wimbledon, Venus Williams e sua mãe em um treino no Instagram Live, no qual ela usava garrafas de Prosecco como peso. Foi um treino fantástico e memorável. A questão é que, de graça ou por apenas uma pequena taxa, você pode praticar exercícios variados e forçar seus limites! O treino pode ser fácil, difícil, no seu nível ou algo que você nunca fez antes; o objetivo é forçar seu cérebro-corpo a dar o máximo.

FAÇA UMA IMERSÃO NA NATUREZA

A ciência tem mostrado reiteradamente que passar tempo na natureza é reconfortante e restaurador. Você já ouviu falar da antiga arte japonesa de banho de floresta?[5] É a ideia de caminhar pela floresta e apenas absorver todo o oxigênio infundido pelas árvores como se estivesse tomando banho. Não tenho uma floresta por perto, mas faço meus passeios no Central Park como uma experiência semelhante a um banho de floresta e funciona bem nos lugares tranquilos, onde não há tanta gente ao redor. Mas se o banho de floresta não é sua praia, encontre qualquer tipo de ambiente natural para passar um tempo. Respire, relaxe e tome consciência dos sons, cheiros e imagens. Use todos os seus sentidos para criar uma consciência ampliada do mundo natural. Esse exercício aumenta a resiliência geral, pois atua como uma espécie de restaurador da energia e do equilíbrio.

PEÇA AJUDA

Lembro-me de um rompimento amoroso especialmente difícil pelo qual passei quando me mudei para Nova York. Dois dos meus melhores amigos, um casal, Susan e Joseph, moram no Arizona e, quando liguei chorando, imediatamente me convidaram para passar o final de semana com eles. Aceitei o convite. Eu me recordo de me sentir a derrotada mais sortuda do planeta por ter amigos dispostos a cuidar de mim. Pensando bem, o cara com quem terminei nem de longe valia todo o drama que causou na minha vida. Mas eu estava em um estado emocional frágil, chorando, chateada e sem controle total dos movimentos do meu corpo. Estava tão indisposta quando cheguei que consegui acidentalmente bater a porta na mão de Joseph quando estava tirando minhas malas do carro. Meu amigo estava oferecendo um pequeno jantar para alguns colegas do corpo docente e tenho certeza de que poderia ter ganhado um prêmio de convidada mais deprimente de todos os tempos. Não conseguia nem fingir estar feliz — algo em que geralmente sou muito boa. Em retrospecto, sei que a lição não foi apenas que eu era capaz de superar o rompimento, mas também como bons amigos são preciosos. Eles me acolheram, recolheram os "cacos" e estavam lá para mim. Isso foi o que ajudou a iniciar minha recuperação daquele rompimento e eu nunca vou esquecer sua demonstração de amor.

Ser capaz de pedir ajuda, se conectar com amigos e familiares e cultivar ativamente relacionamentos de apoio e incentivo não só lhe permitem afastar a ansiedade negativa, mas também reforçam a sensação de que você não está sozinho — crença e sentimento cruciais em momentos de enorme estresse, quando você precisa recorrer à própria resiliência para perseverar e preservar o seu bem-estar. Quando estamos sofrendo por uma perda ou passando por outro tipo de sofrimento, é natural nos retrairmos. Na verdade, esse tipo de comportamento é observado em animais de luto. No entanto, você também tem o poder de se entregar ao abraço amoroso daqueles que podem ajudar a cuidar de você.

....

Encare o incremento da resiliência como um experimento. Pense em algo simples que possa fazer por um amigo, que seja fácil para você, mas que o deixaria feliz. Em seguida, faça isso e anote como você se sentiu (essa é a parte experimental). Segundo estudos de neurociência, o altruísmo tem um grande efeito sobre a dopamina, o que o torna uma forma poderosa e eficaz de aumentar os estoques de resiliência. Faça algo que seja acessível para você, mas que seu amigo ache diferente ou interessante. Todos conseguimos pensar em algo simples e fácil que podemos fazer por um amigo e que traz muito mais alegria do que o esforço envolvido (você tem talento para cozinhar? Talento para trocar o óleo do carro? Talento para fazer um computador ou celular funcionar com mais eficiência?). Para mim, dissecar cérebros de ovelhas com os filhos de meus amigos. É algo muito rápido e fácil, e uma experiência divertida para todos. Adoro ver as reações de surpresa, deslumbramento e admiração todas as vezes. Portanto, meu truque de altruísmo para aumentar a dopamina foi organizar uma festa de dissecção de cérebro de ovelha em meu laboratório para os filhos de oito a dez anos de idade de meus amigos. Tanto os pais quanto as crianças ficam encantados (assim que todos superaram o nojo inicial). O único pré-requisito é encontrar uma data em que todos estejam livres, e geralmente sou recompensada com sorvete depois! Mesmo que você não tenha dissecção de cérebro de ovelha como uma carta na manga, passe algum tempo pensando em um talento especial e ofereça-o aos seus amigos!

Melhore Seu Desempenho e Entre no Flow

A PRÁTICA LEVA À PERFEIÇÃO

Explore o poder da prática que leva à perfeição. Dedique a próxima semana à prática de alguma habilidade que deseja aprimorar, mas ainda não encontrou tempo. Tente praticar, pelo menos, vinte minutos todos os dias, onde e quando puder. Certifique-se de monitorar suas sessões de prática para que possa observar sua curva de aprendizado e de desempenho após a semana inicial. Ensaboe, enxágue e repita!

FINJA ATÉ ENTRAR NO FLOW

Este exercício é uma maneira maravilhosa de incorporar o espírito do flow em sua vida até que ele surja organicamente. Em outras palavras, finja até conseguir! Para que funcione, é importante que você faça este exercício sozinho, sem ninguém mais olhando para fazer comentários "úteis". Eis como funciona. Escolha uma atividade ou habilidade em que você não seja bom agora, mas tem um desejo secreto de se aprimorar. Por exemplo, no meu caso, é cantar. Em seguida, encontre um espaço reservado e simplesmente comece a cantar sua música favorita com a maior emoção possível, sem se preocupar com a qualidade do resultado. Em vez disso, concentre-se na alegria do esforço. Acredito que muito do nosso flow é reprimido pelo perfeccionista que vive dentro de nós e compara o que sai de nossas bocas com Whitney Houston ou Beyoncé, ou o que desenhamos com obras de Matisse ou Basquiat. Na verdade, este é um exercício para ver se consegue criar uma sensação de flow a partir do envolvimento consciente e alegre. Garanto que, se praticar este exercício regularmente, não apenas seu falso flow se tornará real, como a qualidade de suas sessões também melhorará visivelmente. Outras atividades as quais pode aplicar esta técnica incluem esportes (jogar bolas de tênis contra a parede ou contra uma máquina; ou praticar tacadas de golfe em um campo de treino); desenho, como mencionado; cozinhar; costurar; afiar facas; limpar a casa; ou adestrar cães. E se você pudesse gerar flow apenas desfrutando plena e conscientemente as atividades de sua vida? Este exercício, junto com o próximo, deve aumentar consideravelmente o flow em sua vida, como aconteceu na minha.

CRIE MOMENTOS DE MICROFLOW

A ideia aqui é explorar e criar maneiras novas e diferentes de experimentar o microflow — ou seja, aqueles breves momentos em que se sente em sincronia consigo mesmo e tem clareza em relação ao modo como está vivenciando o momento. Como isso é feito? Comece mantendo um diário de bem-estar por uma ou duas semanas. Cada vez que experimentar algo — qualquer coisa — que o faça se sentir bem, amado, apreciado ou fortalecido, apenas escreva. Agora veja o que está nessa lista. Existe algum tema comum? Existem momentos ou áreas de sua vida que o levaram a esses momentos de bem-estar? Embora alguns deles já possam estar em sua lista de microflow, outros talvez não. Agora observe os temas ou as áreas de sua vida que proporcionam esses momentos de bem-estar. Talvez estejam associados à socialização ou a passar um tempo a sós. Use esses temas para ajudar a criar ainda mais experiências de microflow em sua vida. Você também pode procurar lacunas em sua lista de bem-estar. Talvez ela não inclua a leitura de um livro, assistir a filmes ou outras atividades que você sabe que gosta. Essas podem ser áreas a explorar para criar ainda mais momentos de microflow em sua vida.

PRATIQUE O CONDICIONAMENTO DA ALEGRIA

Todos nós sabemos que uma experiência assustadora em uma rua escura (uma tentativa de assalto, por exemplo) tende a afastá-lo daquele tipo de local por um bom tempo. Esse é um exemplo de condicionamento ao medo, baseado na amígdala, que associa o local em que aconteceu uma experiência ruim (aquela rua escura) a uma resposta de medo intenso, da qual pode ser muito difícil se livrar. Bem, acontece que a amígdala também pode promover o condicionamento a estados de espírito e emoções positivas, o que chamarei de "condicionamento da alegria". Embora o condicionamento do medo tenha evoluído para ser poderoso e automático de modo a ajudar a nos manter seguros, o condicionamento da alegria pode ser usado para expandir nossa sensação de bem-estar no dia a dia (principalmente em dias de alta ansiedade). Veja como funciona. Escolha uma experiência do seu passado que tenha dois componentes principais. Em primeiro lugar, fez você se sentir maravilhoso e com vontade de revisitar essa sensação e, em segundo lugar, há uma sensação olfativa reproduzível associada à memória. (Aqui você está aproveitando o fato de que nossas memórias para aromas específicos são mais duradouras por causa da forte conexão entre nosso sistema olfativo e nosso sistema de memória de longo prazo centrado no hipocampo.)

Meu exemplo vem de uma aula de ioga especialmente memorável de que participei. Eu me senti muito bem durante aquela aula, fluindo entra as posições como uma profissional. No final daquela aula intensa, me acomodei para a parte preferida de todos em uma aula de ioga — a savasana. Enquanto eu estava deitada ali, aconchegada em meu tapete de ioga, inesperadamente a instrutora se aproximou e agitou as mãos lambuzadas de creme de lavanda na frente do meu nariz e começou a fazer uma massagem no meu pescoço, das mais deliciosas que já experimentei. Eu estava no paraíso. Percebi que me lembro daquele momento quando sinto cheiro de lavanda, sugerindo que meu cérebro criou automaticamente essa associação entre o creme de lavanda e a savasana intensificada pela massagem no pescoço (isto é, condicionamento da alegria). Então, agora tudo que tenho que fazer é andar por aí com um pequeno frasco de óleo essencial de lavanda e quando quero ou preciso de uma dose de alegria ou flow no meu dia, apenas abro o frasco e recrio aquele momento. Você pode fazer isso com um óleo essencial ou outro aroma que o transporte de volta a uma memória maravilhosa. Funciona melhor com uma pista olfativa porque o sistema olfativo tem uma relação especialmente íntima com o hipocampo (a estrutura essencial para a criação de memórias de longo prazo) e, como consequência, é mais fácil conectar ou associar um cheiro a um determinado momento ou evento de sua vida. Explore e use as memórias que você encontrar para ajudar a trazer mais alegria ao seu dia. Usar as próprias experiências alegres para melhorar sua vida pode se tornar sua nova atividade favorita!

ACELERE UM MINDSET ATIVISTA

CHECAGEM DE MINDSET

Sem pensar muito, escreva rapidamente até dez frases curtas descrevendo como você se sente sobre si mesmo agora (por exemplo, frustrado, crítico, gentil, irritado, amoroso, bravo, grato etc.) e por quê.

1._____

_____

2. _____

_____

3. _____

_____

4. _____

_____

5. _____

_____

6. _____

_____

7. _____

_____

8. _____

_____

9. _____

_____

10. _____

_____

Agora, sem nenhum julgamento (isso é crucial!), olhe para sua lista e circule todas as palavras positivas nela. Em seguida, desenvolva os pontos positivos que percebeu em si mesmo. Por que você se sente assim? Como essas características fazem você se sentir? Vá o mais fundo que puder para realmente compreender e apreciar os aspectos mais positivos de sua autoavaliação. Se as palavras positivas da sua lista não forem tão abundantes quanto você gostaria que fossem, não tenha medo! Passe para a dica a seguir para remediar isso rapidamente.

TRANSFORME SEU DIÁLOGO INTERNO NEGATIVO

Em seguida, concentre-se nos dois principais sentimentos negativos da lista anterior, pois vamos transformá-los usando um mindset ativista. A seguir cito apenas duas maneiras comuns pelas quais as pessoas são duras demais ou se frustram consigo mesmas e darei alguns exemplos de como transformar esses sentimentos.

1. "Eu me sinto irritado com a falta de progresso em meus objetivos de carreira". Esse aborrecimento ou frustração comum pode ser transformado concentrando-se naquilo que você sabe que faz melhor em sua carreira — pode ser networking, elaboração de relatórios, gestão de pessoas ou de dinheiro. A ideia aqui é cavar mais fundo para encontrar o aspecto produtivo e positivo da área que está lhe causando aborrecimento. Agora concentre-se na seguinte tarefa. Se seu antigo mindset era "Estou constantemente aborrecido porque simplesmente não consigo progredir no meu trabalho tão rápido quanto gostaria", mude para "Sei que se me concentrar em meus principais pontos fortes, X e Y (de sua lista de atividades em que é bom), e aprender a fortalecer alguns dos meus pontos fracos, posso progredir no trabalho."

2. "Eu me sinto frustrado com minha incapacidade de encontrar um parceiro". Pense nos aspectos mais valiosos para você em um relacionamento duradouro. Você pode tê-los vivenciado em um relacionamento

amoroso anterior, em uma amizade próxima (por exemplo, a confiança que sempre tive em minha querida amiga Paula) ou um atributo de relacionamento que você presenciou e admirou em outras pessoas, incluindo seus pais ou outros casais que conhece bem. Em vez de se concentrar no que você não tem, mude seu mindset para construir uma imagem dos principais elementos que deseja. O que você quer que um parceiro acrescente à sua vida? Que dinâmica você procura em um relacionamento? Pensar nas peças que deseja usar para construir um relacionamento futuro ajuda a estabelecer uma estrutura sólida, que o auxiliará a avaliar futuros parceiros. Essa visualização também permite que você se distancie da ideia de que falta algo valioso em sua vida e, então, mova-se na direção de desenvolver os elementos que tem procurado, para que seja capaz de identificar melhor alguém importante quando ele aparecer.

PRATIQUE A AUTOAPRECIAÇÃO

Esta ferramenta é simples, mas recomendo que você a use regularmente e com bastante frequência. Reserve um momento para apreciar todas as bênçãos em sua vida. Tente se concentrar nas coisas às quais talvez não esteja dando o devido valor (alguém da sua equipe que sempre tem a solução para você ou ser grato pela sua casa). Tente ter um pensamento de apreço a cada hora, mesmo que seja algo pequeno, como quanto você gosta da caneta que está usando. Este exercício também o ajudará a desenvolver suas próprias ferramentas de mudança para um mindset ativista que o ajudará a enfrentar seus objetivos de vida mais urgentes, inspiradores e inspirados.

ALONGUE E FORTALEÇA SUA MENTE

Quanto mais você trabalha os músculos, mais fortes eles ficam, e mais fluidos e refinados se tornam os movimentos. Em muitos sentidos, o cérebro funciona da mesma maneira — as redes e vias neurais que usamos o tempo todo se tornam mais fortes, mais eficientes e ágeis quanto mais as exercitamos. Como vimos, o mindset é mais do que um temperamento ou traço de personalidade voltado para abertura, flexibilidade e otimismo. Todos nós temos o poder de retreinar nossa visão de nós mesmos para nos tornarmos mais orientados ao crescimento. Como fortalecemos o "músculo" neural de um mindset ativista? A resposta é simplesmente usá-lo o máximo possível.

Uma das melhores maneiras de "fortalecer" seu "músculo" de flexibilidade cognitiva é praticar a aprendizagem com seus erros, assim como fez quando aprendeu a desenvolver um mindset ativista. Muitas pessoas mantêm uma lista dos grandes e pequenos erros que cometeram em um determinado dia — para alguns, isso pode ser o ponto focal de muita ansiedade negativa e prova de que você simplesmente não é bom em algo. Mas, em vez de nos preocuparmos com essa lista, podemos usá-la a nosso favor. No final do dia, pense conscientemente em todos os novos insights ou aprendizados que surgiram a partir daquele passo em falso ou gafe. Certamente, nem todos os erros são iguais e nem todos fornecerão insights que transformam sua vida. Às vezes, essa consideração extra pode fazê-lo perceber que o incidente não foi um erro afinal. Outras vezes, você ficará surpreso com as pequenas dádivas de conhecimento e até mesmo sabedoria que advêm da avaliação consistente das lições aprendidas com seus erros. Alguns dos meus exemplos favoritos são quando algum tipo de deficit ou carência cria algo inesperado. Isso pode ser tão simples quanto prestar atenção a por que você sempre acerta a rede quando saca a bola no jogo de tênis. No início, você continua repetindo o mesmo erro; não importa o quanto queira acertar a bola por cima da rede, ela simplesmente não obedece. Em seguida, o professor lhe mostra que a forma como você está acertando a face da raquete na bola a direciona para baixo, e não para cima. Você se ajusta, e agora as bolas estão voando pelo ar, por cima da rede, mas muito alto e fora da quadra. Você se ajusta novamente. Depois de semanas de aulas de tênis, você finalmente entende a posição ideal de segurar a raquete e bater na bola para controlar o impulso e a direção da jogada. Gerenciar a ansiedade é incrivelmente semelhante. Depois de identificar por si mesmo quais são seus objetivos, você continuará ajustando suas reações até estar na direção que deseja seguir.

Um exemplo mais sutil e complicado de aprender com um erro pode envolver revisitar uma época em que cometeu uma gafe terrível — uma que o fez estremecer ou que se esforçou para esquecer. É aqui que a visualização pode ser novamente uma ferramenta poderosa. Talvez tenha sido quando você esqueceu o nome do seu chefe em um evento de trabalho. Em vez de se lembrar do evento com vergonha e constrangimento, revise-o e reimagine uma versão positiva do cenário — você se lembra do nome dele, faz uma observação divertida e tudo vai bem. Ao recriar a cena em sua mente, você está, na verdade, criando uma memória que tem o poder de substituir seus sentimentos sobre o que aconteceu. Não mudará a história, mas poderá desobstruir o caminho atualmente bloqueado pela memória do momento embaraçoso. Bônus: você nunca mais esquecerá o nome dele!

Amplifique Sua Atenção e Produtividade

· REMODELE SUA LISTA DE HIPÓTESES "E SE" ·

Sua lista de hipóteses "e se" é aquela lista irritante de preocupações que interrompe seus pensamentos, faz com que você procrastine e, de alguma forma, interfere em seu bem-estar. *E se eu não arrasar no próximo (preencha o espaço em branco: relatório, artigo, pedido de verba, argumento de venda etc.)? E se eu perder meu emprego? E se eu não perder esses cinco quilos extras?* A maioria de nós tem um monte de preocupações que nos atormenta, e muitas vezes é persistente e não necessariamente realista. Então, como podemos impedir que essas preocupações assumam o controle?

Estudos recentes demonstraram que duas estratégias geram resultados poderosos e confiáveis. Especialmente, quando as pessoas visualizam um resultado positivo de uma preocupação e/ou nomeiam verbalmente um resultado alternativo para a lista de hipóteses "e se", não só a experiência de preocupação (ou seja, ansiedade) diminui, mas as pessoas também experimentam "um aumento na capacidade percebida de enfrentamento".[6] Em outras palavras, elas se distanciam o suficiente da preocupação para perceber que são capazes de lidar com ela.

Experimente este exercício. É simples, mas seu poder vem da repetição. Sugiro que você reserve, pelo menos, uma semana para fazer essa experiência, repetindo o exercício uma vez por dia. Também é importante anotar a experiência.

1. Lembre-se de uma de suas preocupações mais comuns.

2. Por cinco minutos, concentre-se apenas em sua respiração. Se sua mente divagar, retome a atenção na respiração. Você pode usar um cronômetro para garantir que cumpra os cinco minutos designados.

3. Após este exercício, volte ao item selecionado em sua lista de hipóteses e faça uma das duas coisas:

    i. Feche os olhos e visualize um resultado positivo para a preocupação (ou seja, todos os seus amigos e colegas vindo até você depois da sua palestra para lhe dizer o quanto você se saiu bem e que foi sua melhor palestra, por exemplo).

    ii. Feche os olhos e diga em voz alta qual é esse resultado positivo (ou seja, diga a si mesmo: depois da minha palestra, meus colegas e, também, o supervisor virão até mim para me parabenizar pelo meu excelente desempenho).

Quando for registrar suas anotações de uma "sessão", pense em como se sentiu após a etapa de respiração e, novamente, após a visualização ou a etapa verbal. Você também pode experimentar este exercício com diferentes itens de sua lista. Não posso prometer que as preocupações da lista desaparecerão, mas prevejo que começará a desenvolver mais tolerância a elas. Poderá se sentir mais

Dra. Wendy Suzuki

distanciado e começar a obter um pouco mais de objetividade com relação a elas.

FOQUE O FOCO

Sempre há algo que precisamos fazer. Este exercício pode ajudá-lo a tomar consciência de como sua própria atenção focada funciona e, ao mesmo tempo, desenvolvê-la.

Veja como funciona:

1. A próxima vez que estiver trabalhando, em casa ou na empresa, em um projeto que precisa ser concluído em breve, reserve dez minutos para se concentrar na tarefa. Durante esse tempo, nenhuma outra atividade é permitida, incluindo atender ou verificar seu telefone, navegar na internet, assistir ou ouvir seu canal de notícias favorito ou brincar com seu animal de estimação.

2. Se conseguir passar os dez minutos inteiros, parabenize-se, faça uma pequena pausa se necessário e recomece.

3. Se, de repente, você se pegar assistindo ao YouTube, por exemplo, no meio de seu desafio de concentração de dez minutos, simplesmente anote qual a distração e reinicie a contagem de dez minutos. Não se puna por isso.

Este exercício o ajudará a perceber o que o distrai e, possivelmente, por quê. Observe também quais são os limites do seu desafio de foco pessoal — consegue aumentar para quinze ou trinta minutos? — e o que acontece quando você fica cansado. O cansaço indicará a hora de fazer uma pausa ou encerrar o dia para atividades que exigem alto nível de atenção.

MUDE SEU AMBIENTE

Uma das melhores maneiras de turbinar sua atenção quando a ansiedade negativa está começando a aumentar é simplesmente mudar o ambiente. E adicionar algum tipo de exercício amplifica esse efeito. Andar em um bom ritmo pode fazer maravilhas não apenas pelo seu humor, mas também pela sua atenção. Aprimore esta estratégia adicionando um propósito à sua caminhada: escolha um lugar bonito ou agradável, convide um amigo para incentivá-lo ou estenda uma caminhada que você normalmente faria no supermercado, no shopping ou até mesmo no aeroporto!

CRIE O HÁBITO DA MEDITAÇÃO

Se você leu meu primeiro livro, *Healthy Brain, Happy Life*,[7] sabe como foi difícil, para mim, iniciar uma prática regular de meditação. Tentei de tudo, desde meditações guiadas a aulas presenciais e no YouTube. Nada funcionou até que conheci a meditação do chá. Nela, você combina uma meditação de monitoramento aberto, na qual se torna consciente de seus pensamentos e sentimentos, com a preparação e a ingestão do chá. Para mim, preparar um chá delicioso em um bule de verdade e acompanhar esse ritual com meditação de alguma forma deu à experiência um ritmo e um propósito que ela nunca teve antes.

Este exercício funciona assim:

1. Arrume um lugar à mesa ou outro lugar confortável e coloque um bule de água fervente, outro bule (individual) contendo uma quantidade de folhas soltas de chá suficiente para, pelo menos, três porções e sua xícara preferida.

2. Despeje um pouco da água fervente no bule.

3. Sente-se em silêncio enquanto o chá é infundido.

4. Com cuidado, sirva-se de um pouco de chá.

5. Beba o chá, apreciando seu sabor e a sensação do chá aquecendo a garganta e o estômago. Enquanto bebe o chá

ou espera a próxima xícara infundir, você também pode se concentrar no que está ao seu redor. Eu sempre faço minha meditação do chá perto das minhas muitas plantas domésticas e fico em silêncio apenas observando-as. Se você estiver sentado em uma área externa, observe a natureza.

6. Repita este ritual até que toda a água tenha sido despejada no bule.

Essa meditação matinal do chá foi o fim da minha busca por um caminho para a meditação. Eu amei e, na verdade, *precisava* desse ritual em minha vida. Embora eu realmente não busque outras formas de meditação, às vezes tento incluir abordagens de compaixão e bondade amorosa durante minha meditação do chá. Por exemplo, eu me concentro em pessoas ou animais que tragam à tona os mais fortes sentimentos de amor, bondade e compaixão e, então (se quiser), tento estender esses mesmos sentimentos a outras pessoas por quem meus sentimentos de amorosa compaixão e a gentileza são menos intensos. Na maioria das manhãs, apenas tento me concentrar em como estou me sentindo em meu corpo e minha mente, apenas deixando que os pensamentos fugazes que tentam atrair minha atenção *(Que horas é a minha primeira consulta? Cliquei em enviar naquele e-mail ontem à noite?)* passem por mim.

FOQUE SUA ATENÇÃO COM A ESCRITA CORPORAL

Outra ótima maneira de se concentrar no presente e treinar seu cérebro para focar o agora é praticar a escrita de forma regular. Ao acordar ou antes de ir para a cama são momentos perfeitos para esvaziar a mente em uma página. Este exercício também ajudará na sua prática de meditação.

Funciona assim:

1. Dedique cinco minutos para escrever em seu diário ou em qualquer folha solta de papel. (Recomendo escrever em vez de digitar, porque exige que você vá mais devagar e, portanto, torna o processo mais contemplativo e atento.)

2. Escreva exatamente como você se sente em seu corpo agora. Você pode começar com os pés e subir com descrições simples (forte, poderoso, dolorido, tenso — seja o que for) ou se concentrar em uma parte do corpo ou na respiração.

Mantenha o foco em como você está se sentindo fisicamente para se sentir mais ancorado ao momento. Não importa se terminar o exercício em cinco minutos nem mesmo se depois conseguirá entender o que escreveu (às vezes eu não consigo!). O objetivo é usar este exercício para ajudá-lo a se concentrar no aqui e agora.

Crie Criatividade

MERGULHE EM SUA ANSIEDADE

Você já pensou em uma solução ou uma alternativa porque estava sob pressão e essa foi a primeira ou única coisa que lhe veio à mente, mas funcionou muito bem? Bem, isso significa que você provavelmente já usou, pelo menos, um aspecto de sua ansiedade negativa para a criatividade. Mesmo que a solução não tenha sido a mais elegante, algumas soluções impulsionadas pela ansiedade são perfeitas para superar um obstáculo! Pense em todas as vezes em que você pensou em uma solução rápida e anote seus exemplos favoritos. Por exemplo, lembro-me de uma época em que sentia uma forte tensão na parte superior das costas e no pescoço por causa da maneira como ficava curvada sobre o computador, digitando o dia todo. Era pior em casa, onde costumo passar mais tempo escrevendo livros. Eu queria muito uma mesa para trabalhar de pé para minha casa, mas simplesmente não tinha espaço suficiente no meu apartamento. Já havia encontrado a ideal, mas não só era muito cara, como também era muito grande para o meu pequeno espaço. No entanto, enquanto isso meus ombros estavam ficando cada vez mais curvados. Minha solução: toalhas de papel. Acontece que dois rolos de papel toalha cheios sobre a mesa da minha sala de jantar não apenas colocam meu computador na altura perfeita para que eu digite em pé, mas também podem ser facilmente guardados na cozinha quando não estou usando. Agora é a sua vez: qual é a fonte de irritação ou ansiedade diária em sua vida que o faz se sentir no limite? Como é possível separar seus sentimentos em relação ao problema de seu desejo de encontrar uma solução? Concentrar-se primeiro em como a ansiedade está fazendo você se sentir pode ajudá-lo a encontrar soluções alternativas. Dar a si mesmo permissão para sentir a ansiedade, o aborrecimento ou mesmo a raiva pode, muitas vezes, levar a uma abertura para criar ou inventar algo realmente útil em sua vida. Este exercício pode ajudá-lo a perceber como já usou experiências de ansiedade negativa para resolver um problema de forma criativa!

ESCREVA UMA NOVA HISTÓRIA

Espero que este livro permita compreender que cada situação desafiadora, mesmo trágica e carregada de ansiedade, pode ser um ponto de partida para a criatividade. Neste exercício, analise uma situação desafiadora do seu passado — um rompimento difícil costuma ser um bom exemplo. Escolha um acontecimento distante o suficiente do seu passado sobre o qual já tem uma nova perspectiva e que não esteja causando nenhuma dor aguda ou ansiedade. Agora, escreva uma história sobre esse rompimento que inclua as partes boas — talvez como o relacionamento começou. Então, conforme avança até o momento do término ou que a situação mudou, descreva os eventos como se você fosse um observador. Finalmente, identifique os melhores aspectos desse relacionamento, incluindo todas as lições de vida aprendidas sobre si mesmo e sobre como os relacionamentos funcionam e como elas o ajudam hoje. Essa é uma versão de um experimento de ressignificação, mas a história permite que você crie algo para comemorar uma difícil experiência de aprendizado em sua vida.

PRATIQUE FAZER DO LIMÃO UMA LIMONADA: CRIATIVIDADE DELIBERADA

Este é o seu momento de praticar a criatividade deliberada, trabalhando sua rede de atenção. Pense em um problema real de sua vida pessoal ou profissional que esteja tentando resolver ou alguma habilidade que esteja tentando melhorar. Agora, use sua rede de atenção concentrada baseada em seu córtex pré-frontal para explorar e pesquisar sistematicamente o problema ou a tarefa. Converse com outras pessoas para saber como elas resolveriam a questão, pesquise todas as soluções relacionadas que puder encontrar. Passe algum tempo resolvendo esse problema, de modo a pensar em cada etapa de uma maneira mais profunda do que antes. Experimente simular soluções diferentes. A ideia é usar esse tipo de abordagem deliberada e centrada na atenção para explorar essa categoria de criatividade. Encontre, pelo menos, três soluções diferentes para analisar.

FAÇA DO LIMÃO UMA LIMONADA: PARTE II

Agora pense em um problema diferente que deseja resolver (por exemplo, como otimizar um planejamento de refeições que não desperdice alimentos ou como reduzir a pegada de carbono de sua casa). Desta vez, use uma abordagem de criatividade espontânea, deixando sua mente divagar (usando sua rede de modo padrão [RMP], também conhecida como rede de divagação mental) para abordar o problema de forma mais indireta. Observe que o exercício anterior e este requerem aspectos essenciais da ansiedade do bem. Ou seja, impulso ou energia para resolver problemas de forma criativa e controle sobre sua rede de atenção de modo a empregá-la de maneira mais direta; no caso, da forma deliberada de solução criativa de problemas, ou de maneira mais indireta, para se concentrar em outras ideias que podem inspirar uma solução para o problema atual.

SONHOS LÚCIDOS

Durante séculos, os sonhos foram considerados fontes de inspiração e criatividade. Uma forma particular de sonho, conhecida como sonhos lúcidos, pode ser praticada conscientemente e usada para desencadear pensamentos ou insights mais criativos. Em termos formais, um sonho lúcido é aquele em que o sonhador tem consciência de que está sonhando. Embora o psicofisiologista Stephen LaBerge tenha feito pesquisas consideráveis investigando os sonhos lúcidos e escrito um livro que oferece maneiras detalhadas de praticar e aprimorar esse tipo de sonho desperto,[8] você pode usar uma versão simplificada como uma ferramenta para sua própria experiência de sonho lúcido.

1. Antes de ir dormir, decida o que deseja sonhar; determine um objetivo ou uma intenção.

2. Medite sobre essa intenção e comece a dormir conscientemente.

3. Conforme você se move em direção ao sono, visualize-se no cenário da intenção ou do objetivo.

4. Traga à mente detalhes específicos e mantenha-os em foco; isso ajudará a criar memória deles.

5. Ao acordar — durante a noite ou de manhã —, escreva seu sonho com o máximo de detalhes que puder.

Quanto mais você praticar essas etapas, mais seu cérebro começará a prestar atenção aos seus sonhos.

É HORA DE UMA MASSAGEM!

Um estudo de 2012[9] demonstrou que uma massagem aumenta a oxitocina em humanos e, uma vez que a oxitocina pode ajudar a diminuir o estresse, que melhor maneira de aumentar a oxitocina e diminuir o estresse para seu cérebro? Embora esse estudo não tenha determinado se qualquer tipo de estimulação funcionaria (uma massagem em cadeira de aeroporto funcionaria tão bem?) ou se é necessário haver contato humano, se estava procurando uma boa desculpa para sua próxima massagem, aproveite! O poder do toque é irrefutável. É por isso que os recém-nascidos são colocados pele a pele no peito da mãe; é por isso que dar as mãos aquece o coração; é por isso que massagear os pés é tão relaxante. O toque físico libera oxitocina e dopamina — algumas das substâncias químicas do cérebro-corpo mais poderosas para a sensação de bem-estar!

ABRACE

Se a massagem aumenta os níveis de oxitocina, não deve ser surpresa que outros tipos de toque físico, incluindo abraços, carícias, beijos e até o sexo (assim como nos arganazes-do-campo!), aumentem a oxitocina no cérebro e promovam o bem-estar. Às vezes, tudo de que você precisa, de fato, é um abraço, então não tenha medo de pedir um!

RIA ALTO

Rir também aumenta a liberação de oxitocina; então, se risadas em uma situação social não o deixam confortável, use um filme engraçado, programa de comédia, programa de TV ou até mesmo seus filmes caseiros favoritos para rir. Tenha um fim de semana de diversão, escolhendo apenas atividades que o façam rir! Há inúmeras alternativas para uma pequena dose de risadas: veja os TikToks de seus pais; assista a clipes antigos do *Saturday Night Live* no YouTube; encontre erros de gravação em cenas de filmes; descubra novos comediantes de stand-up no Comedy Central ou em outros canais.

Use Sua Ansiedade para Fortalecer Seu Músculo Social

A inteligência social pode ser desenvolvida. Aqui estão algumas maneiras simples, mas poderosas, de explorar sua empatia, conectar-se a outras pessoas e aprimorar sua compaixão ao mesmo tempo em que usa sua ansiedade.

- Uma memória ruim disparou seus gatilhos de ansiedade? Em primeiro lugar, lembre-se de alguém por quem você é verdadeiramente grato (essa pessoa pode não ter nenhuma relação com a memória indutora de ansiedade) e reserve um tempo para enviar um bilhete manuscrito de agradecimento, com selo e tudo, descrevendo por que você lhe é grato. Pode ser bem singelo, mas garanto que esse gesto não só será apreciado por quem o recebe, mas também fortalecerá sua conexão com essa pessoa.
- Preocupado com dinheiro? Faça uma doação para uma boa causa que realmente precise de recursos, de modo a colocar suas preocupações em perspectiva.
- Experienciando FOMO? Envie três mensagens de texto amigáveis apenas para dizer olá ou fazer uma pergunta.
- Está muito ansioso antes de uma prova? Convide alguém para uma sessão de estudos via Zoom.
- Preocupado com o trabalho? Peça a alguém mais graduado para ser seu mentor e conselheiro em seus planos de promoção.

Percebeu um tema recorrente? Para citar Diana Ross: "Estenda a mão e toque a mão de alguém. Faça do mundo um lugar melhor, se puder."[*] A comunicação é a chave, e se cara a cara (ou Zoom a Zoom) for muito assustador, escreva uma carta à moda antiga ou envie uma mensagem de texto à moda atual. Você sabe como é bom receber uma mensagem inesperada de um amigo dizendo que sente sua falta? Proporcione esse momento a outra pessoa e preste atenção em como se sentirá se obtiver uma resposta!

A CIÊNCIA DO SORRISO

Uma maneira rápida e fácil de fortalecer seus músculos sociais é sorrir. E também há ciência por trás desta dica. Um estudo da Universidade do Kansas[10] mostrou que, comparados às pessoas que não sorriam, indivíduos que foram orientados a "fingir" um sorriso

---

* No original: "Reach out and touch somebody's hand / Make the world a better place if you can", trecho da música *Reach Out and Touch Somebody's Hand*. (N. da T.)

durante uma série de tarefas estressantes tiveram uma resposta de estresse menor; quanto mais amplo for o falso sorriso, menor será a resposta ao estresse. Na verdade, os pesquisadores demonstraram que até mesmo usar palitinhos para forçar os lábios a sorrir cria uma resposta de menor estresse do que não sorrir. Embora o mecanismo específico dessa resposta não tenha sido examinado, os resultados foram replicados e podem ser semelhantes ao efeito imediato da respiração profunda nos níveis de estresse e ansiedade. A respiração profunda simula e ativa o sistema parassimpático que atua para diminuir os níveis de estresse e ansiedade. Da mesma forma, até mesmo o sorriso falso é capaz de ativar essas mesmas respostas de "descansar e digerir" em seu sistema nervoso. Resumindo: sorrir e aguentar firme pode realmente ajudá-lo a superar suas crises de ansiedade melhor do que você imagina.

UM RECADO FINAL DE AMOR

nsiedade do Bem sempre foi um livro sobre como aceitar e explorar todos os aspectos da ansiedade — incluindo todas as informações que ela nos oferece sobre nós mesmos —, nos proporciona um caminho para uma vida mais plena, criativa e menos estressante. Espero que, a partir de agora, você veja que a ansiedade pode ser um poder, não uma maldição. Também espero que perceba, de uma perspectiva científica, que você tem muito mais controle sobre seus pensamentos, sentimentos e comportamentos do que pode imaginar. Na verdade, as pesquisas, as histórias e os exercícios neste livro atestam como nosso cérebro realmente é flexível e plástico, e como essa plasticidade, esse impulso para aprender e se adaptar, é empregada e alimentada pela ansiedade do bem. O mindset positivo, a otimização da produtividade, a compaixão, o flow de desempenho, a criatividade turbinada e o aumento da resiliência são todos benefícios adicionais quando tomamos consciência e nos empoderamos de tudo que nosso cérebro e nossa ansiedade podem fazer por nós e pelos outros. Mas há um último superpoder que quero compartilhar com você: o amor.

A morte de meu pai e a de meu irmão mudaram para sempre a mim e a minha vida. Um dos efeitos mais imediatos foi o fortalecimento do vínculo com minha mãe e minha cunhada. Não há outra maneira de dizer: estamos mais próximas agora. Há um novo vínculo compartilhado, um tipo de amor mais profundo e "explícito" e um apreço mais profundo e muito consciente que se consolidou. Esse amor se espalhou por toda a minha família e amigos. Também mudou minhas prioridades, em grandes e pequenas coisas — desde como eu decido gastar meu tempo (mais tempo rindo com amigos e família; menos tempo trancada em meu laboratório sozinha, revisando pesquisas) até o que eu quero criar neste mundo (algo que ajude as pessoas a usarem seu cérebro para maximizar seus talentos).

Essa capacidade enriquecida de amar, de repente, também tornou este livro muito mais claro em minha mente e, portanto, mais fácil de escrever. Percebi quanto do meu amor por meu irmão estava latente e não era claro para mim antes de sua morte. Talvez estivesse escondido sob os resquícios da rivalidade entre irmãos ou algum outro tipo de infantilidade persistente de minha parte. Sua morte me mostrou o quão profundamente significativo aquele amor realmente era.

O velho ditado de que você nunca percebe como as pessoas realmente são especiais até que elas partam é, para mim, inegavelmente verdadeiro. Por outro lado, acho que nunca teria sido capaz de sentir a profundidade de meu amor por meu irmão se não o tivesse perdido. O motivo de toda aquela dor e angústia que senti foi tanto a expressão do meu amor quanto a essência do que me permitiu encontrar esse novo e crescente superpoder do amor em minha vida. Esse amor também foi a inspiração para cada um dos superpoderes baseados na ansiedade deste livro.

Descobri que existe uma profundidade, um conhecimento e uma sabedoria que vêm das perdas, das feridas, das provações e das tribulações da nossa vida. E sua personificação mais elevada está em um sentido mais profundo de amor pela própria vida. No final, percebo que continuo a crescer e a evoluir como pessoa, não apesar da perda do meu pai e do meu irmão, mas, na verdade, por causa dela.

Espero que você tenha se inspirado a sentir, abraçar e espalhar o amor. Em minha opinião, o amor é nosso superpoder pessoal mais poderoso; está além de nossa capacidade de mensuração e deve ser usado de forma abundante e exuberante todos os dias, pelo resto da nossa vida.

Dra. Wendy Suzuki

NOTAS

PARTE UM

Capítulo Um

1. Joseph LeDoux, *Anxious: Using the Brain to Understand and Treat Fear and Anxiety* (Nova York: Penguin Press, 2015).

2. Robert M. Sapolsky, "Why Stress is Bad for Your Brain", *Science* 273 (5276), 1996: 749–50, doi: 10.1126/science.273.5276.749; Robert M. Sapolsky, *Why Zebras Don't Get Ulcers* (Nova York: W. H. Freeman, 1998).

3. Jack P. Shonkoff e Deborah A. Phillips, eds, *From Neurons to Neighborhoods: The Science of Early Childhood Development* (Washington, D.C.: National Academies Press, 2000).

4. https://adaa.org/.

Capítulo Dois

1. James J. Gross, "Antecedent and Response-focused Emotion Regulation: Divergent Consequences for Experience, Expression, and Physiology", *Journal of Personality and Social Psychology* 74 (1), 1998: 224–37,

doi:10.1037//0022-3514.74.1.224; James J. Gross, ed., Handbook of Emotion Regulation, segunda edição, (Nova York: Guilford Press, 2014).

Capítulo Quatro

1. Theodore M. Brown e Elizabeth Fee, "Walter Bradford Cannon: Pioneer Physiologist of Human Emotions", *American Journal of Public Health* 92 (10), 2002: 1594–95.

Capítulo Cinco

1. Sian Beilock, *Choke: What the Secrets of the Brain Reveal About Getting It Right When You Have To* (Nova York: Free Press, 2010).

PARTE DOIS

Capítulo Seis

1. Joseph Loscalzo, "A Celebration of Failure", *Circulation* 129 (9), 2014: 953–55, doi:10.1161/CIRCULATIONAHA.114.009220.

2. Carol S. Dweck, *Mindset: The New Psychology of Success*, (Nova York: Random House, 2006). Publicado no Brasil com o título: *Mindset: A Nova Psicologia do Sucesso*.

3. Lang Chen, Se Ri Bae, Christian Battista, Shaozheng Qin, Tanwen Chen, Tanya M. Evans e Vinod Menon, "Positive Attitude Toward Math Supports Early Academic Success: Behavioral Evidence and Neurocognitive Mechanisms", *Psychological Science* 29 (3), 2018: 390–402, doi:10.1177/0956797617735528.

4. William A. Cunningham e Philip David Zelazo, "Attitudes and Evaluations: A Social Cognitive Neuroscience Perspective", *Trends in Cognitive Science* 11 (3), 2007: 97–104, doi:10.1016/j.tics.2006.12.005.

5. Leo P. Crespi, "Quantitative Variation of Incentive and Performance in the White Rat", *American Journal of Psychology* 55 (4), 1942: 467–517, doi:10.2307/1417120.

Capítulo Sete

1. Sadia Najmi, Nader Amir, Kristen E. Frosio e Catherine Ayers, "The Effects of Cognitive Load on Attention Control in Subclinical Anxiety and Generalised Anxiety Disorder", *Cognition and Emotion* 29 (7), 2015: 1210–23, doi:10.1080/02699931.2014.975188.

2. Steven E. Petersen e Michael I. Posner, "The Attention System of the Human Brain: 20 Years After", *Annual Review of Neurosciece* 35 (2012): 73–89, doi:10.1146/annurev-neuro-062111-150525.

3. Adele Diamond, "Executive Functions", *Annual Review of Psychology* 64 (2013): 135–68, doi:10.1146/annurev-psych-113011-143750.

4. Morgan G. Ames, "Managing Mobile Multitasking: The Culture of iPhones on Stanford Campus", em CSCW'13: *Proceedings of the 2013 Conference on Computer Supported Cooperative Work* (2013), 1487–98, doi:10.1145/2441776.2441945.

5. Matthieu Ricard, Antoine Lutz e Richard J. Davidson, "Mind of the Meditator", em *Scientific American* 311 (5), 2014: 39–45, doi:10.1038/scientificamerican1114-38; Antoine Lutz, Heleen A Slagter, John D. Dunne e Richard J. Davidson, "Attention Regulation and Monitoring in Meditation", em *Trends in Cognitive Sciences* 12 (4), 2008: 163–69, doi:10.1016/j.tics.2008.01.005.

6. Heleen A, Slagter, Antoine Lutz, Lawrence L. Greischar, Andrew D. Francis, Sander Nieuwenhuis, James M. Davis e Richard J. Davidson, "Mental Training Affects Distribution of Limited Brain Resources", *PLoS Biology* 5 (6), 2007: doi:10.1371/journal.pbio.0050138.

7. Yi-Yuan Tang, Yinghua Ma, Junhong Wang, Yaxin Fan, Shigang Feng, Qilin Lu, Qingbao Yu, *et al.*, "Short-term Meditation Training Improves Attention and Self-Regulation", *Proceedings of the National Academy of Sciences* 104 (43), 2007: 17152–17156, doi:10.1073/pnas.0707678104.

8. Julia C. Basso e Wendy A. Suzuki, "The Effects of Acute Exercise on Mood, Cognition, Neurophysiology, and Neurochemical Pathways: A Review", *Brain Plasticity* 2 (2), 2017: 127–52, doi:10.3233/BPL-160040.

9. Stan J. Colcombe e Arthur F. Kramer, "Neurocognitive Aging and Cardiovascular Fitness: Recent Findings and Future Directions", *Journal of Molecular Neuroscience* 24 (2004): 9–14, doi:10.1385/JMN:24:1:009.

10. Gordon J. G. Asmundson, Mathew G. Fetzner, Lindsey B. Deboer, Mark B. Powers, Michael W. Otto e Jasper A. J. Smits, "Let's Get Physical: A Contemporary Review of the Anxiolytic Effects of Exercise for Anxiety and Its Disorders", *Depression & Anxiety* 30 (4), 2013: 362–73, doi:10.1002/da.22043.

11. Stanley J. Colcombe, Kirk I. Erickson, Paige E. Scalf, Jenny S. Kim, Ruchika Prakash, *et al.*, "Aerobic Exercise Training Increases Brain Volume in Aging Humans", *The Journals of Gerontology* Series a 61 (11), 2006: 1166–70, doi:10.1093/gerona/61.11.1166.

12. Julia C. Basso e Wendy A. Suzuki, "The Effects of Acute Exercise on Mood, Cognition, Neurophysiology, and Neurochemical Pathways: A Review", *Brain Plasticity* 2 (2).

13. Joaquin A. Anguera, Jacqueline Boccanfuso, Jean L. Rintoul, Omar Al-Hashimi, Farshid Faraji, *et al.*, "Video Game Training Enhances Cognitive Control in Older Adults". *Nature* 501 (7465), 2013: 97–101, doi:10.1038/nature12486; Federica Pallavicini, Ambra Ferrari e Fabrizia Mantovani, "Video Games for Well-Being: A Systematic Review on the Application of Computer Games for Cognitive and Emotional Training in the Adult Population", *Frontiers in Psychology* 9 (2018): doi:10.3389/fpsyg.2018.02127.

Capítulo Oito

1. Jack P. Shonkoff, "From Neurons to Neighborhoods: Old and New Challenges for Developmental and Behavioral Pediatrics", *Journal of Developmental & Behavioral Pediatrics* 24 (1), 2003: 70–76, doi:10.1097/00004703-200302000-00014.

2. Matthew D. Lieberman, "Social Cognitive Neuroscience: A Review of Core Processes", *Annual Review of Psychology* 58 (2007): 259–89, doi: 10.1146/annurev.psych.58.110405.085654.

3. Heide Klumpp, Mike Angstadt e K. Luan Phan, "Insula Reactivity and Connectivity to Anterior Cingulate Cortex When Processing Threat in Generalized Social Anxiety Disorder", *Biological Psychology* 89 (1), 2012: 273–76, doi:10.1016/j.biopsycho.2011.10.010.

4. Louise C. Hawkley e John T. Cacioppo, "Loneliness Matters: A Theoretical and Empirical Review of Consequences and Mechanisms", *Annals of Behavioral Medicine* 40 (2), 2010: 218–27,

doi:10.1007/s12160-010-9210-8; Stephanie Cacioppo, John P. Capitanio e John T. Cacioppo, "Toward a Neurology of Loneliness", *Psychological Bulletin* 140 (6), 2014: 1464–1504, doi:10.1037/a0037618.

5. Cigna, "New Cigna Study Reveals Loneliness at Epidemic Levels in America", 1º de maio de 2018, https://www.cigna.com/about-us/news-room/news-and-views/press-releases/2018/new-cigna-study-reveals-lo-neliness-at-epidemic-levels-in-america#:~:text=Research%20Puts%20Spotlight%20on%20the,U.S.%20and%20Potential%20Root%20Cau-ses&text=The%20survey%20of%20more%20than,left%20out%20(47%20percent).

6. Julianne Holt-Lunstad, Timothy B. Smith e J. Bradley Layton, "Social Relationships and Mortality Risk: A Meta-analytic Review", *PLOS Medicine* 7 (7), 2010, doi:10.1371/journal.pmed.1000316.

7. Bhaskara Shelley, "Footprints of Phineas Gage: Historical Beginnings on the Origins of Brain and Behavior and the Birth of Cerebral Localizationism", *Archives of Medicine and Health Sciences* 4 (2), 2016: 280–86.

8. Frans B. M. de Waal e Stephanie D. Preston, "Mammalian Empathy: Behavioural Manifestations and Neural Basis", *Nature Reviews Neuroscience* 18 (8), 2017: 498–509, doi:10.1038/nrn.2017.72.

9. Giacomo Rizzolatti e Corrado Sinigalia, "The Mirror Mechanism: A Basic Principle of Brain Function", *Nature Reviews Neuroscience* 17 (12), 2016: 757–65, doi:10.1038/nrn.2016.135.

10. Claus Lamm, Jean Decety e Tania Singer, "Meta-analytic Evidence for Common and Distinct Neural Networks Associated with Directly Experienced Pain and Empathy for Pain", *Neuroimage* 54 (3), 2011: 2492–502, doi:10.1016/j.neuroimage.2010.10.014.

11. Claus Lamm e Jasminka Majdandzic, "The Role of Shared Neural Activations, Mirror Neurons, and Morality in Empathy—A Critical Comment", *Neuroscience Research* 90 (2015): 15–24, doi:10.1016/j.neures.2014.10.008.

12. Kevin A. Pelphrey e Elizabeth J. Carter, "Brain Mechanisms for Social Perception: Lessons from Autism and Typical Development", *Annals of the New York Academy of Sciences* 1145 (2008): 283–99, doi:10.1196/annals.1416.007.

Notas

13. Greg J. Norman, Louise C. Hawkley, Steve W. Cole, Gary G. Berntson e John T. Cacioppo, "Social Neuroscience: The Social Brain, Oxytocin, and Health", *Social Neuroscience* 7 (1), 2012: 18–29, do i:10.1080/17470919.2011.568702; Candace Jones, Ingrid Barrera, Shaun Brothers, Robert Ring e Claes Wahlestedt, "Oxytocin and Social Functioning", *Dialogues in Clinical Neuroscience* 19 (2), 2017: 193–201, doi:10.31887/DCNS.2017.19.2/cjones.

14. Thomas R. Insel, "The Challenge of Translation in Social Neuroscience: A Review of Oxytocin, Vasopressin, and Affiliative Behavior", *Neuron* 65 (6), 2010: 768–79, doi:10.1016/j.neuron.2010.03.005.

15. Greg J. Norman, Louis C. Hawkley, Steve W. Cole, *et al.*, "Social Neuroscience: The Social Brain, Oxytocin, and Health", *Social Neuroscience* 7 (1), 2012: 18–29.

16. Candace Jones, Ingrid Barrera, Shaun Brothers, *et al.*, "Oxytocin and Social Functioning". *Dialogues in Clinical Neuroscience* 19 (2), 2017: 193–201.

17. Daniel Goleman, *Working with Emotional Intelligence* (Nova York: Bantam Dell, 2006). Publicado no Brasil com o título: *Trabalhando com a Inteligência Emocional*.

18. Daniel Goleman, *Social Intelligence: The New Science of Human Relationships* (Nova York: Bantam Books, 2006). Publicado no Brasil com o título: *Inteligência Social: A Ciência Revolucionária das Relações Humanas*.

Capítulo Nove

1. Arne Dietrich, "The Cognitive Neuroscience of Creativity", *Psychonomic Bulletin & Review* 11 (6), 2004: 1011–26, doi:10.3758/bf03196731

2. Ibid.

3. Julie Burstein, *Spark: How Creativity Works* (Nova York: HarperCollins, 2011). Publicado no Brasil com o título: *Click: Como Funciona a Criatividade*.

4. Arne Dietrich e Hilde Haider, "A Neurocognitive Framework for Human Creative Thought", *Frontiers in Psychology* 7 (2017), 2078: doi:10.3389/fpsyg.2016.02078.

5. Arne Dietrich e Hilde Haider, "A Neurocognitive Framework for Human Creative Thought", *Frontiers in Psychology* 7 (2017): 2078, doi:10.3389/fpsyg.2016.02078.

6. M. Jung-Benjamin, E.M. Bowden, J. Haberman, J.L. Frymiare, S. Aranbel-Liu, R. Greenblatt, P.J. Reber, J. Kounios, "Neural Activity When People Solve Verbal Problems with Insight" em *PLoS Biology*, 2(4), abril de 2004: E97, doi:10.1371/journal.pbio.0020097.

7. Lindsey Carruthers, Rory MacLean e Alexandra Willis, "The Relationship Between Creativity and Attention in Adults", *Creativity Research* 30 (4), 2018: 370–79, doi:10.1080/10400419.2018.1530910.

8. Roger E. Beaty, Yoed N. Kennett, Alexander P. Christensen, Monica D. Rosenberg, Mathias Benedek, Qunlin Chen, Andreas Fink, *et al.*, "Robust prediction of individual creative ability from brain functional connectivity", *Proceedings of the National Academy of Sciences* 115 (5), 2018: 1087–92, doi:10.1073/pnas.1713532115.

9. Peter, "The Cognitive Neuroscience of Creativity", h+, 16 de agosto de 2015, https://hplusmagazine.com/2015/07/22/the-cognitive-neuroscience- of-creativity/.

10. Kaufman, Scott B. 2007. "Creativity." Em *Encyclopedia of Special Education*, Vol. 3, ed. Cecil R. Reynolds, Kimberly J. Vannest e Elaine Fletcher-Janzen. Nova York: Wiley.

11. Lindsey Carruthers, Rory MacLean e Alexandra Willis, "The relationship between creativity and attention in adults", *Creativity Research* 30 (4), 2018: 370–79, doi:10.1080/10400419.2018.1530910.

12. Jiangzhou Sun, Qunlin Chen, Qinglin Zhang, Yadan Li, Haijiang Li, *et al.*, "Training Your Brain to Be More Creative: Brain Functional and Structural Changes Induced by Divergent Thinking Training", *Human Brain Mapping* 37 (10), 2016: 3375–87, doi:10.1002/hbm.23246.

13. Julie Burstein, *Spark: How Creativity Works* (Nova York: Harpercollins, 2011). Publicado no Brasil com o título: *Click: Como Funciona a Criatividade.*

PARTE TRÊS

1. James J. Gross e John P. Oliver. 2003, "Individual Differences in Two Emotion Regulation Processes: Implications for Affect, Relationships,

and Well-being", *Journal of Personality and Social Psychology* 85 (2), 2003: 348–62, doi:10.1037/0022-3514.85.2.348.

2. Lisa Mosconi, *Brain Food: The Surprising Science of Eating for Cognitive Power* (Nova York: Aver, 2018).

3. Matthew Walker, *Why We Sleep* (Nova York: Scribner, 2017).

4. Lin-Manuel Miranda, *Gmorning, Gnight!: Little Pep Talks for Me & You* (Nova York: Random House, 2018).

5. Qing Li, "Effect of Forest Bathing Trips on Human Immune Function", *Environmental Health and Preventive Medicine* 15 (1), 2009: 9–17, doi:10.1007%2Fs12199-008-0068-3.

6. Claire Eagleson, Sarra Hayes, Andrew Mathews, Gemma Perman e Colette R Hirsch, "The Power of Positive Thinking: Pathological Worry is Reduced by Thought Replacement in Generalized Anxiety Disorder", *Behaviour Research and Therapy* 78, 2016: 13–18, doi:10.1016/j.brat.2015.12.017.

7. Wendy Suzuki e Billie Fitzpatrick, *Healthy Brain, Happy Life: A Personal Program to Activate Your Brain & Do Everything Better* (Nova York: Dey Street, 2015).

8. Stephen LaBerge, Lucid Dreaming: *The Power of Being Awake and Aware in Your Dreams* (Los Angeles: Tarcher, 1985).

9. Vera Morhenn, Laura E. Beavin e Paul J. Zak, "Massage Increases Oxytocin and Reduces Adrenocorticotropin Hormone in Humans", *Alternative Therapies in Health and Medicine* 18 (6), 2012: 11–18.

10. Tara L. Kraftand e Sarah D. Pressman, "Grin and Bear It: The Influence of Manipulated Facial Expression on the Stress Response", *Psychological Science* 23 (11), 2012: 1372–78, doi:10.1177/0956797612445312.

ÍNDICE

A

alterações fisiológicas, 16
ambiente enriquecido, 28
ansiedade
  administrar, 57
  conheça a sua, 189
  cotidiana, 24
  de desempenho, 81
  do mal, 19
  negativa
    sintomas, 52
  primeiro nível, 14
  resposta à ameaça, 14
  reversão, 101
  superpoderes, 67
    apoio social, 67
    atenção plena, 68
    comportamento pró-social, 68
    exercício físico, 68
    flexibilidade cognitiva, 67
    humor, 68
    perspectiva otimista, 67
    tolerância, 89
    válvula de escape, 177
apego saudável, 158
ataques de pânico
  sintomas, 21
atenção
  pesquisas, 140
  seletiva, 137
autocalmantes, 203
autoconsciência profunda, 116
autoexperimentação, 116

B

banho de floresta, 217

C

células T, 171

centelha criativa, 174

cérebro-corpo
engrenagens, 25

cérebro social, 151
funções, 157

ciência da asfixia, 85

colapso físico
pelo nervosismo, 83

compaixão
superpoder, 163

comunicação não verbal, 147

condicionamento da alegria, 220

consciência da situação, 87

conversa de incentivo, 92

corpo
sistema de alarme interno, 63

criar conexões genuínas, 161

criatividade
ativar, 172
concepção moderna, 165
definição, 171
deliberada, 233
espontânea, 176
estágios, 177
rede
de atenção executiva, 174
de modo padrão, 175
de saliência, 174

D

decisões positivas
exemplos, 29

desamparo aprendido, 65

desempenho de especialista, 80

distração positiva, 102

E

efeito de contraste negativo, 112
exemplo, 112

eixo HPA (hipotálamo-pituitária-adrenal), 20

emoção
regulação da, 35
estratégias de controle, 36
roda de
de Plutchik, 33

empatia
tipos, 157

energia emocional, 33

enfrentamento social, 156

essência da resiliência, 57

estados
de ansiedade, 16
de medo, 16

estratégias de enfrentamento, 41
negativas, 45
positivas, 46

estresse
consciência da tolerância, 89
crônico, 18
diário, 13
inoculação, 59, 65
resposta
positiva, 63
tolerável, 63
tóxica, 64
tolerância, 204
etapas, 204

expansão da atenção, 38
distração intencional, 38

experiências desafiadoras, 99

explore seus sentimentos, 195

F

falta de discernimento, 18
flexibilidade cognitiva, 111
flow
  entre no, 219
  estado de, 80
    definição, 83
    microflow, 93
fobias comuns, 23
FOMO
  fear of missing out, 13
fracasso, 99
função executiva, 124
  fundamentos
    controle inibitório, 125
    flexibilidade cognitiva, 127
    memória de trabalho, 126

H

habilidade
  acessar, 86
  atencional, 145
hormônio do amor, 154

I

incremento em neurotransmissores, 29
instintos de sobrevivência, 32
inteligência
  emocional, 148
  social, 147

L

lacuna trágica, 183
lei Yerkes-Dodson, 83
liberação de cortisol, 15
limites rígidos, 176
lista de "e se", 117

M

mecanismos
  cerebral
    de baixo para cima, 20
    de cima para baixo, 20
  de enfrentamento, 117
memória declarativa, 90
mentalidade de crescimento
  etapas, 100
mentalização, 152
mindset ativista, 101
modelo
  de reprocessamento iterativo (RI), 112
  modal de Gross, 37
mudança cognitiva, 38
mudar comportamentos, 29

N

neurobiologia do mindset, 33
neurônios-espelho, 152
nível de excitação, 84
  atividade autônoma, 84

P

pensamento
  ciclos autodestrutivos, 31
  criativo, 170
  divergente
    capacidade, 178
percepção do estresse, 87
pessoas hipervigilantes, 124
pistas olfativas, 214
plasticidade do cérebro adulto, 28
poder
  da meditação, 135
  dos exercícios, 137
prazer da atividade, 87

privação de sono, 212
processo de poda, 131

R

rascunho visuoespacial, 139
reação automática, 14
  sistema límbico, 17
redes de atenção, 124
  sistemas
    de alerta, 129
    de controle executivo, 129
    de orientação, 129
regra das 10 mil horas, 79
regulação emocional
  estratégias
    reavaliação cognitiva, 207
    supressão expressiva, 207
resiliência
  definição (APA), 59
  o que é, 76
  psicológica, 67
resolução contínua de problemas, 177
ressignificação excessiva, 119
rituais para dormir, 213

S

sincronia social, 148
sistema nervoso simpático, 16
situação
  modificação, 38
  seleção, 37
solidão percebida, 150

T

tarefa
  de flanker, 136
  de Stroop, 137
técnicas de relaxamento, 58
transtorno
  de Ansiedade Generalizada (TAG), 20
    sintomas, 21
  de Ansiedade Social (TAS), 21
    sintomas, 21
  de Estresse Pós-Traumático (TEPT), 22
  depressivo persistente (TDP), 50
  Obsessivo Compulsivo (TOC), 22

V

viés de negatividade, 33
visualização, 93

Z

zona de medo, 88

Projetos corporativos e edições personalizadas dentro da sua estratégia de negócio. Já pensou nisso?

Coordenação de Eventos
Viviane Paiva
viviane@altabooks.com.br

Assistente Comercial
Fillipe Amorim
vendas.corporativas@altabooks.com.br

A Alta Books tem criado experiências incríveis no meio corporativo. Com a crescente implementação da educação corporativa nas empresas, o livro entra como uma importante fonte de conhecimento. Com atendimento personalizado, conseguimos identificar as principais necessidades, e criar uma seleção de livros que podem ser utilizados de diversas maneiras, como por exemplo, para fortalecer relacionamento com suas equipes/ seus clientes. Você já utilizou o livro para alguma ação estratégica na sua empresa?

Entre em contato com nosso time para entender melhor as possibilidades de personalização e incentivo ao desenvolvimento pessoal e profissional.

PUBLIQUE **SEU LIVRO**

Publique seu livro com a Alta Books.
Para mais informações envie um e-mail para: autoria@altabooks.com.br

 /altabooks /alta-books /altabooks /altabooks

CONHEÇA OUTROS LIVROS DA **ALTA LIFE**

Todas as imagens são meramente ilustrativas.